本书为国家社会科学基金项目"日汉语位移构式及构式选择认知类型学研究"（批准号：16BYY184）成果

本书受2020年辽宁省高等学校创新人才支持计划资助

日汉语位移事件表达式认知类型学研究

Research on Cognitive Typology of Motion Expression in Japanese and Chinese

姚艳玲 著

中国社会科学出版社

图书在版编目（CIP）数据

日汉语位移事件表达式认知类型学研究 / 姚艳玲著. 北京：中国社会科学出版社，2024. 10. -- ISBN 978-7 -5227-3759-1

Ⅰ. H363；H136

中国国家版本馆 CIP 数据核字第 202408G50U 号

出 版 人	赵剑英
责任编辑	金　燕　胡安然
责任校对	李　锦
责任印制	李寡寡

出　　版	中国社会科学出版社
社　　址	北京鼓楼西大街甲 158 号
邮　　编	100720
网　　址	http://www.csspw.cn
发 行 部	010-84083685
门 市 部	010-84029450
经　　销	新华书店及其他书店

印　　刷	北京明恒达印务有限公司
装　　订	廊坊市广阳区广增装订厂
版　　次	2024 年 10 月第 1 版
印　　次	2024 年 10 月第 1 次印刷

开　　本	710×1000　1/16
印　　张	24
字　　数	385 千字
定　　价	136.00 元

凡购买中国社会科学出版社图书，如有质量问题请与本社营销中心联系调换
电话：010-84083683
版权所有　侵权必究

摘　　要

"位移"作为反映人类与外部世界互动关系的基本事件始终是语言学界关注的研究课题。通过研究"位移"的语言表征可以探究人类观察世界的方式，揭示人类语言编码的机制。本书基于认知类型学的视点细致描写了日语和汉语及英语、韩国语和西班牙语位移事件编码的词汇化模式，对比分析了在表达同一位移事件时各种语言所采取的不同的编码类型。并围绕日语和汉语的自主位移、致使位移、虚拟位移的表达式展开了考察与对比。

全书共分为四个部分，由 14 章构成。第一部分为本书的总论部分，第二部分为位移事件词汇化模式研究，第三部分为位移动词及其相关研究，第四部分为位移事件表达式的拓展研究。

第一部分由第一章绪论、第二章研究综述、第三章理论基础构成。

第一章绪论主要阐述了本书的相关概念界定、研究内容、以及语料来源。

第二章围绕认知语义对比研究、位移事件类型学研究、位移事件对比研究、致使位移研究、以及虚拟位移研究对国内外相关研究进行了梳理与述评。

第三章阐述了本书的理论基础，从认知语言学与语言类型学融合的研究视角，阐释了本书认知类型学研究范式的理论分析框架。

第二部分由第四章日语位移事件词汇化模式类型、第五章位移事件词汇化模式类型跨语言对比、第六章日汉语"自主位移"表达式对比构成。

第四章考察了日语位移动词类型的分布及位移事件中"方式"和"路径"两个基本构成要素的编码方式，探讨了日语编码位移事件所呈现的

"路径动词"词汇化模式，验证了日语"动词框架语言"的类型学归属。

第五章基于日语小说原文及其汉语、英语、韩国语、西班牙语译文，逐一考察了日语、汉语、英语、韩国语和西班牙语位移表达的词汇化模式和分布特征。基于位移动词的类型及其"方式"和"路径"语义要素的编码特征，本书认为按照位移事件路径要素的突显程度及在语言编码中作为句法核心编入主要动词的典型程度，韩国语具有典型的"动词框架语言"特征，其次是西班牙语和日语具有"动词框架语言"的词汇化模式，而汉语倾向于"卫星框架语言"的特征，英语是典型的"卫星框架语言"。

第六章围绕表示"自主位移"的位移动词展开了日语和汉语的对比研究，通过调查日语原文对应的汉语译文，以及汉语原文对应的日语译文中位移动词的类型分布，考察了日汉语在表达同一位移事件时编码上的差异，发现汉语多用方式动词，而日语多用路径动词，进一步验证了日语和汉语的类型学定位。

第三部分由第七章日语"ヲ格＋位移动词"句式成立机制，第八章日语位移表达式与"双重ヲ格"共现结构、第九章日汉语非生命物主语位移动词宾格赋予机制对比、第十章日语"自主/致使"位移动词自他接辞形态及其语义特征构成。

第七章细致考察了日语位移动词伴随"ヲ"格的语义结构，并深入分析了这一句法结构所反映的事件结构的特征。本书认为日语位移动词多用"ヲ"格的句法特征体现了日语位移动词"动词框架语言"的类型学特征。

第八章通过考察日语"双重ヲ格"共现结构的句法特征和语义功能，揭示了日语形态格"ヲ"双重共现的事件结构特征及其语义动因。本书认为"双重ヲ格"共现结构表现了双事件关系结构特征，反映了事件间具有的因果关联性。对动作/行为发生的背景状况赋予宾格标记体现了基于事件的主观性解释对名词短语赋予格标记的语用特征。

第九章探讨了日语非生命物主语位移动词的宾语赋予机制，认为在日语中路径被视为位移事件必不可少的构成要素，并被赋予表示动作对象的宾格。并通过与汉语位移动词对空间场所编码方式进行对比，揭示了日汉语非生命物主语位移动词宾格赋予的异同及其背后的认知动因。

第十章从动词接辞形态转换的角度考察了日语根据位移事件类型的不

同,使用不同的接辞手段区分路径要素的现象。通过考察其形态标记的语义特征,分析了形态类型不同的自主位移和致使位移动词路径要素编码方式的差异,阐述了接辞形态有标记性的类型学意义。

第四部分由第十一章日语"V-てくる"构式语义扩展机制、第十二章日汉语"致使位移"表达式对比,第十三章日汉语延伸型虚拟位移表达式对比,第十四章结论与展望构成。

第十一章细致考察了日语指示义动词"くる"的语法化构式"V-てくる"的多义性。围绕日语"V-てくる"构式语义扩展类型,构建了该构式的多义性网络,阐释了"V-てくる"构式的语义扩展主要基于"时间=空间"的隐喻、以及转喻等认知动因。

第十二章考察了日语致使位移事件的核心概念"路径"与"致使"的编码方式,通过与汉语进行对比分析了日语致使位移动词的词汇化模式及其构式类型。日语在表达致使位移事件时倾向于将路径与致使要素合并编码为单动词,体现了日语"动词框架语言"的特征。

第十三章围绕虚拟位移事件考察了日汉语用位移动词描述静止事物的语言现象,并从心理扫描、意象图式转换等方面对其成立的认知机制进行了阐述。日汉语延伸型虚拟位移动词分为延伸类、方式类以及其他趋向类动词,日汉语位移动词延伸类动词使用频率均较高,日语其他趋向类动词的出现频率高于汉语,方式类动词低于汉语,反映了日汉语位移动词类型学差异。

第十四章为本研究的结论与展望,总括本书的考察结论,指出以日语和汉语的对比为核心,运用词汇化模式和事件识解理论进行跨语言实证的研究特色,并对今后位移事件的跨学科研究进行了展望。

本书系统考察了日汉语自主位移、致使位移及虚拟位移表达式,通过自下而上的实证方法探讨了位移事件的语言编码方式,并基于事件识解方式阐释了位移事件编码方式差异背后认知识解的类型学特征。本书从位移事件表达式的视角揭示了事件类型、编码类型及识解类型之间的互动关系,为探究语言机制和认知机制的互动模式提供了新的研究范式。

关键词:位移事件 认知类型学 词汇化模式 事件识解 路径

Abstract

As a fundamental event reflecting the interaction between human and the external world, "movement" has always been a focused in the field of linguistics research. By studying the linguistic representation of movement, the ways in which humans perceive the world can be explored and the coding mechanisms of human language can be revealed. This book, based on the viewpoint of cognitive typology, meticulously describes the lexicalization patterns of motion in Japanese, Chinese, English, Korean, and Spanish, compares as well as analyzes different encoding types adopted by various languages when expressing the same motion and studies the expressive manners of autonomous motion, agentive motion, and fictive motion in Japanese and Chinese.

This book is divided into four parts, with fourteen chapters included. The first part is General Introduction. The second part is Study on Lexicalization Patterns of Motion. The third part is Motion Verbs and Related Research. The fourth part is Extensive Research on Motion Expressions.

The first part includes Introduction, Literature Review and Theoretical Basis.

Chapter One elaborates on the relevant concepts, research content, and data sources of this book.

Chapter Two provides a comprehensive review and review on domestic and foreign researches on contrastive studies of cognitive semantics, studies of motion typology, comparative studies of motion, and studies of agentive motion as well as fictive motion.

Chapter Three elaborates on the theoretical basis of this book. From the perspective of the integration of cognitive linguistics and linguistic typology, the theoretical framework of study on cognitive typological is explicated.

The second part consists of Types of Lexicalization Patterns of Motion in Japanese (Chapter Four), Cross-Linguistic Comparison of Lexicalization Patterns of Motion (Chapter Five), and Japanese-Chinese Comparison of Expressions of Autonomous Motion (Chapter Six).

Chapter Four studies the distribution of types of motion verbs in Japanese and the encoding of manner and path, two basic constituent elements, of motion. It explores the lexicalization patterns of path verbs in encoding motion in Japanese and confirms the typological classification of "verb-framed language" in Japanese.

Chapter Five systematically examines the lexicalization patterns and distribution characteristics of motion expressions in Japanese, Chinese, English, Korean, and Spanish based on Japanese novel texts and their translations of Chinese, English, Korean, and Spanish. Based on types of movement verb as well as encoding features of the semantic elements of manner and path of motion verb, this book argues that Korean exhibits typical characteristics of a "verb-framed language" according to the prominence of path in motion and the typicality of main verbs, which are coded as the core of syntax in language coding. Korean, Spanish and Japanese show lexicalization patterns of "verb-framed languages" while Chinese tends to have the characteristics of "satellite-framed language" and English is considered as a "satellite-framed language".

Chapter Six conducts a Japanese-Chinese comparative study regarding autonomous motion. Through analysis of the distribution types of motion verb in Chinese translations of Japanese texts and Japanese translations of Chinese texts, it examines the differences in encoding between Japanese and Chinese when expressing the same motion, finding that manner verbs are often used in Chinese while path verbs are constantly used in Japanese, which further confirms the typological classification of Japanese and Chinese.

The third part consists of Generation Mechanism of "WO Case + Movement Verb" Structure in Japanese (Chapter Seven), Movement Expressions and Co-occurrence Structure of "Double WO" (Chapter Eight), Contrastive Analysis of the Assignment Mechanism Accusative Case of Movement Verbs of Inanimate Subjects in Japanese and Chinese (Chapter Nine) and Morphological and Semantic Features of Self/Other-Recipient Affixes of Japanese "Autonomous/ agentive" Movement Verbs (Chapter Ten) .

Chapter Seven meticulously examines the semantic structure of motion verbs in WO case and provides an in-depth analysis of the characteristics of event structure reflected in this syntactic construction. This book argues that the syntactic feature of using motion verbs in WO case in Japanese reflects the typological characteristics of "verb-framed language" of Japanese motion verbs.

Chapter Eight reveals the characteristics and semantic motivations of event structure characteristics of the co-occurrence of double WO in Japanese by examining its syntactic features and semantic functions. The book argues that the presence of double WO demonstrates structural features of a double event, reflecting the causal relationship between events. Assigning markers of accusative case for the occasions of actions/behaviors occurring reflects the pragmatic features of assigning markers of case to noun phrases based on a subjective interpretation of events.

Chapter Nine discusses the assigning mechanism of objects of inanimate subjects of motion verbs in Japanese, considering path as an essential constituent element of motion in Japanese, which is assigned the accusative case to indicate the object of action. Compared with the spatial encoding of motion verbs in Chinese, it reveals the differences in the assignment of accusative case to inanimate subjects of motion verbs in Japanese and Chinese, as well as their cognitive motivations.

Chapter Ten examines, from the perspective of intransitive morphology of verb affixes, how Japanese distinguishes path elements with different intransitive manners based on different types of motions. By examining the semantic features of the morphological markers, it analyzes the differences in the encoding of path elements between autonomous movement verbs and agentive movement verbs with different morphological types, and elaborates on the typological significance of markedness in intransitive morphology.

The fourth part consists of Semantic Extension Mechanism of "V-tekuru" construction in Japanese (Chapter Eleven), Japanese-Chinese comparison of Expressions of Agentive Motion (Chapter Twelve), Japanese-Chinese comparison of coextension (Chapter Thirteen) and Conclusion as well as Prospects (Chapter Fifteen).

Chapter Eleven critically examines the polysemy of the grammaticalized construction "V-tekuru" based on the indicative verb "kuru" in Japanese. By focusing on the semantic extension types of Japanese "V-tekuru" construction, a network of its polysemy is established, elucidating that the semantic extensions of the "V-tekuru" construction are primarily based on cognitive factors such as the metaphor and metonymy of "time equals to space".

Chapter Twelve examines encoding of path and agentive in agentive motion in Japanese. By comparing with Chinese, it analyzes the lexicalization patterns and construction types of agentive motion verbs in Japanese. When expressing agentive motion events, Japanese tends to merge path and agentive elements into a single verb, reflecting the characteristics of Japanese as a "verb-framed language".

Chapter Thirteen focuses on the linguistic phenomenon of using motion verbs to describe stationary objects in Chinese and Japanese within the context of fictive motion events. It also explains the cognitive mechanisms underlying this phenomenon through mental scanning, image schema transition, and other aspects. Coextension verbs in Chinese and Japanese are classified into extension, manner, and other directional verbs. Coextension verbs are more frequently used in both Chinese and Japanese. Occurrence frequency of other directional verbs is higher in Japanese than that in Chinese, and manner verbs are less frequently used in Japanese compared to Chinese, reflecting typological differences in motion verbs between Chinese and Japanese.

Chapter Fourteen includes the conclusion and outlook of this study, summarizing the research findings and highlights the features of cross-linguistic empirical research of which comparative analysis between Japanese and Chinese is the core and lexicalization patterns and construal theory are applied. Additionally, it offers prospects for interdisciplinary research on motion in the future.

This book systematically examines the expression of autonomous motion, agentive motion and fictive motion in Chinese and Japanese. Through a bottom-up empirical approach, it explores the linguistic encoding of motion and elucidates the typological characteristics of cognitive understanding resulting in the differences of encoding of motion based on construal manners. From the perspective of motion expression, the book reveals the interactive relationship among event types, encoding types, and construal types, providing a new research paradigm for investigating the interaction between language mechanisms and cognitive mechanisms.

Key words: motion, cognitive typology, lexicalization pattern, construal, path

目 录

第一部分 总论

第一章 绪论 ·· (3)
  1.1 研究概要 ·· (3)
  1.2 研究缘起 ·· (5)
  1.3 相关概念界定 ·· (5)
  1.4 研究内容 ·· (9)
  1.5 语料来源 ·· (10)
  1.6 章节构成 ·· (11)

第二章 研究综述 ·· (13)
  2.1 引言 ·· (13)
  2.2 认知语义对比研究综述 ···································· (13)
  2.3 位移事件类型学研究综述 ·································· (17)
  2.4 位移事件对比研究综述 ···································· (29)
  2.5 致使位移研究综述 ·· (35)
  2.6 虚拟位移研究综述 ·· (40)
  2.7 结语 ·· (44)

第三章 理论基础 ·· (46)
  3.1 引言 ·· (46)

3.2 认知语言学研究发展 …………………………………… (46)
　3.2.1 国内认知语言学研究的可视化分析 ………………… (48)
　3.2.2 基于可视化信息的讨论 ………………………………… (54)
　3.2.3 小结 ……………………………………………………… (55)
3.3 认知类型学研究发展 …………………………………… (56)
3.4 本书的理论基础 ………………………………………… (59)
3.5 结语 ……………………………………………………… (66)

第二部分　位移事件词汇化模式研究

第四章　日语位移事件词汇化模式类型 …………………… (69)
4.1 引言 ……………………………………………………… (69)
4.2 日语位移事件表达对比研究概述 ……………………… (70)
4.3 语料收集与分类 ………………………………………… (74)
4.4 日语位移表达类型及特征分析 ………………………… (75)
　4.4.1 位移动词类型分布特征 ……………………………… (76)
　4.4.2 位移事件构成要素编码方式及特征 ………………… (80)
　4.4.3 连续性位移的编码方式及特征 ……………………… (85)
4.5 结语 ……………………………………………………… (88)

第五章　位移事件词汇化模式类型跨语言对比 …………… (89)
5.1 引言 ……………………………………………………… (89)
5.2 日语原文位移表达词汇化及分布特征 ………………… (91)
5.3 汉语译文位移表达词汇化及分布特征 ………………… (94)
　5.3.1 指示动词 ……………………………………………… (94)
　5.3.2 路径动词 ……………………………………………… (95)
　5.3.3 方式动词 ……………………………………………… (99)
　5.3.4 [方式+路径] 动词 …………………………………… (100)
　5.3.5 小结 …………………………………………………… (101)
5.4 英语译文位移表达词汇化及分布特征 ………………… (102)

5.4.1	松本（1997）的研究	(102)
5.4.2	英语译文整体特征	(104)
5.4.3	英语译文动词编码类型	(107)
5.4.4	反映日语主观性识解方式的表达与其对译英语表达	(110)
5.4.5	小结	(112)

5.5 韩国语译文位移表达词汇化及分布特征 ……………… (113)
    5.5.1 韩国语译文位移动词整体特征 ……………… (113)
    5.5.2 韩国语译文位移动词词汇化类型及分布特征 ……… (114)
    5.5.3 韩国语译文路径要素编码特征 ……………… (124)

5.6 西班牙语译文位移表达词汇化及分布特征 ……………… (129)
    5.6.1 西班牙语译文动词整体特征 ……………… (129)
    5.6.2 西班牙语译文谓语位移动词类型及分布特征 ……… (132)
    5.6.3 西班牙语译文非谓语位移动词类型及分布特征 …… (142)

5.7 综合分析 ……………… (145)
5.8 结语 ……………… (147)

第六章 日汉语"自主位移"表达式对比 ……………… (149)

6.1 引言 ……………… (149)
6.2 自主位移 ……………… (149)
6.3 构成位移事件的各要素 ……………… (150)
6.4 日汉语位移动词的分类 ……………… (152)
6.5 "出る"的句法特征和构式特征 ……………… (155)
    6.5.1 "～から出る"和"～を出る"的差异 ……… (155)
    6.5.2 "出る"的构式特征 ……………… (157)
6.6 与日语"出る"对应的汉语表达形式 ……………… (160)
    6.6.1 汉英对比中汉语位移动词的类型学定位 ……… (160)
    6.6.2 松本（编）（2017）对日汉位移动词的类型学定位 … (161)
    6.6.3 对译语料中与日语"出る"对应的汉语表达形式 …… (162)
6.7 基于日汉对译语料的位移动词分布情况调查 ……… (165)

6.8　结语 ……………………………………………………………（169）

第三部分　位移动词及其相关研究

第七章　日语"ヲ格+位移动词"句式成立机制 ……………（173）
  7.1　引言 ……………………………………………………………（173）
  7.2　前人研究 ………………………………………………………（173）
  7.3　表示路径语义的位移动词 ……………………………………（178）
  7.4　"ヲ格+位移动词"句式的语义结构 ………………………（180）
    7.4.1　方式性位移表达式 ……………………………………（180）
    7.4.2　方向性位移表达式 ……………………………………（183）
  7.5　"ヲ格+位移动词"句式的事件结构特征 …………………（188）
  7.6　"ヲ格+复合位移动词"路径编码方式 ……………………（191）
    7.6.1　编码路径位置关系的复合位移动词及其核心的
          判定 …………………………………………………（192）
    7.6.2　复合位移动词中间路径类型及语义特征 ……………（194）
    7.6.3　中间路径编码的制约机制 ……………………………（198）
  7.7　结语 ……………………………………………………………（200）

第八章　日语位移表达式与"双重ヲ格"共现结构 ……………（201）
  8.1　引言 ……………………………………………………………（201）
  8.2　前人研究及本书的立场 ………………………………………（203）
  8.3　"双重ヲ格"共现结构 ………………………………………（205）
    8.3.1　"双重ヲ格"共现结构的句法特征 …………………（205）
    8.3.2　"双重ヲ格"共现结构的语义特征及分类 …………（205）
    8.3.3　"双重ヲ格"共现结构的事件关系结构 ……………（207）
    8.3.4　"双重ヲ格"共现结构中状况ヲ格的语义/
          语用功能 ……………………………………………（211）
  8.4　结语 ……………………………………………………………（216）

第九章 日汉语非生命物主语位移动词宾格赋予机制对比 ……… (218)

- 9.1 引言 ……………………………………………………… (218)
- 9.2 前人研究及本书的立场 ………………………………… (218)
  - 9.2.1 前人研究 ……………………………………………… (218)
  - 9.2.2 本书的立场 …………………………………………… (220)
- 9.3 日语非生命物主语位移动词路径编码方式 …………… (223)
- 9.4 日语非生命物主语位移动词宾格赋予及其汉译路径表达方式 …………………………………………………… (225)
- 9.5 汉语非生命物主语位移动词路径表达方式 …………… (228)
- 9.6 结语 ……………………………………………………… (232)

第十章 日语"自主/致使"位移动词自他接辞形态及其语义特征 ……………………………………………………… (233)

- 10.1 引言 ……………………………………………………… (233)
- 10.2 前人研究 ………………………………………………… (234)
- 10.3 日语的"自他对应"与位移动词的自他接辞形态类型 …………………………………………………… (235)
- 10.4 日语位移动词自他接辞形态的语义特征 …………… (237)
- 10.5 自移/致移位移动词路径要素的编码方式 …………… (240)
- 10.6 日语位移动词自他接辞形态对应的类型学意义 …… (244)
- 10.7 结语 ……………………………………………………… (245)

第四部分 位移事件表达式的拓展研究

第十一章 日语"V-てくる"构式语义扩展机制 …………… (249)

- 11.1 引言 ……………………………………………………… (249)
- 11.2 前人研究 ………………………………………………… (249)
- 11.3 日语"V-てくる"构式的语义分析 …………………… (252)
  - 11.3.1 "V-てくる"构式的语义再分类 ………………… (252)
  - 11.3.2 "V-てくる"构式的语义分析 …………………… (257)

11.4 "V-てくる"构式的多义性网络 …………………………… (270)
11.5 结语 ……………………………………………………… (272)

第十二章 日汉语"致使位移"表达式对比 ……………………… (273)
12.1 引言 ……………………………………………………… (273)
12.2 前人研究及本书的立场 ………………………………… (275)
   12.2.1 松本（1997，2002）的研究 ………………… (275)
   12.2.2 骆蓉（2015，2016）的研究 ………………… (278)
   12.2.3 本书的立场 …………………………………… (279)
12.3 致使位移事件结构及其构成要素 ……………………… (280)
12.4 致使位移动词的词汇化模式 …………………………… (281)
12.5 致使位移动词的构式特征 ……………………………… (284)
12.6 日语致使位移事件核心要素的编码方式 ……………… (286)
   12.6.1 ［致使+位移+路径＜位置关系＞］类型 …… (287)
   12.6.2 ［致使+位移+路径＜方向性＞］类型 ……… (289)
   12.6.3 ［致使+致使力＜手段＞+位移］类型 ……… (290)
   12.6.4 ［致使+致使力＜方式＞+位移］类型 ……… (291)
12.7 与日语致使位移动词对应的汉语致使位移词汇化
     模式 ……………………………………………………… (299)
12.8 结语 ……………………………………………………… (304)

第十三章 日汉语延伸型虚拟位移表达式对比 ………………… (305)
13.1 引言 ……………………………………………………… (305)
13.2 前人研究 ………………………………………………… (306)
   13.2.1 虚拟位移的分类方法 ………………………… (306)
   13.2.2 路径要素编码方式 …………………………… (308)
   13.2.3 跨语言对比研究 ……………………………… (309)
13.3 日汉语延伸型虚拟位移构成要素对比分析 …………… (311)
   13.3.1 位移主体 ……………………………………… (311)
   13.3.2 日汉语虚拟位移动词的特征 ………………… (317)

13.3.3　日汉语延伸型虚拟位移动词的句法功能 …………（322）
　　13.3.4　日汉语路径指示信息对比分析 ………………（324）
13.4　日汉语延伸型虚拟位移成立的认知机制 ……………（328）
　　13.4.1　心理扫描方式 …………………………………（328）
　　13.4.2　意象图式转换 …………………………………（330）
　　13.4.3　延伸型虚拟位移成立的概念隐喻、转喻机制 ………（333）
13.5　结语 …………………………………………………（334）

第十四章　结论与展望 ……………………………………（336）
14.1　结论 …………………………………………………（336）
14.2　展望 …………………………………………………（340）

参考文献 ……………………………………………………（343）

术语索引 ……………………………………………………（359）

后　记 ………………………………………………………（362）

第一部分

总　论

第一章

绪论

1.1 研究概要

本书以认知类型学为理论框架,细致描写日语和汉语表达位移事件的句法特征和语义特点,并基于事件识解模型,考察影响日语和汉语位移表达式类型的认知动因与理据。通过阐明日语和汉语位移表达式的形义配对异同点,探讨跨语言位移表达式背后认知识解的差异,揭示位移表达式所反映的语言类型学特征。

本书运用认知类型学理论探讨位移事件跨语言的不同表达形式及形成不同表达式的认知理据。位移事件是人类认知的最基本的场景之一,从我们的身体经验来看,最基本的变化是位置的移动。即某人或某物位置的变化,或者某人或某物致使另一物发生位置改变的动态过程。不同语言在表达同一位移事件时其编码形式会呈现不同的特征。

在学科领域方面,既有的英汉或英日的位移事件对比研究往往只注重语法形式本身,忽视语言表征背后的认知机制。本书尝试运用认知类型学理论来研究日语和汉语位移表达式编码的机制,通过事件识解的研究路径描写并分析跨语言位移事件表达式的形义对应关系,阐述其存在的认知理据。另外已有的对比研究缺少类型学指向的思考,本书基于事件识解的方式来阐释位移事件编码差异背后所蕴含的识解类型学特征。

在研究选题方面,不同于单一语法现象的对比研究,本书选取人类认知的最基本的位移事件为考察对象,通过分析表达位移事件的实际语料,揭示日语和汉语在编码同一事件时形义对应关系的异同。在研究方法方面，本书使用大规模语料库全面系统地考察日语和汉语位移事件表达式。通过自下而上的实证方法探讨该表达式编码的句法和语义特征。

首先，在认知类型学的理论框架下，考察日语和汉语位移表达式的句法结构和基本语义结构。并通过跨语言的对比分析，阐明不同语言类型位移表达式形义对应关系的特点和语义生成的认知机制。揭示位移事件的构成要素在日语和汉语中如何编码为不同的形态与句法形式，揭示该类表达句法语义的互动关系。

其次，基于大规模语料库考察实际语言使用中日语和汉语母语者如何选择位移事件表达式，阐述位移事件编码的词汇化特征，揭示在语义和句法的共同驱动下实现位移表达式的标记性选择。

最后，运用事件识解（construal）的概念，考察位移表达式所反映的日语和汉语认知方式和编码方式的对应关系，分析同一位移事件编码为不同表达式反映了母语者不同的识解方式，阐明跨语言识解的不同特征，揭示位移事件编码的认知类型学特征。基于事件认知的基本观点，系统地分析不同语言类型在表达同一位移事件时的编码方式差异，阐释识解方式的差异是形成跨语言选用不同词汇化模式的动因，揭示日语和汉语识解方式的类型学特征。

本书为系统全面地考察日语和汉语的认知类型学特征，将基于跨语言的视角收集其他语种的语料，进行跨语言对比。日语属于黏着型语言，汉语属于孤立型语言。韩国语与日语在语法系统上具有相似性，同时英语与汉语同是SVO型语言，而西班牙语在位移事件编码类型上被列为和日语同属于一个类型。作为运用认知类型学理论的多语对比研究，可以从不同类型语言的视角验证并完善位移事件表达式的类型学研究。从事件识解角度分析日语和汉语位移事件编码的表征机制，探讨跨语言词汇化模式与事件认知互动关系的类型学特征。基于认知语义这一共通的理论框架重新描写和解释跨语言位移事件表达式的形成机制和动因，可以对语言编码与事件结构对应关系现象进行统一的分析，并在认知语言学途径内阐述其理据性。

1.2 研究缘起

本书探讨表达空间位置移动事件的形式—语义的映射（form-meaning mappings）关系，以日语和汉语为主要语料考察和分析日汉语表达空间位置移动事件的形式—语义的映射模式，探讨两种语言的类型。并辅助以英语、韩国语、西班牙语等多语种的语料，从跨语言的视角来揭示日汉两种语言的类型学特征。

空间位置的移动与其产生的空间位置关系的变化是人类与外部世界互动过程中的基本方式。它基于人的身体体验构成人类感知外部世界的基本行为模式，也成为人类语言表征的核心概念化方式。探讨空间位置移动的语言编码方式可以揭示人类认知外部世界的方式。探讨跨语言编码空间位置移动方式的异同，可以揭示不同语言的母语者认知外部世界的共性与个性差异。探讨不同语言之间表达空间位置移动的形义映射模式，可以揭示各语言的类型学特征。探讨跨语言表达空间位置移动的类型学特征，可以揭示不同语言的认知类型模式。

本书在句法结构—语义范畴—认知模式的三位一体框架下，聚焦表达空间位置移动的核心语义要素，细致描写其在日语、汉语以及英语、韩国语、西班牙语中的句法实现方式，对比分析日语、汉语及其他语言间形义映射关系的特征，并在此基础上探究语言表征背后的认知机制，揭示日汉语认知模式的特征。

1.3 相关概念界定

本书的理论框架是美国学者伦纳德·泰尔米（Leonard Talmy）所开创的认知语义学的研究范式。泰尔米（2019）的中心议题是探讨概念结构的语言表征。围绕语义/概念结构，考察该结构的形式和过程。在泰尔米的宏大的研究中一直关注对事件结构的考察，尤其是与运动相关的一类事件结构。他设定了语义域和表层表达域的两个层级，通过分离各层级的构成元素，确立了语义元素和表层元素。表层元素包括动词（动词词根）、附置词、从句以及卫星语素（satellite）。语义元素包括"运动"（Motion）、"路径"（Path）、"焦点"（Figure）、"背景"（Ground）、"方式"（Manner）、"使因"（Cause）等。泰尔米提出了著名的词汇化模式理论，认为当一个特定的语义成分同表层一个特定的语素出现规律性组合的时候，就是词汇化。词汇化是意义体现为词汇形式的过程，是某一（些）语义实体与某一（些）语法形式建立规约化联系的过程，或者是意义与形式相互匹配的过程。同时他认为基本的运动事件包含一个客体（焦点）相对于另一个客体（背景，或参照客体）的运动或方位。并将运动事件分析为含有焦点（Figure）、背景（Ground）及路径（Path）、运动（Motion）四种成分，把伴随运动事件发生的方式或原因称为"副事件"（Co-event）（泰尔米，2019：7）。

在此基础之上他从表层的表达形式层级探讨了动词词汇化的三种主要类型。第一种是动词同时表达运动和副事件，即动词同时编码了运动和运动的方式或原因。泰尔米认为属于这种类型的语系或语言有印欧语系（后拉丁罗曼语系语言除外）、芬兰 - 乌戈尔语、汉语等。英语是这种类型的典型代表（泰尔米，2019：9）。第二种类型模式是动词同时表达运动和路径，即动词同时编码了运动和运动的路径。这种情况下副事件必须用状语成分或者动名词类型的成分单独表达出来。泰尔米认为主要动词自身不能表达方式或原因。属于这种类型的语言或语系有罗曼语、闪族语、日语、朝鲜语、土耳其语、泰米尔语等。其中西班牙语最具代表性（泰尔米，2019：36 - 37）。第三种模式是动词和焦点一起表达运动事实，即动词同时编码运动和运动的主体。泰尔米认为最具代表性的是自己致力调查研究的加利福尼亚北部的霍卡语言中的阿楚格维语（泰尔米，2019：47 - 48）。

泰尔米认为表层成分除动词以外，还分离出动词的卫星语素（satellite to the verb），简称为卫星语素（satellite）。卫星语素属于封闭类成分，泰尔米界定为与动词有姊妹关系的语法范畴，包括除了名词短语或介词词组的补语之外的任何成分，它与动词词根之间是从属成分与中心语的关系。它既可以是一个黏着词缀，也可以是一个自由词。它包括动词小品词、动词前缀、动词补语等。它与动词搭配来共同表达作为"核心图式"（core schema）的路径（泰尔米，2019：97）。

泰尔米的卫星语素作为一个语法范畴，其内容所指比较宽泛，似乎把表达路径的非动词成分都笼统地称为卫星语素。因为这些成分在句法上无法像动词那样独立使用，故界定为附属成分，认定其为伴随动词的"卫星"。泰尔米认为在类型学上最具有鉴别性的成分是路径。通过观察路径出现在句法成分中的特定位置，将路径出现在动词中的语言称为"动词框架"（Verb-framed），如西班牙语；将路径出现在卫星语素中的语言称之为"卫星框架"（Satellite-framed），如英语和阿楚格维语。泰尔米在考察语义与形式的对应关系时使用了自创的术语"词化并入"（conflation），日语通常译为"包入"，用来表示作为表层的句法成分的动词或卫星语素融入了哪些语义元素。

依据泰尔米的研究范式，本书对论述中涉及的重要概念做如下界定。

泰尔米（2019：7）把含有运动及持续性静止的情景都看作是运动事件（Motion event），运动事件含有焦点（Figure）、背景（Ground）、路径（Path）和运动（Motion）四种成分，运动指运动事件中运动本身的存在或方位关系，包括位移运动（translational motion）的发生（MOVE）或未发生（BE_{LOC}）。本书的考察重点在于位移运动的发生，即沿着时间轴发生的位置变化，故使用术语为"位移事件"（Move event）。同时将构成这一事件的核心成分界定为：位移主体（Figure）、参照物（Ground）、路径（Path）和运动本身（Motion）。附带成分界定为：方式（Manner）和原因（Cause）。路径（Path）指的是位移主体相对于参照物所做的离开、穿过和到达的基本类型中所沿循的起点、经过点、终点以及方向（Direction）等成分。

位移根据参照物（Ground）来界定位移主体的路径。位移主体（Figure）包括施事性主体，也包括自我施事性主体，以及非施事性主体。施事性主体发出致使性的行为，涉及受事。自我施事性主体发出自主性的行为，不涉及受事，具有非作格性属性。而非施事性主体产生自发性的变化，为非有生性主体，具有非宾格性属性。

方式（Manner）指的是伴随位移主体的位移过程而出现的辅助行为，比如"跑进屋子"，进入屋子的位移过程伴随着"跑"的行为方式。原因（Cause）通常指的是致使位移发生的原因，是具有施事性的主体的行为，比如"我把书放进提包里"。"书进提包里"的位置变化是"我"发出了"放"的致使行为而促成的,"放"是致使性位移发生的原因。在汉语中表示方式的"跑"和表示原因的"放"都是独立的词。而"跑进"和"放进"的"进"是动词补语,表达由外至内的位移路径。

泰尔米的贡献在于提出了"动词框架语言"和"卫星框架语言"的类型学模式,这种模式反映的是概念结构映射到句法结构上的典型模式。类型划分的依据是核心图式由主要动词还是由卫星语素来表达。运动事件的核心图式是路径,映射到动词上就是框架动词,映射到卫星语素上就是框架卫星语素。而相对于核心图式的副事件,在卫星框架语言中常常用主要动词来表达,而在动词框架语言中由卫星语素、附置词短语或动名词成分来表达(泰尔米,2019:223)。

泰尔米的运动事件类型学视角采取了两种方法。一种是围绕特定的表层成分,比如动词或卫星语素,观察这两种成分在不同语言中表达哪些语义成分。另一种是围绕核心图式,即"路径"这种语义成分观察其在不同语言中可以由哪些表层成分来表达。比如西班牙语中动词表达路径成分,而不是副事件或焦点。而从另一个视角看,西班牙语的路径成分用动词来表达,而不是用卫星语素表达(泰尔米,2019:225-226)。

比如下面常引用的典型例子中,英语的动词"float"编入了运动事实和方式"漂"。而西班牙语的"entró"编入了运动事实和路径"in"。另外,英语的卫星语素"into"表达路径,而西班牙语的动名词"flotando"表达"漂着"的方式。

英语:The bottle floated into the cave.
西班牙语:La botella entró flotando a la cueva。

(泰尔米,2019:227)

像"float"的动词称为"方式动词",像"entró"的动词称为"路径动词"。拥有较多"方式动词"的语言即"卫星框架语言",拥有较多"路径动词"的语言即"动词框架"语言。

1.4 研究内容

空间位置关系的变化在人类与外部世界的互动过程中是最容易观察到、感知到的类型。在以体验哲学为基础的认知语言学的语言观下，空间位置关系的认知与编码构成了语言的语法范畴和语义范畴演变与扩展的基础。

空间位置关系的变化首先基于人自身在物理空间的移动而产生，是一种具有自主性的位移运动。例如"小明走进教室""小明跑出房间""太郎が教室に入った""太郎が部屋を出た"等，这类可以称为"自主位移"事件。当人的动作行为涉及对象物，通过特定的行为方式促使对象物所处的位置关系发生变化时，位移运动的产生是致使而成。例如"小明把桌子搬进教室""小明把箱子抬出房间""太郎がテーブルを教室の中に運んだ""太郎が箱を持ち上げながら部屋の外に出した"等。"桌子、箱子"等对象物在动作主体"搬、抬"的动作作用下，发生了"从教室外到教室内""从房间里到房间外"的位置变化，是由动作主体致使产生的位移，这类可以称为"致使位移"事件。

以上两类位移事件是在现实的时间坐标参照下发生的真实的物理空间的位置变化。而"起伏的山脉蜿蜒伸向天边""一条街道横穿小城""这个天然港环绕着海湾"中，处于静止状态的"山脉、街道、港口"的静态位置关系的描写却使用"伸向、横穿、环绕"等表达动态位移变化的动词，而这并不是发生在物理空间的真实的位置变化，只是认知主体在心理上虚构的位移，这类可以称为"虚拟位移"事件。

本书把上述"自主位移事件""致使位移事件""虚拟位移事件"三类位移事件纳入日汉语位移事件表达式的对比考察范围，细致描写各类位移事件的语言编码方式及其日语和汉语表达方式的异同，以及语言表征背后的认知理据。

围绕上面三种类型的位移事件的考察分析过程中，由于"自主位移事件"是最基本的类型，本书将着重讨论该类位移事件。聚焦日汉语及跨语言的词汇化模式，描写并阐释日汉语位移动词编码的类型学特征。同时针对日语位移动词与表空间场所的格助词的共现关系，讨论日语宾格标记及日汉语位移动词宾格标记的赋予机制，从句法结构表征手段的角度来进一步刻画日汉语位移动词的语义特征。在此基础之上，还将围绕具有指示义的位移动词"くる"的语法化构式展开考察与分析，探讨日语位移动词的语法化机制及构式语义的扩展模式。

"致使位移事件"及"虚拟位移事件"的研究将注重基本语言现象的描写与分类，在细致阐述表达"致使位移"和"虚拟位移"的动词类型和语义特征的基础上，对比分析日汉语编码方式的异同，并探讨语言表征背后的认知机制和识解方式的特征。通过对"致使位移"和"虚拟位移"表达式的全面讨论，来揭示是否和"自主位移"表达式呈现一致的类型学特征。

本书将遵循"充分描写"和"认知解释"的统一思路，围绕三类位移事件的核心语义要素，描写日汉语的形态句法等语言表征，分析语言编码方式所体现的类型学模式，并阐释其异同的认知基础，从而揭示日语和汉语位移事件表达式的认知类型学特征。

1.5　语料来源

本书所遵循的重要研究路径之一是基于语言实际使用的实证研究。依据认知语言学的研究范式，采取基于使用的研究立场考察与分析日语和汉语以及跨语言的位移事件的表达形式。

本书有关日语的实际语料主要来自"現代日本語書き言葉均衡コーパス"（现代日语书面语均衡语料库，简写为 BCCWJ），基于大规模语料库，从定量分析的视角全面描写日语表达自主位移事件、致使位移事件以及虚拟位移事件的词汇化模式和编码特征。

有关日语和汉语的对比语料主要来自北京日本学研究中心开发的"中日对译语料库"，使用日语原文及其汉语译文，以及汉语原文及其日语译文，从对比的视角考察分析日语和汉语在表达同一位移事件时所采用的词汇化模式特征以及两种语言所体现的异同。

除此之外，汉语语料部分还使用了北京大学汉语语言学研究中心"现代汉语语料库"(CCL 语料库)和北京语言大学汉语国际教育技术研发中心"汉语语料库"(BCC 语料库)。

1.6　章节构成

本书共分为四个部分,由 14 章构成。第一部分为本书的总论部分,第二部分为位移事件词汇化模式研究,第三部分为位移动词及其相关研究,第四部分为位移事件表达式的拓展研究。

第一部分由第一章"绪论"、第二章"研究综述"、第三章"理论基础"构成。在第一章"绪论"中围绕本书的研究概要、研究缘起、相关概念界定、研究内容及语料来源进行了阐述。第二章为研究综述,围绕本书所涉及的研究领域,分为认知语义对比研究、位移事件类型学研究、位移事件对比研究、致使位移研究及虚拟位移研究,展开了对国内外研究的全面系统的梳理与述评。第三章阐述了本书的理论基础,先使用可视化分析手段回顾了本书所依据的认知语言学理论的研究发展状况,接着聚焦本书融合认知语言学与语言类型学的认知类型学研究范式进行了综述,并在此基础上,阐明了本书在考察日语和汉语位移事件编码的类型学特征基础上,揭示两种语言不同编码形式背后所反映的认知方式的不同,阐释了本书的理论分析框架。

第二部分由第四章"日语位移事件词汇化模式类型"、第五章"位移事件词汇化模式类型跨语言对比"、第六章"日汉语'自主位移'表达式对比"构成。第四章在概述日语位移事件表达对比研究的基础上,使用实际语料考察了日语位移动词类型的分布及位移事件构成要素的编码方式,并围绕连续性位移的编码方式分析了日语位移事件表达式的"主观性"特征。第五章为进一步揭示日语和汉语的类型学特征,展开了日语和汉语、日语和英语、日语和韩国语、日语和西班牙语的跨语言对比实证研究。通过分析汉语、英语、韩国语及西班牙语的对译语料,考察编码同一位移事件时的不同语言的词汇化模式,以此来揭示跨语言的位移表达类型学特征。第六章围绕自主位移事件展开了日语和汉语的对比研究,通过调查日语原文对应的汉语译文,以及汉语原文对应的日语译文中位移动词的类型分布，进一步验证日语和汉语的类型学定位。

第三部分由第七章"日语'ヲ格+位移动词'句式成立机制"、第八章"日语位移表达式与'双重ヲ格'共现结构"、第九章"日汉语非生命物主语位移动词宾格赋予机制对比"、第十章"日语'自主/致使'位移动词自他接辞形态及其语义特征"构成。这部分主要围绕日语位移动词的句法及形态特征展开研究。日语是具有格标记的语言，位移动词伴随"ヲ"格是其典型的句法结构。本部分细致考察了位移动词伴随"ヲ"格的语义结构，深入分析了这一句法结构所反映的事件结构的特征。并在此基础上基于认知的视点探讨了日语位移动词宾格赋予的机制，以及日语位移动词自他接辞形态的语义及类型学意义。

第四部分作为位移表达的拓展研究，由第十一章"日语'V-てくる'构式语义扩展机制"、第十二章"日汉语'致使位移'表达式对比"、第十三章"日汉语延伸型虚拟位移表达式对比"、第十四章"结论与展望"构成。这一部分在前面研究的基础上，将考察扩展至日语位移动词的语法化构式及致使位移事件和虚拟位移事件，从更加广阔的视角进一步来考察和分析日语和汉语位移事件构成要素的编码类型，以期更加全面地揭示日语和汉语围绕位移事件的语义要素和语法形式之间的映射关系。第十一章细致考察了日语"V-てくる"构式语义扩展的类型及其扩展的动因，构建了该构式的多义性网络。第十二章围绕致使位移事件考察了日语和汉语编码同一致使位移事件的词汇化模式。第十三章围绕虚拟位移事件考察了日语和汉语位移主体及位移动词的特征，并阐释了虚拟位移成立的认知机制。最后，第十四章为本书的结论与展望，总括本书的考察结论，并对今后位移事件的跨学科研究进行了展望。

第二章

研究综述

2.1 引言

本章梳理、归纳与位移事件表达式相关的方法论及本体研究,分为五个方面。第2节基于研究方法论的视角概述认知语义对比研究的特征与意义;第3节综述评析类型学视域下位移事件的汉语及跨语言研究;第4节围绕位移动词及词汇化模式回顾与此相关的汉英及日汉等对比研究;第5节主要围绕致使位移的构式研究展开,梳理与词汇化模式相关的研究观点;第6节着重回顾有关虚拟位移的日语、英语研究的代表性成果;第7节总结既往研究的特点与不足,并阐述相关文献对本书在研究对象、研究方法等方面的启示。

2.2 认知语义对比研究综述

王德春、张辉(2001)较早对认知语言学研究现状展开引介与述评,指出认知语言学已经成为一个重要的语言研究范式和方法,并提出其最重要的原则是汇流的证据(converging evidence),即方法论的多元化,其中围绕语法研究认为认知语言学可以指导开展语言间的对比研究,通过考察不同语言反映在不同句式类型上的差异,从而来区分不同类型的语言。并以泰尔米的研究为例,介绍其根据英语和西班牙语对运动事件编码方式的不同,将两种语言区分为"卫星框架化的语言"和"动词框架化的语言"。

黄洁（2012）分析了国外认知语言学研究的最新动态（2006—2011）的研究热点问题，提到了词汇化模式的研究，指出运动事件的词汇化模式研究成为研究热点之一在于学界关心语言的类型问题，以及语言类型特征的形式、发展和习得等问题。关于语言类型研究提到 Talmy（2000a、b）和 Slobin（2004）的研究，指出两位学者根据语言表征运动事件的特征所提出的不同类型划分方式。并认为这种分类方式难于处理运动事件中除运动方式和运动路径以外的其他要素表征跨语言的差异。

束定芳（2012）在发文时对近 10 年来国外认知语言学最新进展与发展趋势进行述评，指出认知语言学在跨学科研究中得到拓展，并以新沃尔夫主义为例讨论语言和思维之间的关系，从语言使用和研究领域的角度，提到词汇化模式及运动事件的研究，将之作为探讨思维、语言及文化之间接口问题的证据之一。

从以上的研究动态述评我们可以看到，国内认知语言学学界较早关注到位移事件词汇化模式及类型学研究的重要意义，并将其作为认知语言学前沿性跨学科研究的重要组成部分，认识到展开对比研究的可行性与必要性，并认为对位移事件编码方式的探讨可以为我们揭示语言和思维之间的关系提供重要的证据。

本书围绕位移事件表达式展开以日语和汉语为主体的对比研究，同时兼与英语、韩国语、西班牙语等跨语言对比，以突出日语和汉语在位移事件编码方式上的类型学特征。因此，聚焦位移事件的构成要素，考察其词汇化模式、句法特征及语义特征是本书的主线。基于认知语言学理论的语义对比研究是本书的研究范式。下面将以国内最新研究成果刘正光、李易（2019）和刘正光的《英汉认知语义对比研究》（2021）为代表，对认知语义对比研究的特征及主要方法进行综述，阐明其对本书在方法论上的启示。

刘正光（2021：12）指出认知语义对比研究的基本目标之一在于揭示认知共性规律或机制。他认为范畴是人类知识的基本形态，范畴化既是人类最基本的认知能力，也是最重要的认知能力。从范畴出发，比较两种语言在表达形态上所体现的异同，这样的语言对比研究实际就是将探索认知规律作为对比的最终目标。

刘正光、李易（2019：2）和刘正光（2021：36）提出了认知语义对比研究的三个层次。

①形式入手：语义的体现有赖于语言的形式；
②语义为本：语义是变化多样的形式赖以产生的内在理据；
③思维为标：语义概念化的过程与方式体现了思维的方式与过程。

刘正光（2021：37）认为语义，或称概念内容，是生成语言形式的基础。由于认知方式的差异和文化差异，同样的概念内容会有各种各样的表达方式。语义的关键作用在于建立起共同理解的基础和前提，以实现沟通和交际。区分认知语义对比研究的三个层次，能够更好地实现微观层次和宏观层次对比的有机结合。

在论述认知语义对比研究的主要方法时，刘正光、李易（2019：6）和刘正光（2021：54-55）提及认知类型学研究方法，这种研究方法主要用于多语种之间的比较，如果在语言对比研究的过程中，能够有认知类型学方法的视野，那么对比的结果或结论将更有普遍价值。

刘正光提出的认知语义对比研究的三个层次对本书颇具启发。各种语言都拥有空间位置变化的语义范畴，但是表达这一语义范畴的形式和方式是各不相同的。我们以人类对空间位置移动的认知为基础，考察对比日汉语编码方式的异同，以此来揭示日汉语对空间位置移动的概念化方式的异同。同时在日语和汉语的词汇化模式对比过程中，将会融入与英语、韩国语、西班牙语的对比，从跨语言的视角来揭示日语和汉语的类型学特征。

日本国内基于认知语法的观点对日语和英语的语言现象展开对比研究的较新成果有滨田英人的《认知与语言：日语世界和英语世界》（『認知と言語—日本語の世界・英語の世界』，2016）。该书认为语言反映各语言母语者对事物或事件的认知方式。日语母语者以"说话者视点"认知事件，而英语母语者以元认知方式认知事件。因此，日语母语者和英语母语者对世界的识解方式是不同的。并认为这种认知方式的不同体现在日英语的语言特征上，从认知的角度考察了日语和英语的本质特征。

滨田（2016）提出了日语母语者和英语母语者所具有的较为典型的认知方式，前者是一种将感知和认识融合在一起的认知方式，称为"场景内视点"，后者是一种对包括自身在内的事件进行客体化和结构化处理的元认知方式，称为"场景外视点"。

滨田立足于话者的认知方式造成了语言间差异性的观点，通过观察日语母语者和英语母语者对事物或事件进行识解时所表现出的不同的认识方式和语言表达，分析了认知和语言二者的关系，并揭示了两种认知方式的特性。当人们对所处的世界进行认知时，往往会通过以下两种方式。第一种是通过融合了感知与认识的认知方式，来进行认知识解操作；另外一种是通过观察与事件有关的，对包括自身在内的认知对象整体，从客观视角运用元认知的识解方式。不同的认知方式赋予了语言以不同特征。在上述两种认知方式中，前者是融合了感知和认识的认知方式，反映出了说话者的"场景内视点"；后者是元认知的认知方式，反映出了说话者的"场景外视点"。滨田围绕两种不同的认知方式对英语和日语语言编码赋予的各种特征进行了细致的考察与比较，分析了在不同的语言社会中为何会产生不同的"惯用表达方式"，其原因可归至说话者如何把握事件认知方式和语言编码之间的紧密关系。就如同一幅绘画所反映出的不仅有描绘的对象物，还应反映出画家站在什么地方（位居何处）进行描绘。

"语言"能够反映出认知主体对作为描述对象的事物或事件进行了何种方式的识解操作，滨田通过对英语与日语中的语言现象进行对比考察，从本质上明确了日语母语者与英语母语者各自对事件的识解方式。滨田在该书的第 4 章中基于两类母语者概念空间认知差异，分别对不同概念空间中日语母语者及英语母语者对事件的认知处理与语言编码间的关系展开了讨论。针对"位移表达"如何进行语言编码问题，滨田在 Talmy（2000）的研究基础上，提及日语属于通过动词来对位移路径进行编码的语言，为"动词框架语言"（verb-framed language）。而英语属于通过介副词（如"run out"中的"out"）或前置词短语（into the park 等）来表示位移路径的语言，为"卫星框架语言"（satellite-framed language）。两种语言之所以存在这种差异，其原因在于语言背后的不同认知方式。

滨田在对英语和日语的语言特征逐一分析的基础上，探讨了两种语言形式下说话者的一般认知规律，揭示了不同认知方式对语言的作用和影响。通过对两种视角、两种认知方式、两种识解过程的对比，结合相应的语言事实，所形成的结论则更加全面且具有说服力。就对比分析研究的现状而言，日本国内的英语和日语的对比研究较为突出。而在中国国内，汉语和英语的对比研究较为成熟。滨田的研究视角会对汉语、日语、英语三种语言类型的跨语言研究提供新的范式。进行跨语言的认知语言学研究可以在多种语言间进行对比分析，只有在不同语种之间进行对比，才能明确某一语言所具备的特征和其反映的认知模式，能够加深我们对语言隐含的认知方式的理解，进而去发掘更多语言表达背后潜在的识解方式和认知规律。

2.3　位移事件类型学研究综述

本节将围绕国内和日本学界在位移事件类型学领域极具代表性的两位学者的研究展开综述。国内开展事件类型学研究的知名学者是李福印教授，日本开展位移事件类型学研究的著名学者是松本曜教授。本节先综述李福印等（2019）的代表性成果，再综述松本（编）（2017）的代表性成果。

李福印等的《事件语义类型学》（2019）是李福印教授指导的北京航空航天大学"事件语法"研究团队的第一部著作，是基于国家社会科学基金"现代汉语宏事件语义类型学实证研究"的最新研究成果。该书探讨了现代汉语宏事件的语言表征及词汇化模式，试图解决现代汉语的类型归属问题。该书基于泰尔米提出的宏事件，以及将世界上的语言分为动词框架语言和卫星框架语言的语言两分法理论，对宏事件的五种类型，即运动事件、体相事件、状态变化事件、行动关联事件及实现事件，采用语料库、诱导实验、问卷调查等实证方法进行了全面的考察。该书修正了泰尔米关于"现代汉语是典型的卫星框架语言"的论断，提出基本支持"现代汉语属于动词框架与卫星框架混合型语言"的结论。

该书在理论基础部分梳理了泰尔米的语言哲学思想，认为泰尔米关于语言是认知系统的思想以及语言表层表达和语言深层语义结构之间关系的思想贯穿于他的绝大部分理论。李福印等（2019：9）指出，泰尔米把语言划分为动词框架语言和卫星框架语言的理论即是其深层结构和表层表达的思想的体现。即根据运动事件中"路径"语义在不同语言的表层表达中出现位置的不同而区分了这两种语言，提出了类型学的分类。在深层结构中，每种语言都有表达"路径"的概念。在表层表达中，若"路径"在语言表征中编码在动词中则是动词框架语言，若编码在动词之外则称为卫星框架语言（李福印等，2019：25）。

李福印等（2019：29）进一步评述道：在对词汇化模式的研究中，泰尔米首先区分了语义（Meaning）与形式（Form）这两类概念，并系统研究了形式与语义的对应关系，可以说词汇化模式研究主要探讨形式元素与语义元素的匹配关系。这种匹配关系被称为"义形匹配"（pairing of meaning and form）（李福印等，2019：46）。

该书在第二部分着重讨论了现代汉语运动事件词汇化模式，以此来解决关于现代汉语运动事件词汇化类型的归属问题。先梳理了汉语中的动结式、动趋式、介词和方位词中的各种框架卫星语素，再以典型位移性运动事件中的报道视频（矿难升井事件和火灾逃生事件）为口语语料，对现代汉语路径语义要素的词汇化模式进行了分类研究。通过对词汇类型分布比例的统计，认为动词框架语言（V-语言）的表达句子占了绝大多数，提出不支持泰尔米关于汉语是卫星框架语言（S-语言）的论断。但是又指出如果使用不同类型的运动事件，就有可能得出不同的类型归属，最后得出倾向于认为现代汉语属于"互补型语言"的结论（李福印等，2019：93）。

另外李福印等（2019：103-116）通过诱导实验法对汉语位移性运动事件切分的语义类型进行了考察，认为现代汉语位移运动路径大多映射到［到达］、［离开］+［经过］+［到达］和［经过］+［到达］的概念结构上，并使用大量连动式表征复杂运动路径概念，因此也得出倾向于把现代汉语运动事件切分归为互补语言类型的结论。

围绕Talmy（1985，2000b）将现代汉语归为卫星框架语言，而Slobin（2004）将之归为均衡框架语言的分歧，李福印等（2019：128-137）以地震访谈节目的视频文字转写为语料考察了现代汉语运动事件词汇化模式的概率倾向性分布。认为现代汉语不是典型的均衡框架语言，而是以卫星框架语言为主，但兼有动词框架语言和均衡框架语言的特征，总趋势为卫星框架型>动词框架型>均衡框架型，呈现出以卫星框架语言为中心、均衡框架语言为边缘、动词框架语言为中间态的连续统。

通过上述以口语为语料的实证调查，李福印等（2019）认为现代汉语运动事件的词汇化模式不是泰尔米所划分的和英语同属典型的卫星框架语言，而是动词框架类型与卫星框架类型并存混合的类型。

李福印等（2019）基于口语语料来实证现代汉语的词汇化类型分布为今后研究提供了较为新颖的研究思路，但是其选取的语料均为灾难场景等特殊场面运动事件的口述或报道语料，这种特点的语料是否能代表日常生活中的较为普遍的位移运动是值得商榷之处。因为正如作者所述，如果变换为其他类型的运动事件，就会得出不同的类型归属，那对现代汉语的类型定位就会因语料的不同而得出不同的结论，而无法真正界定现代汉语的类型定位。因此选取日常生活场面中的位移事件，并结合描述较为完整的现代小说书面语语料，开展词汇化模式类型分布状况的调查，可以较为全面、稳妥地验证现代汉语的类型归属，同时将现代汉语的词汇化模式研究置于和其他语言的对比分析中，通过考察对同一位移事件，不同语言的语言表征及词汇化模式的异同，可以深入地描写深层语义结构和表层表达形式之间的映射关系，进一步突出汉语的"义形匹配"特征，确定其类型学定位。

日本的松本曜教授是位移事件类型学研究的国际知名学者，其编著的《位移表达的类型学》（『移動表現の類型論』，2017）是日本学界关于位移表达类型学研究的最新成果。该书于2017年2月由日本くろしお（黑潮）出版社出版。基于跨语言的位移表达式的类型学研究始终是语言类型学及认知语言学研究的关注领域。该书以松本曜提出的位移事件类型和基本术语为统一的分析框架，以12种语言为语料，综合运用语料库与实验数据等多种研究方法，考察跨语言位移事件的不同表达形式，旨在从新的观点提出位移表达的类型学分类。全书正文由十三个章节组成。

第1章"关于位移表达类型的课题"由松本曜撰写，阐述了全书考察多种语言位移表达的统一框架。他提出在以下几个方面试图做出和既往研究不同的新的尝试。

①从广义上界定位移表达。

②关注指示语（deixis）（路径的指示特征）的表达形式。

③在多个语言的考察中运用语料库和实验数据。

松本将位移表达界定为以下三种类型。

①John walked into the house.

②Susan threw the ball into the room.

③Bill looked into the hole.

①称为主体位移表达；②称为客体位移表达；③为抽象性放射表达。全书即以主体位移表达为中心，同时包含客体位移表达和抽象性放射表达，将这三类统称为位移表达来展开讨论。他认为 Talmy（1985，1991，2000a、b）的类型学在有关类型划分的各个概念等方面存在问题点和修正的可能性。

第一个问题是动词和附加要素，泰尔米所说动词是指作为句子核心（head）的动词，并不是词汇范畴的动词，同时路径由动词以外位置所表达时并不仅限于泰尔米所定义的动词附加要素，也就是泰尔米所称之"附加要素"实际上并不仅限于与动词处于主从关系的成分。对此松本指出泰尔米的类型学可以解释为核心框架语言（head-framed language）和非核心框架语言（nonhead-framed language）。在该书中将前者称为路径核心表示类型，后者称为路径非核心表示类型。

第二个问题是关于主要动词和第三类型语言。泰尔米根据位移事件核心要素路径信息在各语言中的表达方式，将世界语言划分为"动词框架语言"（verb-framed language）和"附加语框架语言"（satellite-framed language）。而 Slobin（2004）认为泰尔米的类型划分并不全面，主张存在第三类型语言。即像泰语那样方式和路径由同等地位的动词来表达，二者处于均等地位，被称为"均衡框架语言"（equipollently-framed language）。松本认为如何认定主要动词，尤其是方式和路径由并列的两个动词来编码的所谓"均衡框架语言"的界定需要基于翔实的语言分析来做出判断。他将这种类型语言中的各个动词称为"副核心"（cohead），认为第三类型语言是由副核心来编码路径的语言。

第三个问题是框架这一概念。泰尔米认为路径框定了位移事件，但松本指出这一概念存在两个问题。一是位移事件的时间范畴未必仅由路径的特征来决定；二是位移表达并不仅出现在句节中的一处，它有可能会出现在句中的数个位置。所以松本认为路径的表达位置的类型并不应该视为路径由句中的哪一要素来框定，而是看作由句中的哪一要素来表示更加合理。他提出了三个课题。

第一，表达主体位移时的类型学变异。主要是指在同一语言内部根据方式及路径种类的不同，其表达类型会发生变化。

第二，位移事件表达类型间的变异。主要是指位移表达除主体位移外，还存在客体位移表达和抽象性放射表达。而路径的表达位置会因这三种位移事件表达类型的差异而出现不同，在同一类型的语言内部会存在变异。

第三，指示义路径概念和非指示义路径概念的差异。泰尔米的类型学并没有对指示词的表达形式给予足够的关注。虽然泰尔米自身想把指示概念由主要动词表达的语言视为动词框架语言，但实际上在许多语言中指示词表达和通常的路径表达会呈现出不同的方式。另外，指示义路径概念和非指示义路径概念的表达位置有很大的不同，究竟基于哪一概念来考虑，由此语言的类型划分也会不同。据此，松本提出了全书的研究课题和分析的框架：分别探讨各种语言位移的表达形式、构成位移的句式结构、呈现的语言内变异。

第 2 章到第 10 章分别考察了英语、匈牙利语、尼瓦尔语、汉语、泰语、Dom 语（多姆语）、意大利语、Sidaama 语（锡达莫语）和日语。这一顺序大致是按照非核心表示类型、分类难以确定、核心表示类型的类型划分来排序的。其中关于英语和日语，主要是侧重于基于语料库数据来分析表达类型。而其他语言是从基本语言事实的描写开始，考察各种语言位移表达的类型特征。而第 11 章和第 12 章是跨语言的特定课题研究。第 11 章是比较日法两种语言的位移表达类型，探讨同属于核心表示类型语言（动词框架语言）的各语言间的差异问题。而第 12 章是使用日语、英语、德语、俄语四种语言的平行翻译语料库，围绕方式和指示的突显问题，提出表达位置"竞合性"的动因要素。最后，第 13 章由松本曜基于全书对不同语言考察的所得见解，再次探讨位移表达的一般化和类型。

第 2 章"英语位移事件表达的类型和路径表达"由松本曜撰写。本章在概括阐述主体位移表达、客体位移表达和抽象性放射表达共同使用的路径表达后，按照位移事件表达类别逐一探讨其表达类型，并基于语料库的调查报告了数量分析的结果。

他梳理了英语各位移事件表达类型共同使用的路径表达，并基于语料库抽取的语例，指出在主体位移表达中，虽然泰尔米、斯洛宾（Slobin）等学者认为英语的主要类型是将方式动词放在核心，但实际调查的结果显示很难称其为一般类型，而指示动词被置于核心的比例却略高于方式动词。而关于路径表达的使用频率，只使用前置词、小品词（verb particles）、副词的比例过半，远远高于只使用路径动词的比例。这一结果显示了英语为路径非核心表示类型。而指示概念（deixis）的表达方式中使用动词比例占大多数，这也就意味着在主要动词的位置上，究竟是表达指示还是表达方式，二者间会产生竞争。关于客体位移的动词，松本按其所包含语义要素分为致使手段动词、致使路径动词、致使方式动词、致使指示动词和 put/take 动词。调查显示在伴随搬运型的客体位移中，致使指示动词的使用比例最多约占半数。而在路径表达的频率中，除持续操作型以外，使用非核心要素表达的比例均占半数以上，比主体位移类型更加清晰。而指示成分除伴随搬运型外几乎不被表达出来。另外，松本指出英语值得关注的是视线放射的路径表达十分丰富，但在抽象性放射中，路径不会由主要动词来表达。

总之，英语无论是哪种位移事件表达类型都倾向于采用前置词、小品词等形式表达路径。另外，在主体位移中虽然观察到了主要动词表达路径的语例，但在客体位移中除持续操作型外，这种类型非常有限，而在抽象性放射中几乎没有。可以说随着由主体位移向客体位移及抽象性放射的推移，由核心表示路径的非指示性和指示性特征的可能性也会随之递减。

第3章"匈牙利语的位移表达"由江口清子撰写。她指出匈牙利语的位移表达从类型学上来看，无论主体位移表达还是客体位移表达及抽象性放射表达，几乎一贯以动词以外的非核心要素表达位移路径，呈现路径非核心表示类型语言的特征。也就是这三种位移事件表达类型中会出现共同的路径表达要素。但关于指示义路径概念略有不同，除以副词和动词前缀表达外，在主体位移表达和伴随搬运型的客体位移表达中，也会使用核心的动词来表达。另外，虽然有数种表达路径的非核心要素，但其中的动词

第二章 研究综述

前缀起着最重要的作用。总之可以说匈牙利语与英语相比是更加纯粹的路径非核心表示类型语言。

第4章"尼瓦尔语的位移表达"由松濑育子撰写。尼瓦尔语是在尼泊尔的加德满都盆地一带使用的语言。松濑指出这种语言的位移表达有两点值得一提。一是多指示动词。指示动词不只是作为本动词,还频繁地作为动词连用的核心使用,指示性成分可以视为核心表示类型,而指示性成分以外的路径概念呈现非核心表示类型。二是表示路径概念的副词形式有三种类型:只在表示主体位移的指示动词使用的副词形式、只在客体位移使用的副词形式、主体位移和客体位移二者共同使用的副词形式。表达同一概念可以使用区分主体位移和客体位移的数种副词形式,这在世界语言中比较罕见。

第5章"汉语的位移表达"由柯理思(Christine Lamarre)撰写,她是国际知名的汉语学家,也是研究汉语位移动词和趋向补语的代表性学者。她将表达路径的形式区分为以下五种:路径动词、前置词成分、路径副词、路径补语及方位词,路径补语相当于泰尔米所说的"卫星"。并指出位移表达的类型学研究中对附着在名词后面的接置词性质的要素讨论尚不充分,提出对于S型语言有必要区分前置词和卫星。同时汉语是多使用路径动词的语言,并不是典型的"卫星框架语言"(即"附加语框架语言")。汉语将位移方式的前项和路径补语的组合看作"复合动词",将前项视为核心。路径补语所表达的基本路径概念在英语、匈牙利语、德语、俄语等S型语言中其主要类型是以动词以外的成分来表达,而汉语由于路径动词齐全,很难说是典型的S型语言。但汉语路径动词中表达基本图式的动词已语法化为能够接续在其他动词后面的语法范畴,以此为根据来看的话,也可以说兼有卫星框架语言的一部分特征。

关于各事件类型中的路径信息的表达手段,柯理思认为从使用路径动词这点来看汉语不是纯粹的卫星框架语言,属于Talmy(2000a、b)所说的分裂类型。但从动词+路径补语可以表达除抽象性放射以外的所有位移事件来看的话,也可以认为这种手段是优选类型。斯洛宾(2004)基于汉语和泰语同样多用动词连续句式,主张应把汉语划分为第三类型的语言,但她指出汉语的地域差非常明显,东南部地区可以说在数个指标上较为接近泰语，但把北方话划分为和泰语同一类型是不妥当的，北方话反而和卫星框架语言的匈牙利语之间具有颇令人思索的共通点。

第 6 章"泰语的位移表达"由高桥清子撰写。她认为泰语位移表达的主要构成要素是动词，只要使用至少一个位移动词就可以表达单一的位移事件。但大多数情况下都是使用数个异类或同类的动词形成一个句节（"动词句节连续体"），来表达一个完整的位移事件。她细致描述了所有位移事件类型共通的表达位移事件和到达事件的形式。这包括特定某物体或空间位置的位置前置词、路径前置词及动词。动词又区分为方式动词、路径 1 动词、路径 2 动词、指示动词和到达动词。路径 1 动词表示由位移的起点或终点所规定的相对方向性。路径 2 动词表示由位移物体和其路径参照物的相互关系所规定的相对方向性。前四类动词一定按此顺序构成动词序列，这是泰语位移表达的基本单位。

第 7 章"Dom 语的位移表达"由千田俊太郎撰写。Dom 语是居住在巴布亚新几内亚叫作 Dom 一带的人使用的语言。Dom 语表达主体位移的位移动词可以融入方式、指示、路径等语义要素。其中融入路径的位移动词非常少，指示路径为核心表示类型、非指示路径为非核心表示类型。总之 Dom 语的位移表达的基本特征是，和其他语言相比，数个语义要素融入一个词语中的类型较少，缺乏纯粹的矢量（vector）的标记。

第 8 章"意大利语的位移表达"由吉成祐子撰写。意大利语被泰尔米划分为动词框架语言的一种，的确在主体位移表达中由核心的动词来表达位移路径要素，但像英语等日耳曼语族那样由非核心要素来表达路径的情形也较多。而客体位移和抽象性放射表达其基本类型就是由非核心要素来表达路径概念。可以说意大利语并不是纯粹的路径核心表示类型语言，据此将意大利语的位移表达特征总结为混合型。

第 9 章"Sidaama 语的空间位移的路径表达"由河内一博撰写。Sidaama 语是在埃塞俄比亚的中南部使用的库西语族语言的一种。Sidaama 语在主体位移和客体位移表达中路径大多由主要动词表达，而且二者之间几乎不存在差异，但是视线放射表达完全不可能。可以说主体位移和客体位移都表现出路径核心表示类型语言的特征，而视线放射表达通常不使用路径动词，而是从属动词和名词相关要素（adnominals）来表达路径。

第 10 章 "日语的位移事件表达的类型和路径表达"由松本曜撰写。日语一直被视为典型的路径核心表示类型语言，在这章中松本先整理了主体位移、客体位移、抽象性放射等三种位移事件表达类型共同使用的日语路径表达形式，接着考察了各种位移事件表达类型所使用的动词，指出日语的特征表现在路径动词的数量较多，而方式动词数量较少。形成复合动词或复杂谓语时遵循"附带行为动词＞方式动词＞路径动词＞指示动词"的顺序，这也就意味着日语方式、路径、指示的三个要素不会互相争夺同一句法、形态位置。主体位移的语料库调查显示路径动词的使用占绝大多数，而方式的突显度较低、指示概念的表达频率高于英语，路径和指示二者都表达时，指示会成为核心。也就是说在主体位移表达中日语指示要素表现为纯粹的核心表示类型，而路径可以称为准核心表示类型。总之，日语的位移表达中位移事件表达类型不同，其指示和路径要素的表达位置会发生变化，路径的指示性、非指示性的表达位置因位移事件表达类型而不同。

第 11 章 "基于口语和书面语文本考察日语和法语的位移表达"由守田贵弘和石桥美由纪撰写。日语和属于罗曼语族之一的法语都被泰尔米归为动词框架语言，即路径核心表示类型语言，法语多在核心使用动词来表达路径概念，但其方式动词也较多。同时无论主体位移还是客体位移，除路径核心表示类型以外，也可以使用路径非核心表示类型。基于语料库的调查数据，作者指出日语、法语主体位移多用路径动词，而方式动词较少，这一倾向十分明显。其次在路径动词中，日语使用指示动词的表达类型较多，而法语表达指示以外的路径动词的使用比例非常高。综合来看，作者认为日语和法语无论是主体位移还是客体位移都一贯表现为路径核心表示类型语言，但将路径区分为指示要素和其他路径来考虑时，日语主体位移以指示动词为中心，而法语以路径动词为中心。但在客体位移中这种差异已看不到。

第 12 章 "基于对译语料库的日英德俄语自主位移表达的对比研究"由古贺裕章撰写。日语是路径核心表示类型，而英语、德语、俄语是路径非核心表示类型。古贺认为类型与构成位移的语义要素的表达频率之间存在相关性，其关键就在于信息的突显性，预测在英语、德语、俄语的翻译语料中，日语例句没有表达的位移方式将会以较高频率被添加上。同时关于指示路径，日语、德语与英语、俄语相比，会利用各信息间不存在竞争性的位置频繁表达指示信息。而关于方式，俄语由于缺少指示路径动词，与英语和德语相比，会更频繁以主要动词的位置表达方式信息。根据语料库验证，作者指出方式信息添加的频率是按照英语＜德语＜俄语的顺序逐渐递增。同样日语和德语较多出现指示路径信息，而俄语指示路径的表达频率最低。古贺认为以上这种体系性的偏差，是受到语言的类型学特征、个别语言的形态句法特征、句节连接类型以及语言所体现的主观性程度等各种动因影响的。

第 13 章 "位移表达的性质和其类型性" 由松本曜根据全书所描写考察的内容，对各种语言位移表达的性质和其类型性进行概括总结。首先，关于主体位移表达中的指示要素的独立性，尼瓦尔语和 Dom 语以主要动词表达指示，以非核心要素表示指示以外的路径概念，这意味着在考察类型时需要将指示要素从路径概念中独立出来讨论。其次根据指示以外的路径概念的表达位置，松本将语言分为路径核心表示类型、路径非核心表示类型及像泰语那样的副核心表示类型。关于路径的种类和动词，一般的倾向是核心表示类型语言拥有较多的路径动词，而非核心表示类型语言，特别是以动词相关要素（adverbals）、名词相关要素（adnominals）表达路径的语言，其路径动词的数量较少。而客体位移表达中指示的功能非常局限，具有致使指示动词的仅有英语、匈牙利语、尼瓦尔语和 Sidaama 语。核心表示类型语言虽然具有致使路径动词，但部分语言中与主体位移的路径动词相比显得体系较为薄弱。从核心表示类型可以观察到，依照主体位移到客体位移和视线放射表达的顺序，渐次无法以核心来表达路径和指示概念，呈现出语言内变异的现象。最后，松本从新的观点提出位移表达类型划分的方案，即使用各种位移表达类型共通的路径表达的 "共通要素语言"（Common-item language）和只限于主体位移表达或客体位移表达所用要素的 "特定要素语言"（Specialized-item language）。一般来说，核心表示类型及准核心表示类型语言是特定要素语言，而非核心表示类型和副核心表示类型的大多数可以划分为共通要素语言。

该书通过结合语料库和实验的研究方法，对日语、英语、汉语等 12 种语言的位移表达基于类型学的观点按照位移事件的表达类型进行了考察、分析，探讨了路径的表达形式和动词语义的融合方式，验证了不同语言位移表达的类型学特征，提出了新的类型学划分方法。该书有以下三点特色。

第一，对位移事件表达式的描写更加全面。迄今为止的大多数研究只关注到自主位移（主体位移）或致使位移（客体位移），对主要动词的词汇化模式进行了局部的考察。但位移作为人类语言最基本认知场景之一，为揭示其语言编码特征，需要对从空间位置改变的物理位移到视线转移的虚拟位移进行全方位的细致的描写和考察。该书每一种语言的位移表达研究及跨语言的比较研究，都基于翔实的语例和语料，按照三种位移事件类型共同的路径表达形式及动词编码位移事件要素的不同类型，对构成位移事件的语义要素编码形式逐一进行了细致的描写，全面展示了不同语言位移事件表达式的基本特征，清晰地勾画了跨语言类型学特征，所得类型学划分的新提案结论更加可靠。

第二，分析框架合理周密、概念界定清晰明确。该书在泰尔米位移事件类型学的基础上，对分析框架和基本概念进行了修正。通过区分核心和非核心要素，克服了泰尔米所使用的"附加要素"的局限性，涵盖了动词词干以外的路径表达形式，并对类型、路径概念、路径的表达形式等概念进行了明确的界定，统一了全书的术语。这使得该书跨语言位移表达的分析，建立在统一的理论框架和概念界定的基础上，通过对不同语言的位移表达形式进行有效的考察和对比，归纳出了位移表达的类型学特征。

第三，使用语料库进行验证和实验的研究方法使读者对位移表达类型学研究实证方法的认识更加深刻。作者运用大规模语料库，基于数据分析的实证调查，分别展现了英语和日语位移表达形式频率的实际使用状况，验证了两种语言的类型学划分和位移事件语义要素的编码方式。另外，基于对译平行语料库的跨语言位移表达对比分析，也使我们认识到语言类型学研究需要使用不同的研究方法，并需要侧重实证性研究。

当然，该书也存在一些不足。一是不同语言间的考察内容不甚均衡。除英语和日语以外的 7 种语言研究均是沿袭松本（1997）的考察方法，在综合介绍三种位移事件表达类型共同的路径表达形式后，列举并详述表达三种位移事件的各类动词及其构词方式。而由松本撰写的英语和日语的论文基于语料库调查数据的结果，侧重于分析日语、英语的表达类型及各类语义要素的表达频率和表达位置，突出了位移事件类型学研究基于语言实际使用的实证取向。虽然松本在第 1 章也提及除英语和日语以外的其他语言首先从描写基本现象开始，但包括汉语和泰语在内的这些语言今后也需要开展基于使用实例或大规模语料库的实证调查研究，以此来验证类型划分是否符合语言实际。

二是位移表达的第三种类型，即抽象性放射表达的考察还有待完善与深入。抽象性放射表达可以称为虚拟位移，在第 13 章的综合论述部分，松本指出视线放射性位移在所有语言中都是非核心表示类型。但该书中各语言对虚拟位移的考察有深有浅，有的语言甚至没有作为研究对象，因此关于这种位移类型的考察尚不完善也不深入，有待于再做进一步的分类，并对动词进行归纳整理。

纵览全书，可以带给我们以下三点启示。

第一，位移表达的类型学研究可以运用语料库、心理实验等多种方法进行验证。尤其关于空间概念范畴的心理实验研究颇受关注（今井，2010），可以深入探讨跨语言的语言与认知及思维的动态关系。因此利用不同的研究方法对同一位移表达范畴进行研究，可以深化我们对位移事件编码方式的认识，挖掘语言表达式背后潜在的识解方式和认知规律。

第二，探讨位移表达的类型学需要更多关注路径以外的方式及指示等语义要素。迄今为止研究者多受泰尔米研究的影响，将考察的重点放在路径概念在不同语言中的编码方式上，而对方式及指示概念没有给予足够的关注。为更全面地描写位移表达编码方式和解释其动因机制，需要对位移事件的构成要素逐一进行考察，立体地刻画其与语言表示式之间的映射关系，从而更加清晰地确定各种语言的类型归属。

第三，今后应该加强基于对译平行语料库的多语言的比较研究。像该书中古贺所做的研究，通过考察对译语料的对应、不对应或无对应的各种事例，来探讨方式、指示等概念在各语言的表达频率，从而发现这些信息在各语言对主要动词位置的竞争程度的差异性。探讨位移事件语义要素信息与语言类型间的相关性，揭示不同语言偏好的表达类型的差异。

总之，该书促进了多种研究方法在位移表达类型学研究中的综合运用，展现了语料库实证研究方法的独特魅力和跨语言位移表达类型学研究的最新成果，对位移表达的类型学研究无论是在理论上还是在方法上都作出了巨大的贡献，必将进一步推动包括汉语及日语在内的语言类型学研究的更大发展。

2.4 位移事件对比研究综述

本节围绕位移动词及位移事件词汇化模式的国内外对比研究展开综述。国内以英汉或汉英对比研究为主，重点评述严辰松（1998），李雪、白解红（2009），李雪（2010，2011）等的研究。日汉、日英对比研究重点评述荒川（1996），松本（1997），柯理思（Christine Lamarre）（2003），吴建伟、潘艳艳（2017）等的研究。

严辰松（1998）是国内较早从英汉对比研究视角探讨位移事件词汇化模式的研究。该研究关注对同一个语义范畴，不同的语言采取不同的词汇化模式。他提出比较任何语义范畴的词汇化模式，一是要看这个语义范畴包含哪些语义成分，二是考察有哪些语言形式表达这个语义范畴。他将运动和静止的状态合在一起探讨，统称为"运动事件"。文中基于运动事件的四个组成部分，将运动的主体称为"物像"（Figuer），将背景（Ground）称为"场景"，另外包含"动作"和"路径"两个语义成分。而语言形式一类是动词本身，即词根动词；其余的是动词的辅助成分，包括屈折，以及如英语中的小品词和汉语趋向动词这样的动词的外围成分（satellite），认为这三个形式类构成了动词复合体（verb complex）。并进一步指出词汇化过程就是语义成分的集合和表达形式的集合这两个集合之间的映射过程。不同的语言有不尽相同的映射方式，形式和语义的对应关系在语言间是有差异的。

在对英汉词汇化模式进行比较时，作者指出英汉动词都同时表示动作+方式或原因。但是与英语细致的方式动词相比，汉语缺乏与英语相对应的动词。另外，英汉都用外围成分表达路径（方向），英语小品词和汉语趋向成分在表示动作路径的功能上具有相当程度的一致性，但汉语在表达路径方面不如英语精细。因此认为英汉的词汇化模式有若干相似的地方，但在一些具体的词汇对等方面则有差异。

在严辰松（1998）之后也有数位学者探讨了英汉运动事件词汇化模式。邵志洪（2006）基于泰尔米提出的"动词框架语言"与"卫星框架语言"的分类，从"运动事件框架"角度考察了不及物连续性和及物连续性位移事件的路径编码方式及句法表达特点。并进一步分析了二者的文体修辞风格，关注到了语篇层面英汉语的话语特征，比较了不同译者或接近源语或接近译语的叙述风格。

罗杏焕（2008）详细综述了泰尔米和斯洛宾关于运动事件词汇化类型学研究，并梳理了戴浩一、柯理思、沈家煊等学者关于汉语类型归属的观点，认为汉语虽然具备了附加语构架语言的某些特征，但汉语运动路径的编码要比英语复杂得多。汉语的趋向动词既可以与其他趋向动词结合使用，也可以独立使用，还可以与另外一个表示路径的动词结合使用，因此提出汉语并不是典型的附加语构架语言，而更接近于并列构架的语言。

黄月华、李应洪（2009）在梳理汉英移动动词的词汇化模式基础上，围绕路径成分探讨了汉语趋向动词与其他路径动词的区别。并依据兰艾克（Langacker）的词类定义，指出表路径的动词和表路径的介词所反映的认知方式的不同。

秦洪武、王克非（2010）运用词汇概念结构考察了英汉语"来/去"等指示义位移动词，提出目标指向概念的词汇化与否直接影响英汉语位移动词对论元语义类型的选择，词汇化的差异体现在英汉语位移动词结构的句法实现方式上。

围绕英汉移动动词词汇化模式展开的较为系统的研究是李雪、白解红（2009）和李雪（2010，2011）。李雪、白解红（2009）基于泰尔米的词汇化模式理论，运用认知语言学的基本范畴理论，考察了英汉语方式动词和路径动词的词汇化共性与差异，并分析了其背后的认知动因，指出词汇化的不同起因于概念化方式的差异。认为汉语方式动词类型没有英语丰富，汉语的方式概念主要词汇化为副词，而路径概念在英语中主要词汇化为介词（或副词），而非动词；但汉语可词汇化为动词和介词两种形式。英语对方式的概念化比较细腻，倾向于使用综合式表达法，而汉语没有英语细腻，倾向于使用分析式表达法。在对路径的概念化中，英语倾向于使用"总体扫描"和"顺序扫描"两种方式。

李雪（2010）基于英汉小说原文语料验证了汉语的词汇化模式类型是否如泰尔米所提出的和英语一样表现出附加语框架语言的特征。通过语料的实证认为汉语既表现出像英语那样的方式语言的一些特点，也表现出路径语言的某些特点。汉语并未像英语那样对以方式动词为主的表达方式表现出绝对的偏好。最后提出汉语不属于方式词汇化模式类型，而是［移动＋方式］和［移动＋路径］并行的词汇化模式类型。

李雪（2011）在泰尔米移动事件框架理论的基础上，探讨了汉语和英语自主移动事件和致使移动事件中移动主体和参照物的编码方式及句法特征。在概述了移动主体和参照物的概念化原则及语言表达的一般原则之后，分析了汉英语言表达基本上都遵循"移动主体优先于参照物"这一认知原则，具有一般表达法的共性，但由于汉英之间不同的概念显现原则和句法组织特点，汉英移动主体和参照物的具体语言表达存在部分差异。尤其汉语动趋结构的特点使得自主位移事件中参照物的句法位置较为灵活。而致使位移事件中汉语使用有标记的"把"字句、"被"字句，移动主体和参照物的语言表达要比英语复杂。

以上英汉对比研究多为基于泰尔米提出的位移事件词汇化模式理论考察同为"卫星框架语言"的英语和汉语在类型内部的差异，并验证汉语是否属于泰尔米界定的"卫星框架语言"。这些研究在内容上涉及了位移事件路径、方式及位移主体、参照物等各个语义要素。在位移事件类型上讨论了自主位移和致使位移。结论上趋于认为汉语虽然和英语一样以附加成分编码路径，但是由于汉语趋向动词具有独立使用的特点，并不像英语那样属于典型的"卫星框架语言"。同时汉语方式要素的词汇化程度没有英语那样高，提出了方式和路径并行的并列模式的类型（罗杏焕，2008；李雪，2010）。但是在考察语料的来源上使用真实语料的研究较少，而且虽然使用了小说语料（李雪、白解红，2009；李雪，2010），其语料规模非常有限，也未使用对译语料考察对同一位移事件不同语言编码方式的异同。

以日语为考察对象语言之一的对比研究在国内较具代表性的有吴建

伟、潘艳艳（2017），王轶群（2010），徐靖（2011）等。

吴建伟、潘艳艳（2017）围绕运动事件"路径"语义和"方式"语义的句法表征特点，考察了英语、汉语、日语三种语言之间的相对类型关系。作者提出将汉语置于英语和日语这种具有典型特征（"附加框架语""动词框架语"）的语言之间进行比较，能够对关于汉语的类型归属的分析具有双向的参照。作者将考察的焦点放在动词上，对比了英语、汉语、日语的路径动词、方式动词和复合动词。列举了英语、汉语、日语路径动词的类别及数量，认为汉语和日语的路径动词都可以在句中作为核心动词表达路径，汉语表现出明显的动词框架特点。关于方式动词，英语表达的词化程度高，汉语方式语义词化程度也并不是很低。汉语和日语都会使用副词类的拟声词或拟态词来实现方式语义。而关于复合动词，作者认为汉语与日语的复合动词都呈现出［方式＋路径］的语义结构顺序，根据 V_1V_2 何为句法结构核心的判断标准，认为汉语和日语均是第二个动词是核心，因此汉语复合动词结构也是动词框架结构。作者提出相对于汉语，英语呈现显著的附语框架语特征，日语呈现显著的动词框架语特征，而汉语总体上主要是动词框架语。

王轶群（2010）探讨了日汉语路径移动动词均作核心动词时，两种语言在意义和用法上的异同点。分析了日汉语路径移动动词在表达动作、变化、状态时具体例句的合语法程度，从语言类型学角度验证了日汉语的不同特征。她根据移动物是否具有"内在原动力"将位移分为自主位移、致使位移两种情形，考察了"出る/出す""入る/入れる"等位移动词的日汉语对应情况，日语无论哪种位移，路径移动动词均可以使用，但是汉语在表达自身不具有"内在原动力"的移动物的移动时，需要使用［方式移动动词＋路径移动动词］的表达方式。移动物本身具有"内在原动力"时，汉语可以直接使用路径移动动词，呈现出动词框架型语言的特征。而不具有内在原动力时，汉语则需使用［表方式·原因的动词＋表路径的动词］的表达形式，呈现出卫星框架型语言的特征。

徐靖（2011）从汉日对比的视角探讨了汉语和日语在移动动词的系统位置和起点表达方式这两方面的异同。作者以移动的路径和移动的起点为切入点，对比考察了汉语和日语在移动动词性质和移动句式特征两个方面呈现的差异。认为在日语"LをV"和"LでV"句式中,前者凸显了移动的路径,后者更关注动作发生的场所范围。而汉语"VL"和"在LV"中,前者表示一个事类,后者限定行为的场所。同时认为日语在表达移动的路径时主要用"LをV"句式,与其对应的汉语绝大部分是介词介引的介宾结构。究其原因,作者解释为对于"动作的场所"和"移动的空间",日语是加以明确区分的,而汉语对于两者统一用介词来标记。这意味着日语明确区分动作动词和移动动词,而汉语则将移动动词置于动作动词的下位范畴。

关于移动的起点,作者认为"LをV"除了可以表示经过点,还可以表示起点。而汉语的"从LV"句式不仅表达了位移主体的位置变化,还反映了说话人的观察角度,日语的"LからV"不具有这种功能。

日本学者中探讨日汉位移动词对比研究较早的成果有荒川(1996)。该文在宫岛(1984)所列出的日语和欧洲各语言位移动词列表的基础上,添加并考察了汉语相应的位移动词。通过日语、英语、德语、法语、俄语、汉语等的位移动词的对比,发现在表位移的方式上("ようす"),英语的词汇最为丰富。而在表位移的路径上("段階"),日语的词汇较为丰富,汉语与日语大多呈现对应分布。另外在表位移的"上、下"等方向性上,日语的位移动词数量较多,汉语也较为丰富。

作者将"いく、くる"等指示动词列为"主观性位移动词",将除此之外的位移动词列为"客观性位移动词"。通过日汉对比,指出日语的位移动词独立性较强,不须总与"てくる、ていく"共现使用。而对于日语仅使用"いく、くる",不需要附加客观性位移动词的情形,汉语往往将移动方式与方向进行分化,以"爬上去""走下来"等三重结构来表达。

柯理思(Christine Lamarre)(2003)是探讨汉语位移事件语言表达及其类型的代表性研究成果。该文基于泰尔米的词汇化类型理论考察了汉语的述趋式结构的句法特征,指出现代汉语的趋向补语"出去""回来"等依然能作为主要动词,成为专门表示路径的"路径动词",因此汉语不能简单地归为和英语、德语一类的语言,反而更接近法语、日语等"动词框架语言",算是一种混合类型的语言。

作者依据是否具有"施事性"的语义特征,指出在表达致移和无生的位移体（nonagentive motion）时，汉语采用［方式动词+趋向补语］的表达方式，显示出卫星框架语言的特征。而有生主语的位移除上述表达外，还会使用趋向动词，又显示出动词框架语言的特点，由此认为汉语现在虽是比较典型的卫星框架语言，但是古汉语用路径动词表达自移事件的用法依然被继承下来。

同时又从表默认值位移方式（例如"走"）也会编码出来的角度验证了汉语的"卫星框架语言"特征，而这种移动方式在日语和法语中通常不编码出来。另外作者还运用方言的事例考察了汉语诸如"走过来"这种"三合式"中第二个语义成分的意义虚化问题，认为这是以汉语的"卫星框架语言"特性为动因而出现的语法化现象。

柯理思（Christine Lamarre）（2003）运用泰尔米词汇化类型理论的概念和分类，深入全面地考察分析了汉语的"述趋式"结构，不仅从类型学视角对比了汉语、英语、日语、法语的位移事件表达式，还将汉语的地域变体，即方言和普通话的对比，以及汉语语体（书面语和口语）的差异纳入考察范围，多视角地讨论了汉语的位移表达方式。

日本学者从日英对比的视角探讨空间位移表达的代表性成果是松本（1997）。该文刊载于《日英语比较丛书》第六辑《空间和位移的表达》中，以共计四章的篇幅细致描写了日英语空间位移的语言表达及其扩展表达。第1章根据泰尔米的词汇化类型理论，在界定构成位移事件各个语义要素的基础之上，分别详细地描写了英语和日语中各个语义要素的词汇化方式。日语中不仅考察了形态上单一的位移动词，还细致分析了"和语式复合位移动词"（例如"駆け上がる"等）和"汉语式复合位移动词"（例如"離陸する"等）的位移语义要素编入方式。

第2章按照同样的考察方式细致描写了日英语致使位移动词的词汇化类型。在考察日语表致使位移的单一动词之后，对具有"致使义"的"和语式复合位移动词"（例如"打ち上げる"等）和"汉语式复合位移动词"（例如"搬入する"等）的编入方式也进行了详细的分类。

根据这两章的对比考察结果，松本（1997：179）指出日英语无论是位移动词还是致使位移动词，都一贯呈现出将不同的语义要素融入动词的倾向。英语中位移动词是将方式、致使位移动词是将作为致使动作方式的致使手段融入动词。而日语中无论哪种位移都是将"路径位置关系/方向性"语义要素融入动词。因此可以认为英语是"方式融入型",日语是"路径融入型"。

第3章在前两章考察了日英语位移动词词汇化类型的不同点之后,考察了日英语位移表达的共同点。一是融入了位移的方式及路径位置关系的位移动词所具有的位移的性质,二是在位移语义要素融入动词时位移动词所受到的语义制约。

第4章作为位移表达的扩展事例详细考察了主观性位移表达。松本主要讨论了两类主观性位移:一是"延伸型路径"("範囲占有経路"/"coverage path"),二是"到达路径"("到達経路"/"access path")。细致考察了日英语两种虚拟位移表达的性质和共同点及不同点。关于松本(1997),接下来本书相关章节的考察部分也会述及,并进行更为详细的述评。

本节详细回顾了位移表达的汉语、英语、日语之间的对比研究。从日汉对比的视角如何进一步实证日语和汉语位移表达的类型学特征,需要融入类型学研究的视角,这样在跨语言的对比中才能厘清日语和汉语的类型学定位。同时还需扩展位移表达类型的范围,将致使位移和虚拟位移也作为考察对象,这样能够更加系统地分析日汉语位移事件构成要素的词汇化模式。

2.5 致使位移研究综述

学界在探讨位移事件表达式时较多关注自主位移,对致使位移关注不多。由于致使位移是由致使行为和位置变化两个子事件构成的"致因—结果"复合事件,在讨论致使位移的表达方式时,大多是从构式角度展开对比研究,考察致使位移构式的语义及句法特征。代表性研究有张建理、骆蓉(2014),骆蓉(2015,2016,2018),松本(2002)等成果。

张建理、骆蓉(2014)从认知构式语法角度探讨了英汉语在表达致使位移事件时选用不同构式的现象及其理据,并实证了中国学生在用英语表述致使位移事件时容易受到汉语的负迁移。文中将致使位移事件图式界定为"实体1的物理或心理作用力影响实体2,实体2沿着一定的路径做出位移"的互动过程。将致使位移事件根据致使行为的特点分为不同的类别,对比了英语和汉语使用的构式特征,指出英语倾向于使用分析性较小而压制力较大的构式,而汉语则正好相反。并通过对中国英语学习者进行致使位移构式的理解和产出能力调查,实证了中国学生倾向于选择使用分析性较大的构式而不是压制性较大的构式。

骆蓉(2016)基于泰尔米的词汇化模式的基本概念,对英汉语致使移动表达的词汇化模式进行了探究。使用自建的小说语料库,考察了小说中英汉语致使移动表达中"位移""方式""原因""路径"等要素的词汇化模式。通过对例句的调查统计,指出英语中典型模式为动词包含了"动作+方式/原因",而"路径"要素主要由作为附加语的介副词表示。与英语相比,汉语致使移动动词较为类似,[方式动词+趋向动词]的占比最高,是典型的致使移动词汇化模式。另外汉语中"路径"要素除由趋向动词外,还由复杂路径动词等多类词汇表达,词汇化模式比英语更复杂。汉语致使移动表达中表方式的 V_1 比表路径的 V_2 更加重要,是主要动词,因此作者提出汉语致使移动表达多以 V_1 为主要动词,以 V_2 表达路径信息,更接近附加语框架语言。

骆蓉的《认知构式语法视阈下的致使移动句研究》(2015)是骆蓉在浙江大学提交的博士学位论文。该论文遵循认知语言学"现实—认知—语言"的三维理念,基于"点""线""面""体"四个维度细致地考察了英汉语的致使移动表达。全文以认知构式语法为理论框架,从致使移动概念的认知构建出发,考察了致使移动语义要素和框架、英汉语致使移动构式表达,梳理了致使移动语义框架结构,构建了英汉语致使移动构式网络。

"点"的维度是归纳出了致使移动五大语义要素在英汉语中的基本特征。提出致使移动不仅包括物理空间移动,还包括心理空间和社会空间等抽象空间移动。"线"的维度是基于语料库调查,阐释了英汉语从概念层面到语言层面的投射过程。"面"的维度是构建了英汉致使移动构式网络,比较了英汉语言系统差异。作者认为英语构式概括性强,多为专用构式,而汉语构式结构灵活,多为兼职构式。"体"的维度是对英语、汉语、德语、法语、日语、韩国语六种语言进行了综合的立体比较。提出汉语、日语、韩国语采用不同构式对应不同致使移动事件，与英语、德语、法语三种西方语言形成明显差异。其中日语的致使移动表达类型体现出接近汉语表达的语言多样性和象似性。

从移动表达的类型学研究角度来看，骆蓉（2015）对英汉语的类型学分类进行了验证和深入研究。考察认为，英语致使移动表达主要通过［方式动词/路径动词＋介副词］方式呈现，而汉语主要集中在［方式动词/路径动词＋趋向动词］或［方式动词/路径动词＋复杂路径动词］两类。从词汇化模式来看，英语是典型的附加语框架语言，而汉语致使移动由主要动词和路径动词复合表达，更为接近附加语框架语言。该研究围绕位移表达，突破前人研究对自主位移的研究范畴，通过讨论致使位移中"路径"要素的编码方式，验证了英语和汉语的类型学分类。尤其是汉语路径动词无法单独表达致使移动，提出汉语较倾向附加语框架语言。

骆蓉（2018）聚焦英汉语致使移动表达"路径"成分的概念结构和表征方式，基于语料库考察了英汉语致使移动构式表达"路径"的内在概念和外在构成的异同。具体将路径分为矢量、构向、方向、维度、视角五个类别，对比分析了英汉语致使移动路径表达的特征。认为汉语主要通过趋向动词或其他路径动词来表达路径化概念，而英语则集中使用介副词传递路径信息。英语的介副词表达路径分工明确，而汉语的趋向动词则相对包含和笼统。并从认知语法视角提出英汉语路径构建的认知识解方式有所不同，汉语趋向动词激活了序列性扫描，而英语介副词则激活了整体性扫描。

针对日语的致使位移表达展开较为系统的对比研究的是松本（1997，2002，2017）的一系列成果。松本（1997）在讨论日英语位移动词词汇化模式的基础上，细致地描写了日英语致使位移动词的词汇化模式。

首先，将致使位移事件界定为"致使事件"和"位移事件"的复合事件。致使事件包含了致使者、被致使者、致使结果及致使手段等语义要素。位移事件包含了位移主体、位移路径、位移方式等语义要素。其次，详细描写了英语中致使手段、位移方式、位移路径等各语义要素编入动词的类型。最后，细致描写了日语中路径、致使手段、位移的方式等语义要素编入日语致使位移单动词及和语式复合位移动词，以及汉语式复合位移动词的类型。通过日英对比，松本（1997：169、179）指出，日语的基本类型是融入位移路径的致使位移动词位于句法核心，致使手段由附加词或复合动词前项来表达。而英语的致使手段由核心成分的动词来表达，日英语形成了对比。也就是说英语致使位移动词将致使手段融入动词，而日语是将路径融入动词，松本将英日语这种词汇化类型的对立称为"方式融入型"和"路径融入型"。

松本（2002）围绕格登伯格（Goldberg）（1995）提出的构式语法理论，以致使位移构式为例，探讨了英日语致使位移的语义制约，指出有必要弱化构式语义的功能，而应充分考虑动词的语义。松本通过实例考察分析了格登伯格所提出的致使位移构式语义制约的问题点，认为动词能否进入致使位移构式，无法都归结为对致使位移构式的制约，而应视为动词特有的问题。他将进入致使位移构式的动词分为物理性致使、心理性致使、言语性致使三种类型。其中物理性致使又根据被致使者的有生性分为"引起非生命物位移的物理性致使"和"引起有生命物位移的物理性致使"。指出英语的位移方式动词可以通过使役化进入致使位移构式，但位移路径动词不存在使役化，从而无法表达致使。

松本认为日语呈现出和英语截然不同的类型。日语致使位移表达最普遍的类型是使用融入位移路径信息的致使位移动词（"入れる"）。和英语相比，日语表示致使位移手段的动词非常少，表达位移方式的致使位移动词数量更少。另外，日语还会使用复合动词表达致使位移，最普遍的类型是融入致使手段的及物动词作为前项动词，融入位移路径信息的致使位移动词作为后项动词成为句法核心。松本根据日英对比的结果，指出了二者在致使位移表达中所体现的词汇化类型特征：英语将致使手段编入动词，路径信息由前置词表达，而日语路径信息编入核心动词，位移的方式用附加词形式表达。日英语各自词汇化类型最优势的动词类别可以表达的致使类型最为多样。因此他认为有关致使位移表达的制约应该视为动词的问题，对格登伯格通过设置构式的语义而简化动词语义的做法提出了异议。

松本（2017）在考察口语位移事件表达类型时将致使位移列为其中一个类别，称之为"客体位移"，基于"现代日语书面语均衡语料库"进行了定量与定性相结合的分析。松本（2017：259）将表致使位移的动词分为以下五种。

  ①致使路径动词：入れる、出す、上げる、落とす、下ろす、通
    す、戻す、返す、掛ける、載せる
  ②致使方式动词：流す、飛ばす、転がす
  ③致使指示动词：よこす
  ④put/take 动词：取る、置く、据える
  ⑤致使手段动词：
    物理性致使：投げる、放る、蹴る、打つ、運ぶ、送る
    言语、心理性致使：呼ぶ、招く、誘う

  松本将表物理性致使位移的客体移动表达分为"伴随搬运型""持续操作型"和"开始时启动型"三个类别，基于语料库的调查，分别考察了这三个类别的动词的种类和频率，以及各自类别表达中路径的表达的频率。"伴随搬运型"中如"持ち帰る"这样编码为［行为动词＋路径动词］的复合动词较为突出，占比达 46.3%。"持续操作型"是指用手挪动物体，或抬手等活动身体部位等致使位移。表达此种位移使用"上げる"等致使路径单动词的比例较高，多达 54.9%。而"开始时启动型"是指例如"投掷球"等在位移开始时实施了致使行为。表达这类致使位移的动词主要为致使手段单动词（"投げる"）和［致使手段动词＋致使路径动词］的复合动词（"投げ入れる"）。松本（2017：264）认为这类动词的编码类型和前面的类别相比较为不同，如"投げつける"其前项动词是决定论元结构的核心，后项动词实质上是添加位移路径信息，因此由非核心要素编码路径是这一类型的主要倾向。

  综观致使位移的国内外对比研究，国内的英汉语对比研究主要基于认知构式语法的研究范式考察英语、汉语致使位移动词的表达类型，验证了英语是典型的附加语框架语言，而汉语较倾向于附加语框架语言。而日本学者的日英语对比研究主要考察致使位移事件构成要素编入单动词或复合动词的方式和类型，基于词汇化模式验证了英语为"附加语框架语言"、日语为"动词框架语言"的类型学特征。

2.6　虚拟位移研究综述

为全面探讨"位移"这一概念范畴在日语和汉语中的表征方式，本书在考察"自主位移"和"致使位移"之外，还将发生在心理空间的非真实性位移，即"虚拟位移"纳入研究对象。虚拟位移是指在现实空间中位移主体并没有产生任何位置关系的改变，但却使用位移动词来编码的语言现象。本节将综述国内外有关虚拟位移表达的对比研究。国内较有代表性的成果为华南理工大学钟书能教授开展的一系列研究，有钟书能（2012），钟书能、黄瑞芳（2015a，2015b），钟书能、傅舒雅（2016），钟书能、汪燕迪（2017），钟书能、刘爽（2017），钟书能、赵佳慧（2017）等[①]，以及河南大学张克定教授发表的系列成果，有张克定（2018，2019a，2019b，2020）等[②]。日本学者代表性的研究主要有山梨（1995），松本（1997，2004，2017）及铃木（2005）等成果。

钟书能（2012）指出，把客观上静止不动的实体表达为变化移动的实体在心理学家与认知语言学家看来是一种特殊的语言现象，其特点是以心理空间的方位运动或变化来描述物理空间中静态物体的方位。他提出应从认知通达机制与构式语法的视角重新审视这一语言现象。他述及"心理扫描"的作用机制，认为认知主体对认知对象在心理上可以沿着一个路径对其进行扫描，从而建立起关于该物体的完形概念。心理扫描不仅在处理与物理移动有间接联系的虚拟位移运动句中起作用，而且也在处理没有任何物理基础的虚拟运动句中起作用。他进一步提出认知通达实现依赖于心理扫描，物理空间发生的真实位移概念投射到虚拟空间，从而实现认知通达。在认知通达过程中，涉及从真实移动向虚拟移动的隐喻性投射，也涉及以移动方式指代移动方向或移动路径的转喻性认知。

[①] 围绕英汉语虚拟位移构式的理论研究、翻译技巧及二语习得实证研究，著有《英汉虚拟位移构式翻译技巧研究》（钟书能、黄瑞芳，2018）和《英汉虚拟位移构式研究》（钟书能，2021）。

[②] 围绕虚构性、抽象性空间位移关系构式，著有《隐喻性空间关系构式的认知研究》（张克定，2023）。

钟书能、黄瑞芳（2015a）从理论研究、跨语言对比研究和实证研究三个角度综述了国外和国内虚拟位移的研究。将虚拟位移定义为"以一定的空间组织方式赋予了一个静止的实体以运动的特征"，在语言形式上使用运动动词描述静止物体的空间关系。该文介绍了Talmy（2000a）对虚拟位移进行的六大分类，即发射路径、模式路径、相对框架、出现路径、通达路径和延伸/覆盖路径。并根据Matsumoto（1996a，1996b）进一步把延伸路径分为：①纯粹的主观位移，即概念主体进行的心理扫描，称为视点位移；②任意主体在任意时间内的假设位移；③一个特定的运动主体在特定的时间内的现实位移。前两种为非现实位移，第三种为现实位移。

钟书能、黄瑞芳（2015b）在认知语法的框架中从主观化的认知视角探讨了虚拟位移构式的建构理据。该文将上面所述三种类型重新命名为"主观性虚拟位移""原型性虚拟位移""准真实虚拟位移"。前两者的区别在于"主观性虚拟位移"的位移主体是不可通行的实体。而"原型性虚拟位移"的位移主体是可通行的实体。并根据说话人视角的隐现程度，即视角"隐身"则主观性强，视角"明显"则主观性弱，指出"主观性虚拟位移"的主观性程度最强，"原型性虚拟位移"的主观性程度处于中间，而"准真实虚拟位移"的主观性程度最弱。虚拟位移建构主要归因于主观化对句法限制消解的机制，在非现实或虚拟句法环境中，移动动词可以用来描述静态物体的空间关系。

钟书能、傅舒雅（2016）探讨了英汉虚拟位移主体的语义特征，认为英汉虚拟位移的主体除具有［－生命性］［－位移性］［＋空间延展性］［＋长方形］等特征之外，还应具有［＋连贯性］。并提出英汉虚拟位移主体在距离与时间上的表达具有一定的差异性，英语倾向时间的表达，而汉语则是倾向距离的表达。英汉虚拟位移主体在动词的选用上也有一定的差异，汉语倾向使用路径动词，而英语路径动词和方式动词均有使用。

钟书能、汪燕迪（2017），钟书能、刘爽（2017），钟书能、赵佳慧（2017）均是沿袭钟书能、黄瑞芳（2015b）和钟书能、傅舒雅（2016）围绕位移主体、路径信息、方式信息、位移时间等语义要素展开反复考察，并再次从心理扫描、转喻机制角度讨论了虚拟位移的建构机制。

张克定（2018）基于"现实—非现实"的对立，将虚拟位移称为"非现实位移",并采用构式语法的观点将描述非现实位移现象的语言表达式称为"非现实空间位移关系构式",将这种非现实空间位移关系定义为"认知主体把某一静态情景识解为一个动态情景,并运用其认知想象能力将该情景中的一个不可动实体构想为一个可动实体,再以另一实体为参照所发生的心理上或视觉上的空间位移关系"。他认为非现实空间位移关系构式的理据在于不可动实体的动态化机制,即认知主体依据其对客观世界中物质实体的感知和体验把可动实体的可动性特征赋予或投射到不可动实体之上的认知机制。并进一步指出该构式对其构成成分具有三个限制条件:位移主体作为实体在空间上具有可延伸线性条件;位移动词具有持续线性位移条件;位移参照物必不可少,并需要明确加以编码。

张克定(2019a)在对虚拟位移构式建构认知机制的考察基础上,侧重探讨了英语非现实位移事件编码中的路径突显方式。运用泰尔米提出的"注意力窗口化"概念,基于"起点—路径—终点"的意象图式,提出了路径的"最大窗口化"和"部分窗口化"两种方式,认为前者突显位移主体与全路径之间的联系,后者突显位移主体与部分路径之间的动态空间联系。

张克定(2019b)运用认知语法的"主观识解"和"客观识解"概念分析了非现实位移事件的主观性和客观性。将主观性和客观性视为具有相对性的连续统,认为现实位移事件具有强客观性和弱主观性,而非现实位移事件具有强主观性和弱客观性。张克定(2020)基于"体认语言学"的立场提出"现实—体认者—语言"的体认原则,考察了以"idea"作为位移主体的所谓抽象位移事件的体认机制。

国内较早开展虚拟位移研究的是李雪(2009)。她将客观上是静止的现象在语言中被表述为运动的情形称为"想像性运动"。依据泰尔米的观点划分了"放射型""框架相对型""出现路径型""延伸路径型""交际路径型"五个类型,分别列举了英语和汉语的例子,并从认知的角度分析了"想像性运动"的本质,指出其产生和理解既与人类的隐喻认知模式,也与转喻的认知模式密切相关。

另外,较早探讨虚拟位移表达的还有李秋杨(2014)。作者从类型学视角出发,探讨了虚拟位移表达的类型学划分条件,并进一步考察了这些控制条件在英语、汉语、日语、西班牙语四种语言中的具体表现。有关虚拟位移的主体，作者基于前人研究指出，除具有［－生命］［－移动］［＋空间延展性］之外，位移主体属性还包括"可通行性"和"不可通行性"两类。另外，与真实位移表达相比，虚拟位移表达中方式动词的比例较少，而路径动词的比例较多。该文考察发现英语、汉语、日语、西班牙语中虚拟位移表达的共性在于路径信息必不可少，而方式信息不能出现。并进一步分析了英语、汉语、日语、西班牙语中虚拟位移表达的差异性。认为在复杂路径表达中四种语言存在差异：英语使用动词和介词，汉语使用［位移动词＋趋向补语］结构，而西班牙语必须借助动词，日语使用包含路径信息的动词。而关于位移主体的抽象度，作者认为这种差异性在日语中体现得十分明显，日语中的虚拟位移主体多数为抽象度较低的具有可通行性的物体，而汉语、西班牙语和英语虚拟位移主体的抽象度较高，允许不可通行的主体作为位移主体。该文探讨了延伸型虚拟位移表达的类型学特征具有一定的研究价值，但是对日语考察所用的例句不太自然，尤其有关出现在虚拟位移表达中的位移动词类型还有待进一步例证和分析。

魏在江（2018）以转喻思维为具体框架分析了虚拟位移构式建构的认知理据，认为"结果代替动作""结果代替过程"等转喻机制会改变词汇意义，赋予静态的主体以动态的特征。指出用其"位移方式"来转指"位移路径"，即是转喻的思维方式。该文虽然提出了转喻思维的建构动因，但是转喻的作用机制以及虚拟位移构式中转喻体现的类型等问题还有待深入分析和论证。

日本学者较早探讨虚拟位移的是山梨（1995）。山梨的《认知语法学》（『認知文法論』）是日本学界运用认知语言学较为系统地论述日语语法体系的代表性成果。在该书的第5章山梨考察了空间认知、视线向量和抽象位移。他认为我们在认知外部世界时都会体现我们的主观视点或视角。我们在感知外部世界时认知主体的视线移动及视线向量的痕迹都会体现在语言表达的不同形式上。他系统考察了反映空间场所认知的扫描、视线的向量、空间位移和视线位移，以及空间概念的主观化。他认为我们在感知外部世界并将其反映在日常语言的表达中时至少涉及三个层面的位移。

①外部世界被感知的对象的位移；
②感知外部世界的认知主体的视线的位移；
③感知外部世界的认知主体本身的位移。

例如"ハイウェイが国境を越えて南に走っている""半岛が南に延びている"的表达中，在现实世界中高速路并没有向南跑，半岛也没有向南延伸。实际上位移的是感知这一情景或对象的认知主体的视线，这种视线位移的模式由动词"走る""延びる"来表达。

铃木（2005）从视觉主体的位移和视觉主体的视线移动两个角度对比分析了日语和汉语的主观位移表达形式。围绕视觉主体的位移，根据视觉主体和视觉对象之间的关系分为两种类型：①视觉主体和视觉对象擦肩而过；②视觉主体接近或离开视觉对象。围绕视觉主体的视线移动分为三种类型：①随着特定的视觉主体的位移，视线产生了移动的"现实位移"；②假设一个物体在移动的"假设位移"；③观察主体的视线在移动的"视点移动"。铃木认为汉语中存在着主观位移的表达方式，但同日语或英语相比采用主观位移表达时要受到处所词或方位等条件的限制。英语和日语在表达现实位移、假设位移、视点移动时都可以采取主观位移的表达形式，而汉语只有在表达假设位移时才可以使用主观位移的表达形式。并认为这是因为汉语和日语对位移现象基于不同的扫描形式进行描述，日语可以运用"综合扫描"和"顺序扫描"的形式，而汉语倾向于采取"综合扫描"的形式。

2.7　结语

本章围绕本书所涉及的研究领域，从认知语义对比研究、位移事件类型学研究、位移事件对比研究、致使位移研究及虚拟位移研究等多个方面对国内外研究展开了全面系统的梳理与述评。探讨位移事件的形义匹配关系需要对比研究及跨语言的研究视角。尤其汉语的位移事件的类型学定位更是需要在对比研究中来考察和分析类型学特征。同时为了系统考察位移事件构成要素的编码方式，还需要从自主位移事件扩展至致使位移事件及虚拟位移事件，这样能够更加系统地揭示不同语言所偏好的表达形式。本书不仅细致地描写日语和汉语编码位移事件的语言形式特征及其异同，还进一步运用认知语言学的基本理论和概念阐释语言类型学特征背后的识解类型的特征，探究语言表征的认知理据。本章综述的国内外日语、汉语及英语学界的研究成果为本书在研究方法的确立和研究对象的选择上提供了借鉴和启示。

第三章

理论基础

3.1 引言

本章阐述本书的理论基础。首先，第 2 节运用定量研究的手法综述国内近十年来的认知语言学研究的发展状况，从研究的前沿领域和发展趋势来展现本书所依据的认知语言学的理论背景。其次，第 3 节聚焦认知类型学的研究范式，从研究方法和研究内容方面进行描述。最后，第 4 节结合本书的研究课题阐述研究立场及所依据的理论基础。

3.2 认知语言学研究发展

认知语言学自诞生之日起至今，历经 40 余年的发展，已经成为语言学领域的主流学科之一（文旭，2024：总序 i）。尤其是最近十余年其理论主张、研究成果和研究方法也在相关领域得到了越来越广泛的应用和验证。针对该领域研究的发展，本书以中国知网（CNKI）源刊数据库为语料，借助 CiteSpace 信息可视化工具，围绕 2010—2020 年期间的国内认知语言学研究的年度发文量、关键词、前沿领域和发展趋势四个维度进行文献计量学分析，以探索这一时期认知语言学发展的特点、方法、走向。研究发现，十余年来国内认知语言学研究历经了学科发展和跨界理论融合、应用拓展与新理论构建等阶段；形成以转喻、认知突显观、多模态、话语策略等为主的研究新热点，兴起诸如社会认知语言学、认知语用学、批评认知语言学等新兴学科与理论模型等前沿成果。本书汇总 CiteSpace 与中国知网（以下简称"知网"）图形化数据在内的信息加以描述和评论，以期对未来认知语言学研究有所启示。

"认知语言学"这个术语最早出现于 1971 年，是用来指研究大脑中的语言的学科，但时下国内外学者所说的认知语言学特指诞生于 20 世纪 70 年代末，并于 80 年代开始迅猛发展的新兴语言学流派（王寅，2007：xi）。王寅（2007：11）认为从概念上"认知语言学"是坚持体验哲学观，以身体经验和认知为出发点，以概念结构和意义研究为中心，着力寻求语言背后的认知方式，并通过认知方式和知识结构等对语言做出统一的解释的跨领域学科。这个学科方向产生以来，在国内其研究范围不断拓展，凡是将人的语言能力当作一种认知能力来加以研究的，或专门研究语言和认知之间关系的都被认作是认知语言学。虽然具体观点有所差异，但都认为认知语言学不仅仅是语言学的一个分支，而是代表语言学界兴起的一个跨学科新学派或思潮，不是一种单一的理论，而是一种研究范式，其特点是阐释语言和一般认知能力之间的关系。随后，国内学者就认知语言学领域研究的新视角、新进展撰文译介与评述。较早的如赵艳芳（2000）基于推动汉语语言学研究的目的对认知语言学相关研究进行综述；王寅、朱长河、狄梅（2003），王寅（2004），辛斌、李曙光（2006），王文斌、于善志（2007）等一些学者对数届全国认知语言学研讨会等会议或研究状况所做内容分析和综述；又如束定芳（2012，2013）对认知语言学研究方法、研究现状、目标、内容和进展进行梳理综述；张辉、周红英（2010）进一步对认知语言学的跨领域新发展进行论述。近十年来，对于国内外语言学相关研究出现了一些基于定量的图谱分析，如向明友（2015），袁周敏、刘环环（2017）对国内外语用学研究和国际中介语语用学研究动态进行可视化分析；金胜昔、林正军（2017）针对当前国外学界对转喻研究十分关注的现象进行国际转喻研究的科学图谱分析；袁周敏、徐燕燕（2018）基于 CSSCI 源刊对语用学研究状况进行知识图谱研究；李晗佶、陈海庆（2018）对国内机器翻译进行研究；王露杨、徐静（2014），王露杨、顾明月（2014）关于语言学整体样貌、热点分布进行动态科学知识图谱分析；特别是蔡艳玲、司俊龙（2017），夏宁满（2017）等对于国际心理语言学、教育语言学的一些综述采用了图谱分析，取得了可视化和定量方法方面的进步。但这些研究往往集中在语用学、翻译学、心理语言学、教育语言学或语言学整体领域的图谱展示，要么针对国外的相关研究，要么集中于其他学科门类，基于 CNKI 源刊使用计算机定量研究工具对国内认知语言学研究整体概貌进行系统的可视化梳理较少，一些既有研究仅针对科研机构发文量和高产学者进行评论，缺乏对学科发展趋势和热点的推测和关注。因此，本节利用 CiteSpace 信息可视化工具，以 2010—2020 年的 CNKI 数据的主题、关键词信息为研究的主要语料，从年度发文量、关键词中心性、关键词共现网络、主题词聚类四个维度分析国内认知语言学研究的发展历程，探讨该领域的研究热点与前沿话题，以期厘清国内研究现状并展望未来研究趋势。

本节所示的 2010—2020 年语料数据以 2010 年 1 月 1 日—2020 年 11 月 1 日的中国知网核心期刊检索信息为主，通过主题词或关键词检索的方式收集数据。为了比较之便，研究中也采集了自 1983 年第 1 篇认知语言学主题文章出现到 2009 年，即 1983 年 1 月 1 日—2009 年 12 月 31 日的知网总体发文量数据，以便通过比较来突出 2010—2020 年区间内认知语言学研究发展的显著态势。

陈悦、陈超美、刘则渊等（2015）认为 Java 程序下的 CiteSpace "能够将一个知识领域来龙去脉的演进历程集中展现在一幅引文网络图谱上"。因此在定量工具上使用 CiteSpace 与知网自带可视化分析相结合的方式，通过分析知网 CSSCI（含扩展版）和北大核心期刊检索信息条目组成文本自建语料库，结合源于 CNKI 自带的可视化软件为 CiteSpace 可视化分析做有益补充。在数据检索时，以 "篇名 = 认知语言学" 或 "关键词 = 认知语言学" 为检索依据，最终得到有效语料 1026 篇为研究语料展开分析。

3.2.1 国内认知语言学研究的可视化分析

3.2.1.1 发文趋势分析

基于知网生成的年度发文量趋势图有助于对国内认知语言学的发展脉络和关注度进行宏观把握，因此我们借助图 3-1 与 1983—2009 年的发文量进行比较研究。从比较中可以看出，自认知语言学相关研究论文在国内期刊发表以来，有关研究成果斐然。文献上升趋势明显的区间体现在1998—2001年、2001—2004年、2005—2009年、2009—2011年。相对于其他年份，2005—2006年、2007—2008年、2009—2011年发文量呈现快速上升趋势。2011—2018年，关于认知语言学主题文章的整体发文量和核心期刊发文量稳中有降，但仍然保持较高发文量，2019年再次上升。

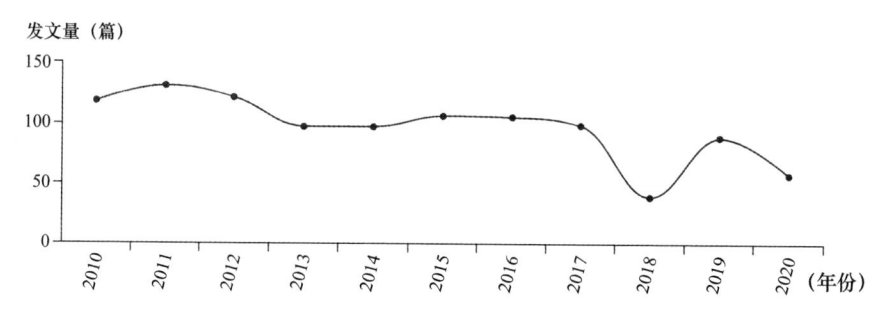

图3-1　国内核心期刊认知语言学研究年度发文量趋势（2010—2020年）

整体来看，1983—1999年为认知语言学的兴起时期，最早有林书武（1995）在《外语教学与研究》上对隐喻与认知关系的评介，还有赵艳芳（1995）对于《我们赖以生存的隐喻》的评介，林书武（1999）对于认知语言学基本分野、工作假设、学术思想的介绍，汪榕培、顾雅云（1997）对20世纪90年代国外语言学和词典方面进行的综述，文旭（1999）对当时国外认知语言学研究的译介和综观等。这一时期主要是将国外认知语言学的基本理论介绍到国内，并加以述评和补充，这些研究促进了国内认知语言学学科的发展。随后的20世纪90年代末到21世纪初，国内认知语言学研究又取得了较丰硕的成果。1999—2012年认知语言学研究不断完善，特别是2006年5月，在第四届全国认知语言学研讨会上，中国认知语言学会正式成立，标志着认知语言学的地位得到中国语言学界的普遍重视。在2009—2011年一些研究者对认知语言学的具体理论，如隐喻、转喻、范畴化等内容关注度增强，特别是对英语、汉语中的语言现象进行认知阐释的实例增多，如张明杰（2011）对概念隐喻、概念转喻的英语语篇分析研究，文旭、赵耿林（2017）等开展认知语言学的汉语本土化研究，并对认知拓扑语言学的新发展进行介绍，汪徽、张辉（2014）探讨并推动了认知语言学的社会化应用，通过对国外相关研究的述评开始探索话语、认知、社会语境之间的关系，并对批评话语分析与认知语言学的融合路径展开探索。尤其是本世纪初以来，王馥芳（2008），张辉、江龙（2008），潘艳艳、张辉（2013），唐树华、田臻（2012）等越来越多的学者在既往研究基础上，认识到基于跨学科视角继续发展认知语言学理论的必要性，力图建构新的认知语言学理论模型用以对多类型、多模态的语篇进行分析。特别是辛斌（2007），朱洪涛（2013），周红英（2014），张辉、杨艳琴（2019），张辉、张艳敏（2020），张辉（2021），张辉、张天伟（2022）对批评话语分析与认知语言学相融合的方法与理论基础进行阐述，这些研究强调认知语言学的应用拓展、新理论建构，逐渐成为认知语言学稳定发展的新标志。

3.2.1.2　关键词分析

袁周敏、刘环环（2017）认为关键词作为学术论文的精髓和重要组成部分，可直观反映出当前以及过去产生的研究热点，是文献检索的重要入口之一。正是基于关键词的重要意义，本书中对关键词进行共现网络图谱分析，在语料库的数据检索和导出之前将关键词选定为"认知语言学"。由于数据采集时以"认知语言学"为检索词，因此该词成为图谱中最大最重要的节点，且所有的节点都与它有共现关系，不利于其他核心词语的凸显。因此，我们将"认知语言学"节点从图谱中抹去，生成图 3-2 的

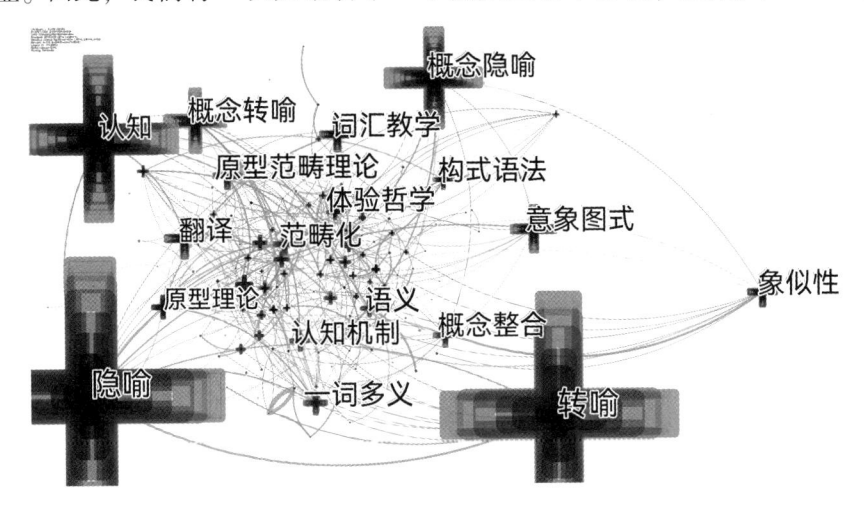

图 3-2　国内认知语言学研究关键词共现网络图谱（2010—2020 年）

2010—2020 年认知语言学研究关键词共现网络图谱。

在"十"字形状共现图谱中每一个"十"字图形呈现的文字可理解为一个关键词节点。袁周敏、徐燕燕（2018）认为解读关键词的主要指标有三项，节点、频次、中心性。第一，节点图形的大小代表该关键词在网络结构中的重要性，分析图 3-2 可追踪到我国学者关注的热点是"隐喻""转喻""认知""概念隐喻""概念转喻""意象图式""翻译""词汇教学"等问题，其中"隐喻""转喻""认知""概念隐喻""概念转喻"五个节点最大，以上关键词反映 2010—2020 年认知语言学领域研究的热点所在；第二，节点大小与频次具有一致性关系，也就是说图谱中显示图形节点越大，在语料库中出现频次越大，图 3-2 中节点的大小与表 3-1 关键词频次的高低相匹配，这些关键词反映出认知语言学研究的关注点及研究趋势；第三，在生成图谱中一般中心性数值越高，关键词的中心性越高，表明连接关键词之间的信息越多，在网络结构中占据的位置越重要（袁周敏、刘环环，2017），因此，除去采集时作为关键词的"认知语言学"，从表 3-1 中心性数值与图 3-2 的结合分析上可以推知除"隐喻"等既有热点外，"转喻""概念整合""意象图式""象似性""原型范畴理论""翻译"与"词汇教学"等相关研究将是国内认知语言学研究的主要热点。此外，本书创新性地对于 CiteSpace 生成表中的 Σ（Sigma）进行数理分析为以上三项指标进行科学佐证。中心度较高的 26 项关键词中心性数值在 0.01 以上。在 CiteSpace 生成科学知识图谱中，Σ 值表示通过求和生成的高频关键词在语料库文本中的出现密度，密度越大则 Σ 值越大，在表 3-1 采样中 Σ 值展示了数值超过 1 的 10 个关键词。

表 3-1　　关键词的频次及中心性排序表（前 10 位排序列举）

序号	关键词	频次	突现性	中心性	Σ 值	网页排名
1	认知语言学	2245	0	0.25	1	6
2	隐喻	1088	0	0.12	1	3
3	转喻	965	0	0.05	1	11
4	认知	680	0	0.06	1	1

续表

序号	关键词	频次	突现性	中心性	∑值	网页排名
5	概念隐喻	426	0	0.09	1	10
6	概念转喻	278	0	0.07	1	20
7	意象图式	217	0	0.06	1	21
8	翻译	190	0	0.13	1	2
9	词汇教学	165	0	0.03	1	4
10	原型范畴理论	149	0	0.04	1	26

3.2.1.3 前沿领域与发展趋势分析

综合上文关键词图谱和中心性排序所呈现的研究热点，可基于多个类型图谱数据进行相互验证，从而能够对相关研究的未来发展趋势进行一定程度的推测。

图3-3中统计高频词依次有"认知语言学""隐喻""转喻""概念

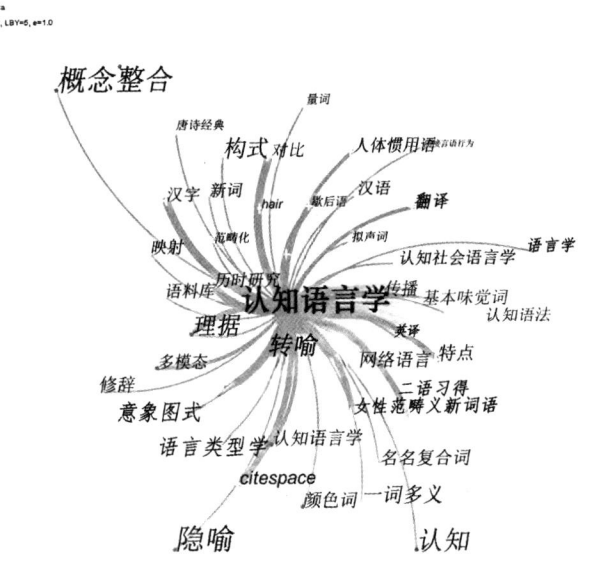

图3-3　国内认知语言学研究关键词节点知识图谱（2010—2020年）

整合""理据""认知""构式""意象图式"等，反映出学界的研究焦点。节点的大小、连线密度则显示出各焦点间密切的内部关联。对以上关键词进行梳理可得出，关键词"转喻""构式""理据"三个节点中心度较高，距离中心"认知语言学"较近，说明在2010—2020年语料中这些节点在认知语言学领域受关注度高，且在论文中是相互关联或融合研究的，高频关键词往往与这些核心期刊关注的研究问题相关，即图谱所显示的关键词是认知语言学学科前沿问题。

同时，在CiteSpace中可使用Term分析主题词聚类分析功能，进一步显现相关研究的态势。陈悦、陈超美、刘则渊等（2015）认为使用Term分析要比关键词（Keywords）分析更深入文本内容，反映出来的信息也更全面。聚类分析是将高频的主题词按照类别加以划分，划分的基准是主题词和主题词之间根据被引、共现等联系紧密程度形成一个个共现区域，各个区域对应着不同的标签，图谱基于这些不同的标签会聚集成几个主题词的大类。这些聚类与被检索词"认知语言学"之间，存在着紧密的联系，图3-4为主题词聚类图谱，它可以与关键词知识图谱互相印证，某种程度上可以显示出相关研究的发展趋势。

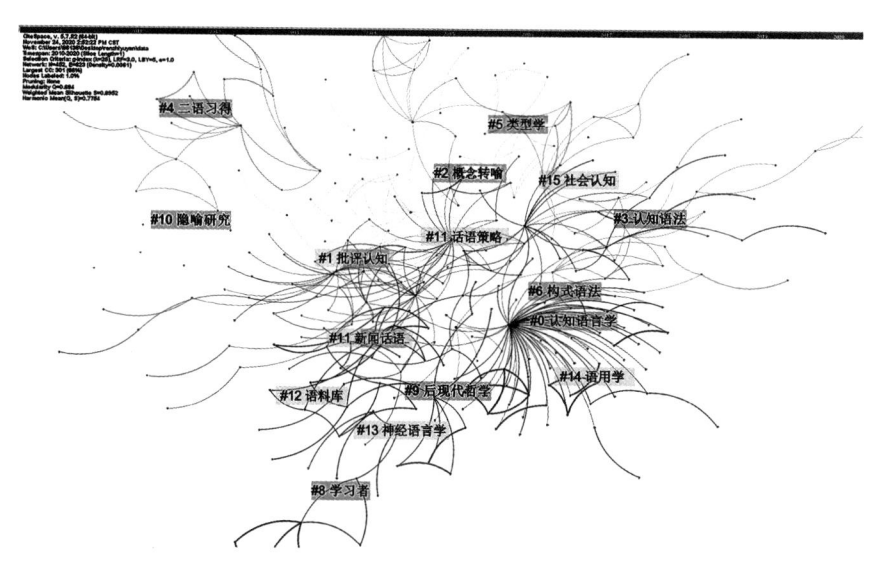

图3-4　国内认知语言学研究主题词聚类图谱（2010—2020年）

通过对聚类图谱中高频主题词及其相互关联进行分析,"批评认知""概念转喻""认知语法""二语习得""语言类型学""构式语法""话语策略"等聚类与认知语言学关联度最高。与前文研究热点图谱所反映的内容相比,出现了如"语料库""话语策略""社会认知""新闻话语""批评认知""神经语言学"等较新的聚类信息。

3.2.2 基于可视化信息的讨论

3.2.2.1 知网发文量图示的讨论

比较知网 2010—2020 年的有关认知语言学发文量(见图 3-1)和更长期发文量,我们认为国内的认知语言学发展区间为兴起时期、发展时期、高峰时期、成熟时期。通过知网图谱分析发现国内认知语言学的兴起阶段始于 20 世纪 90 年代初,通过上文列举的文献可知这一时期的研究主要是对国外认知语言学相关理论的述评和运用。随后的 20 世纪 90 年代中期到 21 世纪初是国内认知语言学的学科发展时期,根据数据比较,可以推知 1999—2011 年是国内认知语言学的发展高峰时期,其中,2010 年前后认知语言学的文献数量达到最高值,知网期刊论文总量 700 余篇,核心期刊论文近 150 篇。说明这一高峰时期更多人关注了认知语言学的研究,同时多学科理论融合及对国外理论的补充成为国内学界研究的新趋势。2011 年后的发文量虽有下降,但核心期刊领域仍保持了较高的发文量,如 2018 年核心期刊发文总量有所下降,但是 2019 年以后再次上升,该学科仍保持较高热度,特别是随着认知语言学的应用研究的加强,研究领域得以拓展,基于社会转向的新理论构建成为发展潮流之一,学科发展也趋于成熟。

3.2.2.2 关键词的讨论

图 3-2 所列举的关键词共现有利于帮助我们了解这一时期认知语言学研究热点。结合表 3-1 的 CiteSpace 关键词的频次及中心性排序,可以更加形象地看到该领域的研究重点以及变化历程。图 3-2 中关键词共现的信息,其关键性越高,表 3-1 中相应编号越靠前,在图 3-2 中显示字体也就越大,"十"字符号也越明显,反之越小。有的关键词出现较晚,研究人数规模较小,所以在图中如果不是特意放大基本反映不出来。综合上述信息来看,"隐喻""转喻"研究一直是认知语言学研究的重要内容,且主

要应用于外语教学研究方面。而语篇研究中"意象图式""概念整合""范畴化"等研究日益与"隐喻""转喻"研究相互融合，这种融合的趋势在图3-2中显示为"十"字图形之间的连线和重叠。"一词多义"现象、"认知机制"的识解操作、"概念整合"理论的运用、"原型范畴理论"的运用等长期以来一直是认知语言学关注的热点。

3.2.2.3　前沿领域与发展趋势的讨论

将前文图3-3的关键词节点分析与图3-4主题词聚类分析相结合可以判断出，当前话语的多元化、多维度与多方法的研究使语言的认知研究呈现出繁荣的景象和新的趋向。一是认知语言学的新转向，即以社会认知语言学与批评认知语言学为两个主要的研究取向，衍生和发展出认知、语言（话语）与社会的交叉学科，反映了认知语言学研究的"社会转向"与话语研究的"认知转向"。随着批评认知语言学逐渐兴起，认知语言学开始更多地关注社会，如意识形态、话语策略等都成为新的关注点，并向多语种、多类型话语，如政治话语、新闻话语、经济话语、能源话语等分析方向发展。二是认知语言学内部关注点的新变化，如近些年对转喻研究的关注，对认知语法的新探索，均突破了既有范式。同样，认知语言学理论也为批评话语分析提供了更多的方法选择和"工具箱"（张辉、江龙，2008），如批评隐喻研究、趋近化理论研究、认知参照点研究等。三是倾向于采用创新的定量分析方法。认知语言学早期研究多为内省法，随着当前研究的不断深入，语料库语言学方法开始出现在认知语言学的研究中，此外如神经科学中的ERP技术、眼动实验技术等成为新的研究工具，这不但有助于检验一个理论假设是否具有心理实在性，还能检验其是否具有神经实在性（束定芳，2013）。四是与多学科的新融合，认知语言学的应用领域日益广泛。如认知语言学与社会语言学的融合，认知语言学与语用学的融合，认知语言学与语言类型学的融合，以及认知语言学与篇章语言学的融合等趋势。

3.2.3　小结

本节从文献计量学的视角出发，结合知识图谱，梳理了2010—2020年知网核心期刊涉及认知语言学研究论文为主的数据，对这一时期认知语言学研究领域的关键词及共现、发文量走势与分布、主题词及聚类进行了分析。研究发现，从发展阶段来看，国内认知语言学经历了学科发展、跨学科理论融合、应用拓展和新理论构建等阶段；从研究热点来看，形成了多模态、话语策略、体验哲学等热点；从新兴学科来看，兴起了诸如社会认知语言学、认知心理语言学、认知语用学、批评认知语言学等学科；从研究方法来看，采用定量和定性分析结合，逐渐取代单纯质性研究；从研究趋向来看，更趋向于跨语言多类型话语现象描写与比较，以及基于对认知机制的识解分析、对语篇的意识形态分析等方面来探讨话语、认知、权力的关系。

3.3 认知类型学研究发展

本节以于秀金、金立鑫（2019）和影山（2021）的研究成果为代表来综述认知类型学的理论融合及发展动态。

于秀金、金立鑫（2019）通过回顾生成语法和语言类型学的研究方法，指出二者之间有着不同的研究目标和方法，两个流派之间并无相关性。而认知语言学与语言类型学更易相辅相成、取长补短，易与认知语言学融合的类型学是指占主导地位的功能—类型路径。作者认为认知语言学强调语言之间在语法和语义结构上的差异，忽略了世界语言的共性研究。而语言类型学是最重视形式描写的功能主义学派，其局限在于形式描写有余而功能解释的理论提升不足。因此作者提出认知语言学和语言类型学有必要进行互补，其优势在于既关注多语种在语言形式上的差异和共性，从认知角度对差异和共性进行解释，也关注多语种中特定语言形式的语义在认知概念空间上的差异和共性。这一理论假设强调语言形式和认知概念空间之间存在对应关系，并以图3-5来表示。

该文阐述了认知类型学的两种经典研究范式：一是自下而上的研究法，描写某（几）个语言要素或参项的跨语言差异和共性，从认知角度进行解释；二是自上而下的研究法，针对某（几）个语言要素或参项，构建跨语言的认知理论假设，在不同语言中进行演绎验证。作者认为认知类型

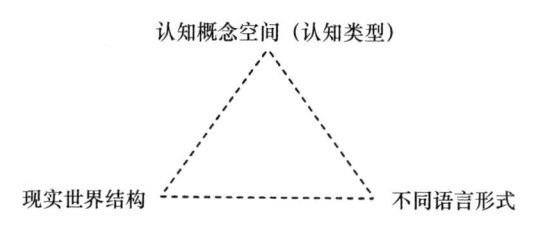

```
                认知概念空间（认知类型）
                        △
                       ╱ ╲
                      ╱   ╲
                     ╱     ╲
        现实世界结构 ┄┄┄┄┄┄┄┄ 不同语言形式
```

图 3-5　认知类型学的理论假设（于秀金、金立鑫，2019：15）

学整合了认知语言学的理论假设和语言类型学形式描写的优势，以认知概念空间和跨语言形式之间的关系为理论基础，解释跨语言形—义关系上的差异和共性。作者提出的认知类型学研究范式将现实—认知—语言三个层面紧密融合在一起，为我们研究现实世界的位移事件及跨语言编码位移事件的表达形式，以及不同编码方式背后所反映的跨语言的认知类型的差异和共性提供了思路和启示。

在于秀金、金立鑫（2019）之前，陈丽霞、孙崇飞（2012）也曾讨论认知语言学和语言类型学的互补与融合，认为二者在理论背景上都属于功能主义阵营，坚持对具体语言语料进行"自下而上"的观察和描写，并对其作出功能及认知解释。同时，二者在对人类语言作出统一概括和解释的方法方面存在相异和相近之处，语言类型学的目标在于在跨语言比较的基础上概括出人类语言的共性和差异，认知语言学为语言类型学提供强大的理论导向和技术支撑，而语言类型学可以为认知语言学提供重要的跨语言事实佐证。并从理论、方法论以及学科划分方面进一步讨论了二者的互补之处，指出二者的融合催生了新的语言研究学科——认知类型学，认为认知类型学是将认知语言学和语言类型学整合而成的一门学科，以不同语言的认知结构为着眼点。文中指出认知类型学重点观察跨语言中经常出现的语言（特别是语法）表达结构，即观察人类不同语言如何以不同形态表达不同的意义。从以上描述可以看出认知类型学的研究范式在于通过描写跨语言中的语言表达形式，阐释不同的形式所表达的不同的语义，进而揭示不同的语义所反映的不同的认知结构。

影山太郎是日本著名的语言学家，长期从事日英语对比研究，研究成果丰硕，对英语研究和日语研究都提出了独到的见解。影山（2021）在《点和线的语言学——从语言类型看到的日语的本质》（『点と線の言語学—言語類型から見えた日本語の本質』）中将他本人近50年的有关日英语词汇学和语法学的研究积累从"点"和"线"的视点进行梳理，以此为切入点将日语和英语的语法、语义、词汇、形态、表达进行了全面立体的对比，突出论述了二者鲜明对立的语言结构的差异，并结合语用学对比分析，从语言类型的视角揭示了日语社会重视人与人关系的"线"的特征，而英语社会重视个人的"点"的特征。

全书共分八章，第1章和第2章阐述"点"和"线"的基本概念，聚焦语言文化学和语用学中的各类日英语对比常见现象，探讨日英语的思维方式和表达类型，并阐述日语重视"联系"、英语重视"个体"的特征。作者将这两章的讨论作为该书的入门级阅读内容。第3章和第4章阐述作为"点"和"线"概念基础的外部世界识解的语义学，并对反映这种认知方式的日英语各种构式展开对比。讨论了日英语动词语体的特征，以及日英语的结果构式、双宾构式、被动构式和动词自他交替的各类构式，提出日语重视动作阶段性、英语重视动作整体性，以及日语重视过程、英语重视结果的对立型识解特征。作者将这两章的讨论作为该书的初、中级阅读内容。第5章和第6章作者着重探讨了充分体现日语黏着语特征的多样化的动词构词机制，以及谓语的线性组合特征。探讨了日语词汇的基本概貌、谓语的形成机制，以及动词的语法化和语义的功能化。揭示了日语基于动词向右方展开的线形特点，以及拥有大量将事件的内部发展连接为线状的补助动词群。作者将这两章的讨论也作为该书的初、中级阅读内容。第7章和第8章阐述了日语灵活运用形态的"线"和语义的"线"的机制以及三种叙述功能。探讨了"名词＋动词"型的复合动词和轻动词构式，提出了基于动词向左方展开的线形特点。并基于日语的线状特点论述了日语事件叙述、属性叙述和身体感觉叙述三种类型。作者将这两章的讨论作为了该书的中、上级阅读内容。

作者基于语言学和文化学的路径，提出了日语"线状指向"和英语"点状指向"的基本主张，并从语法现象和语用现象两个方面详细讨论了这两种指向的具体体现。作者将该书作为对有关日语研究的主要课题进行多维度跨领域展望的"研究百科"。认为今后的研究需要向"更广更深"方向转换,为此,只考察日语本身是很难实现的。为揭示日语的特征需要立足语言类型学的视点,开展和英语以及其他语言的对比研究。该书的类型学研究范式为本书提供了位移事件日汉语对比研究中的路径取向,并对从位移事件编码机制角度深入探讨日语的类型学特征提供了启示。

3.4 本书的理论基础

本书考察日语和汉语及跨语言的位移事件的编码方式,并基于日语和汉语对同一位移事件表征方式的异同,探究表达方式背后不同母语者识解外部世界的认知机制的异同。因此本书的理论基础由位移事件类型学和认知类型学两大理论源流融合而成。

泰尔米的研究在其初期关注词汇化的语义,如前所述,考察表达运动的动词中编码哪些语义元素,将动词中语义元素的编码称为"词汇化"(lexicalization),因此位移事件的类型学属于词汇化类型学(松本,2017:2)。之后泰尔米将位移表达的类型学发展为事件融合的类型学(typology of event integration)(泰尔米,2019:215-293),关注单句层面语义元素与句法结构的映射关系,探讨作为位移事件核心图式(core schema)的路径的句法实现方式。

泰尔米提出了"宏事件"(macro-event)的概念,认为在语言深层概念组织中普遍存在某种基本的事件复合体,这种复杂事件在概念上实现融合,并由一个单句表征。在被融合的复杂事件中,泰尔米区分了主事件和从属事件,认为主事件提供或决定某些整体模式,行使了框架功能,将其称为框架事件(framing event)。而从属事件可以构成与作为整体的宏事件有关的场景(circumstance)事件,并实施与框架事件有关的支撑(support)功能,故称其为副事件(co-event)。其中最常见的是原因和方式(泰尔米,2019:215-222)。泰尔米据此将世界上的语言划分为动词框架(verb-framed)语言和卫星框架(satellite-framed)语言。这种类型学的分类反映的是概念结构在句法结构上的映射模式,依据事件的核心图式是主要动词还是由卫星语素来表达区分了语言的类型学特征。

位移事件语言编码的类型学研究一方面探求在句法形式上表征方式的规律性，另一方面也需要探究这种类型学特征背后的认知理据，揭示出语言编码方式所反映的识解模式的特征。

中村（2004）基于语言深深根植于主观性的视角在认知语言学的范式内探讨了句子层级的构式与主观性之间的关联性。他提出了构式主观性的三个主要方面：①我们使用我们的身体和外部世界的对象进行直接互动，②通过我们具有的一般认知能力或认知过程，③形成并体验各种认知图景（中村，2004：3）。中村认为这三个方面缺一不可，统合在一起构成一个完整的认知模型。

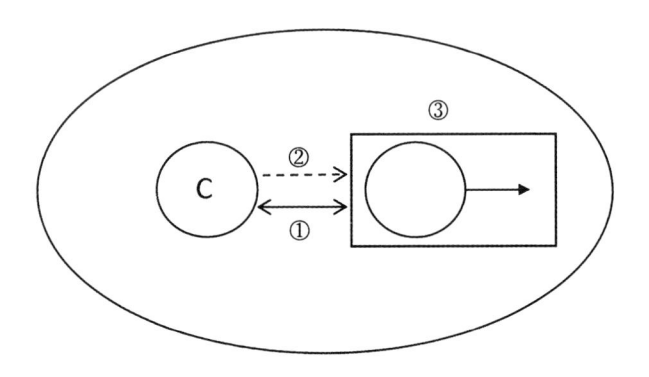

图3-6　根植于主观性的认知模型（中村，2004：4）

中村以构建的这个认知模型为基础，提出我们的认识是通过和对象之间的直接互动获得的，因此在这种意义上具有"主观性"，并设定了"状况内视点"和"状况外视点"两种认知模式。他认为日英语在句子层面构式的形式充分反映了上述两种认知模式中的其中一种，认知模式与日英语的构式倾向之间具有对应关系，一种语言有较多的构式反映其认知模式，而另一种语言并非如此，因此中村指出在这样两种语言之间就有可能开展认知语言类型学的研究（中村，2004：33）。

在日语与其他语言的对比研究中，从比较明确地使用术语描述的角度看，中村较早地提出了"認知的（な）言語類型論"这一称法。在日本学界虽然没有明确使用"认知语言类型学"的术语，但较早开展了具有认知语言类型学范式研究的学者是池上嘉彦，代表成果为池上（1981，1982，2006）。

池上（2006：161）认为不同语言之间存在各自母语者偏好的表达方式的差异。即使是描述同一状况，语言不同，各母语者所采用的表达方式未必就会相同。池上通过围绕日语和英语之间表达"存在"与"领属"、感知、蒙受损害、授受给予、行为主体性的弱化、事件起因的言及、非生命物主语的使用、自我的"他者化"等各种表达形式的对比分析，指出这些并不只是单纯的结构上的对比，而是在词法、句法对比基础之上，可以发现的不同母语者"偏好的表达方式"（言い回し/turns of expression）的差异。并进一步探讨了这种表达方式差异背后的各母语者认知方式的差异，提出了"自我分裂"（self split）和"自我投入"（self projection）两种认知操作模式。

"自我分裂"型是说话者将"自我"予以"他者化"，从自身所处的场面之中抽身而退，只将自己的分身留在那一场面内，从场面之外对包括自己分身的原场面进行客体化并观察它。说话者将自身分裂为"作为观察主体的自我"和"作为被观察客体的自我"，形成了"主体"和"客体"对立的"主客对立"模式。而"自我投入"型回避将"自我"予以"他者化"，以自我为中心（自己中心的/ego-centric）进行事件识解。说话者置身于自己所面对的事件之中，从说话者自身的视角识解事件。说话者以自己为原点观察事件，因此说话者自身进入不到自己的视野中，因无法被客体化，也就无法成为编码的对象。即使说话者自身没有置于场面之中，也会通过消除时空相隔的认知操作，即跨越时空隔绝使自己置身于事件之中。这被称为"自我投入"。"自我"依然作为认知主体，置身于成为识解对象的事件之中，"观察主体"和"被观察的客体"合二为一，形成了"主客合一"的"主客合体"模式。

池上依据自我的他者化和自我的非他者化（即自我中心式）这两种认知过程，区分了"自我分裂"和"自我投入"两种认知方式，进而将认知主体与被观察的客体之间的互动方式区分为"主客对立"型和"主客合体"型两种认知模式。池上通过日语和英语的例句对比，指出英语说话者极其自然地倾向于以"主客对立"的方式来识解事件，并基于这种方式来进行编码；而日语说话者也潜意识地以"主客合体"的方式来识解事件，并基于这种方式来进行编码（池上，2006：192），揭示了日语母语者和英语母语者偏好的表达方式及其所反映的识解方式的特征。

中村（2004：33-40）提出的"状况内认知模式"和"状况外认知模式"继承了池上（1981，1982，2006）的观点，根据认知主体视点的所处位置，区分为视点置于状况内的"融合型"和视点置于状况外的"外置型"两种基本认知方式。并基于所界定的主观性要素（认知主体和对象之间具有不可分的互动关系、认知主体自身产生认知过程、由这一认知过程而形成认知图景）阐释了两种模式的认识形态特征。

"融合型"模式中认知主体与对象之间具有相互作用，并在这种互动中，基于认知主体的认知能力，来识解作为认知对象的事物，并形成由认知过程所建构的认知图景。中村将这种模式称为"认知互动模式"（Interactional mode of cognition/認知のインタラクション・モード），简称"I模式"（Iモード）。

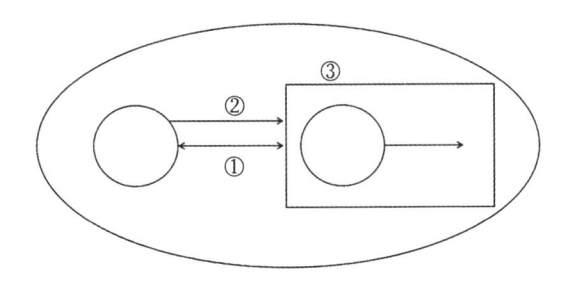

图 3-7 I 模式（中村，2004：36）

而"外置型"模式的特点是认知主体立于交互的认知场之外，选取从场外客观地进行观察的视点。中村将这一过程称为"去主体化"（desubjectification/脱主体化），将这一模式称为"外置型认知模式"（Displaced mode of cognition/外置の認知モード），简称"D模式"（Dモード）。中村认为"I模式"是人类原本的认知方式，当认知主体从"I模式"中来到认知场外，即经过"去主体化"就能得到"D模式"。

第三章　理论基础

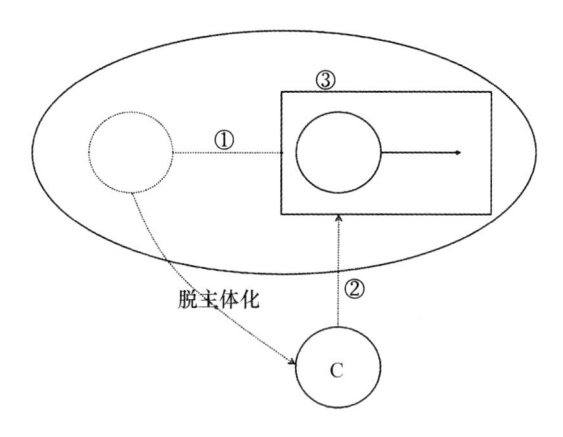

图3-8　D模式（中村，2004：37）

中村结合发展心理学、科学哲学、自然科学的见解，论述了我们所认为的客观世界其实是依存于某一外部对象与我们认知主体之间的互动而形成的。只有I模式是最接近客观真实的认识形态，而D模式其实是不存在的认识形态。

中村（2004：40-41）认为这两种认知模式反映在各种语言现象上。日语中较有特征的语言现象更多地体现了I模式，而英语中较有特征的语言现象更多地体现了D模式。中村通过第一人称代词、时体表达等16类语法范畴的日英语对比，阐述日语是偏于I模式的语言，而英语是偏于D模式的语言，并指出认知模式也是讨论认知类型学时的重要因素。

中村和池上的研究均基于认知主体和外部世界之间的认知操作互动方式，阐述了日语和英语较具特征的语言表达形式和其所反映的识解模式。池上（2006）的研究通过日英语惯常使用的偏好表达形式，区分出以对自我认知方式为参照的两种识解模式。而中村（2004）的研究以主观性的构成要素为切入点，在界定了人类认识外部世界的基本模式后，通过"去主体化"的认知操作手段，区分出基本认知模式和其演化的认知模式等两种识解模式，进而基于日英语的语法表达式来验证这两种识解模式在语言中的体现形式。

两位学者研究进路虽有所不同，池上采用自下而上，中村采用自上而下的方式，但都探究了不同语言表达形式背后母语者对客观世界认知方式的特征及其跨语言的相异之处。这为我们探讨语言表达式的类型学特征提供了探究其背后认知理据的认知类型学视角和研究范式，可以在描写"知其然"的基础上，进一步揭示"知其所以然"的动因，拓宽了语言对比的研究疆域，加大了语言描写的理论深度。

在池上（2006）和中村（2004）认知范式的类型学研究之外，日本学者堀江（2009）也较为明确地提出了基于认知类型学方法论的语言类型学研究的主张。堀江（2009：2）对"认知类型学"进行了如下的界定。

　　認知類型論とは、類型論的に異なる文法的特徴を有する言語間の構造的相違点・類似点を、その背後にある、当該言語間の社会・文化的側面を含めた広義の認知・伝達様式（認知スタイル）及び伝達慣習（コミュニカティブ・プラクティス）の相違・類似と相関させて解明しようとする学問分野である。個別言語の文法・語彙構造には、人間言語としての共通性と、その言語の持っている「個（別）性」の両面があるが、認知類型論は、認知・機能主義的言語学と言語類型論の分析手法を複合させて、個別言語の文法・語彙構造、認知的・伝達的（語用論的）基盤の解明を目指す。

（堀江，2009：2）

　　认知类型学作为一个学术领域，探究类型学上具有不同语法特征语言之间结构上的不同点和相似点，并将其与语言背后的社会、文化因素，即广义的认知与表达方式及表达习惯（交际、语用）相互联系来考察语言间的异同之处。各语言的语法、词汇结构既具有作为人类语言的共性，也具有该语言的个性。而认知类型学综合运用认知、功能主义语言学和语言类型学的分析手法，致力于揭示各语言的语法、词汇结构及认知、表达（语用学）的基础。

（笔者译）

堀江（2009：18-25）认为，认知语言学和功能主义语言学与语言类型学之间具有重要的联系。认知语言学探求人类的认知（cognition）和语言结构之间的相关性，而功能主义语言学探求交际、话语和语言结构之间的相关性。换句话说，认知语言学揭示语言结构的"认知基础"，而功能主义语言学揭示语言的"语用学（话语的）基础"。认知类型学就是基于语言类型学的见解将二者的观点融合在一起。

堀江将认知类型学方法论的源流追溯至萨丕尔和沃夫的"语言相对性"假说。这一假说主张"操持不同语法的语言使用者由于其各自语言语法结构的不同，会形成不同的观察、评价以及世界观"。围绕该假说提出的"思维"（thought）和"语言"（language）的相关性，Slobin（1996）对此提出了"为言而思"（thinking for speaking/発話のための思考）的概念，认为幼儿在习得母语的过程中，受该语言显著的语法辨别特征引导，在用该语言说话时会掌握该语言特有的"为说话而形成的思维方式"。例如在对同一事件进行编码时，不同语言的话者对同一事件中母语语法予以显著标记的部分会多加关注，而对其以外的部分往往忽略。

堀江着重讨论了池上嘉彦提出的"单一语言指向的类型学"［個別言語志向的（individualizing）類型論］范式。援引池上"围绕某一特定语言，考察与其他语言的区别，并描述其特征"的类型学界定，指出"单一语言指向的类型学"和他论述的"认知类型学"几乎是对等的。并且提及池上嘉彦所著《"する"和"なる"的语言学》（『「する」と「なる」の言語学』，1981）正是认知类型学的开创研究，概述了池上的重要观点，提及认知类型学的阐释是"功能的"（functional）、"语用学的"（pragmatic）指向性以"认知的"（cognitive）思维方式为介引与"类型学的"研究密切关联在一起。

从堀江（2009）的概述可以看到类型学研究的范式与功能主义具有密切的联系。基于跨语言的调查所发现的语言间的共性和个性需要从语言使用的功能角度进行阐释，同时这种跨语言的特征还需要从人类的认知能力的视角探寻语言背后的理据、动因。认知类型学就是将语言类型学和认知语言学的见解融合在一起。

堀江（2009）主要梳理了语言类型学研究的学术发展史，并介绍了认知类型学研究范式形成的理论源流与代表性研究。主要论述还是依据池上嘉彦的认知取向的类型学研究。

基于以上对池上（2006）、中村（2004）及堀江（2009）的综观，本书采用以下的步骤展开日汉语位移表达式的认知类型学研究。

①研究对象特定为"位移事件"的基本类型；

②考察日汉语及其他相关语言编码"位移事件"的表达形式；

③分析日汉语表达形式差异背后的认知理据，揭示跨语言的认知类型学特征。

3.5 结语

本章综述了本书所依据的认知语言学的理论发展趋势，并描写了本书所采用的认知类型学的研究范式，并在此基础上阐述了本书的理论框架和研究步骤。探讨位移事件的认知类型学特征需要基于"现实—认知—语言"的三维一体的框架细致描写日语和汉语的编码方式，并深入分析编码方式所反映的识解方式，这样才能够全面立体地揭示位移事件表达式的形义对应关系及其与认知类型的映射关系。接下来本书将从词汇化模式、位移动词的句法结构以及位移事件的扩展研究展开系统的考察和分析。

第二部分

位移事件词汇化模式研究

第四章

日语位移事件词汇化模式类型

4.1 引言

位移是指人或物体在时间推移的过程中改变其空间的位置关系。它是我们与外部世界互动中最基本的方式，也是我们感知、认识外部世界的行为基础。位移作为构成客观世界的基本事件之一，对其语言编码的表达式也成为人类语言表达中最基本的内容。研究位移事件的表达式既可以促进我们深入探究人类语言表达的基本性质，又可以促使我们通过位移的编码方式深入探析人类认知位移事件的基本方式。可以说位移事件为我们研究语言与认知及思维之间的关系开启了一扇重要的窗口。

位移事件的基本类型是位移主体伴随时间的变化而发生空间位置关系变化的动态事件。在绪论中本书称之为"自主位移事件"，并将"致使位移"和"虚拟位移"作为其扩展类型，把这三者统称为"位移事件"。以下本章以位移主体发生位置变化的位移事件为考察对象，在此特指"自主位移事件"。"自主位移"由位移主体、参照物、（位移）路径、（位移）方式等基本要素构成。位移是我们日常生活中的普遍现象，构成位移事件的要素也是共通的。但是在表达层面对这些基本要素是否编码、以及如何编码，在不同的语言之间却存在着差异。本章将着重考察日语中位移事件基本要素的编码方式，基于语言使用的实际状况分析日语表达位移事件的基本类型，探讨日语编码位移事件的词汇化模式，验证日语位移事件编码方式的类型归属。

4.2 日语位移事件表达对比研究概述

日本松本曜教授是日语位移事件表达类型学研究的代表性学者。松本（1997，2017）不仅在日本国内，在国际位移事件类型学研究领域都具有开创性。

松本（1997）是最早较为系统地讨论位移动词词汇化的论述。全文基于日英语对比的视角，围绕空间位移的语言表达及其扩展形式展开了细致全面的考察和分析。松本参照 Talmy（1985）的研究范式从作为句法核心的动词的词化编入角度详细描写了构成位移事件的各个要素编入日英语位移动词的词汇化类型。不仅讨论了一般位移动词的词汇化类型，还将位移事件要素的词化编入扩展至致使义的位移动词，对日英语致使位移动词的词汇化类型也进行了细致的考察和分析。松本（1997：152-153）认为日英语在一般位移动词词汇化类型方面的差异表现为，英语编入方式的位移动词数量较多，编入路径及方向性的位移动词数量较少。而日语与其相反，编入路径及方向性的位移动词数量较多，编入方式的位移动词较少。日英语的致使位移动词和一般位移动词一样，呈现出一贯的编入不同要素的倾向。英语的致使位移动词编入作为致使动作方式的致使手段，而日语和一般位移动词一样编入路径及方向性。因此，松本将英语称为"方式融入型"，将日语称为"路径融入型"（松本，1997：179）。

《位移表达的类型学》（『移動表現の類型論』，2017）是由松本编著，松本及其他 10 位学者合作撰写的关于跨语言位移表达类型学的论文集，展现了日语及跨语言位移事件表达类型的最新研究成果。该论文集中松本独立撰写的部分共有四章，包括位移表达类型学讨论的课题、术语界定及全书的研究课题和分析的框架（第 1 章，第 1—24 页）。英语及日语的位移事件表达类型和路径表达（第 2 章，第 25—38 页；第 10 章，第 247—273 页）。基于全书跨语言对位移表达的描写和分析，作为总括综合探讨了位移表达的性质及其类型特征，并根据考察的结果提出了新的位移表达类型的提案（第 13 章，第 337—353 页）。

松本（2017）突出的特色是将一般位移表达（主体移動表現）扩展至

致使位移表达（客体移动表现）和抽象位移表达（抽象的放射表现），从更广阔的视角来讨论路径表达的特征。同时将泰尔米没有予以充分关注的路径的指示特征（deixis/ダイクシス）也纳入了考察的范围。最后根据路径表达的位置提出了"核心表示类型""非核心表示类型""副核心表示类型"三种分类方法。

"核心表示类型"的语言是指包括扩展类型的位移表达在内，其路径的句法位置均出现在主要动词（松本界定为最后一个动词）的语言，这种类型的语言数量较少，主要有法语、意大利语。而且就所调查的语言来看，抽象位移表达的路径均出现在主要动词以外的位置。日语因为当指示成分（指示動詞）与路径共现时，指示（以下本书沿用日语"指示"一词来表述"deixis"）会占有主要动词的位置，因此松本将其称为"准核心表示类型"的语言。而"非核心表示类型"的语言是指路径出现在非主要动词的位置，以及由词缀等动词附属要素或附置词等名词相关要素表达的语言，如英语、德语、俄语、匈牙利语、汉语等。"副核心表示类型"是指像泰语这样动词并列型的语言。

另外根据三类位移事件表达类型的路径是否由共同的成分来表达，又提出上述三类语言可以分为两种类型。一类是各位移事件类型使用共同的路径表达，称为"共通要素语言"（Common-item language）。另一类是自主位移表达和致使位移表达使用各自特定的路径表达，称为"特定要素语言"（Specialized-item language）。并指出核心表示类型语言及准核心表示类型语言通常是"特定要素语言"，而非核心表示类型语言和副核心表示类型语言大多为"共通要素语言"（松本，2017：338、349-350、352）。

从以上松本的新的分类可以看出，他基于三类位移表达中路径出现的句法位置及表达路径的成分的特征，在泰尔米提出的类型基础上，对跨语言位移表达的类型学归属进行了更为精细和周全的划分。

松本（2017）在考察日语位移表达类型时使用"现代日语书面语均衡语料库"（BCCWJ），基于大规模语料库进行了日语位移表达的定量分析。在考察自主位移的部分，将日语表达主体位移的动词分为"指示动词""路径动词"和"方式动词"。根据收集的882个用例考察了方式、路径及指示的表达频率，以及路径和指示较多出现的句法位置。通过用例调查发现路径动词单独使用压倒多数，占比最高达到40.1%，而方式的表达频率较低，包括方式动词及表方式的副词在内仅有26.1%。关于指示的表达频率，按照有无指示动词以及有无"ここに"这样指示词附加后置词的指示词组进行统计发现，两种指示表达都不存在的用例占比60.8%，指示被予以编码的占比39.2%。当路径和指示都被表达时，指示较多位于主要动词位置。松本指出，从指示的句法位置来看日语是纯粹的"核心表示类型"，而从路径来看日语可以称为"准核心表示类型"（松本，2017：252 – 254、257 – 258）。

在松本（编）（2017）的论文集中还有两篇论文进行了日语和其他语言的对比研究。守田、石桥（2017）基于口语和书面语语料考察了日语和法语的位移表达，通过对主要动词位置使用的位移动词的种类和频率进行统计发现，日语和法语无论哪种语料路径动词的占比均达90%左右，而方式动词使用较少。另外，日语较多使用指示动词，而法语路径动词的使用比率非常高。口语和书面语呈现的语体差异表现在指示动词的使用倾向上。日语书面语的指示动词比例低于口语，而书面语的路径动词比例高于口语。与此相比，法语书面语的指示动词多于口语，而路径动词的使用是口语多于书面语。总体上可以说日语和法语基本上呈现出前人研究所指出的表达类型特征。

另一篇是古贺（2017），使用对译语料库展开了日语、英语、德语、俄语自主位移表达的跨语言对比研究。古贺使用《挪威的森林》（上）的日语原文翻译为英语、德语、俄语的语料，验证了路径为"非核心表示类型"的英语、德语、俄语的对译例句会比较频繁地附加日语原文没有包含的方式信息。并根据是否具有单独表达指示信息的句法槽，将日语和德语列为"句法槽非竞争型语言"，将俄语和英语列为"句法槽竞争型语言"，并验证了日语和德语会频繁出现指示路径信息。

除古贺（2017）外，古贺（2016）基于类型学视点进行了自主位移表达的日英语对比研究。以日语和英语母语者对同一录像（ビデオクリップ）的口述描写为语料，着重考察了指示信息等位移语义要素的表达频率。根据日英语一个视频中方式、路径、指示的平均出现次数，统计发现日英语的路径平均频率并没有太大差异。英语方式的频率略高于日语，而日语的指示频率大幅高于英语。并从形态句法槽的竞争性、关注信息的一贯性、信息的多重指定及表达信息的形态句法手段的数量等多个角度考察分析了决定信息表达频率的因素。最后指出在讨论日英语信息表达频率的差异时，不能忽视上面所述的语言个性化特征。

日语的位移表达对比研究除以松本为代表的成果之外，较早的研究还有上野、影山（2001）。上野、影山（2001）是由影山太郎编著的《日英对比 动词的语义和构式》（『日英対照 動詞の意味と構文』）其中的一章。从动词语义的角度围绕位移动词和路径表达展开了详尽的日英语对比与分析。文中将与位移相关的包含各种方向性的空间表达统称为路径（path/経路），将路径表达划分为"起点"（Source）、"终点"（Goal）、"方向"（Direction）和"中间路径"（Route）。其中"起点"和"终点"为"有界路径"（Bounded Path）、"方向"和"中间路径"为"非有界路径"（Unbounded Path）。"中间路径"在英语中是由"along、across、through、over、down、by、via"等前置词表达的概念。日语没有表达中间路径的专有格助词，或是以"～を横切って""～にそって""～を越えて"等由动词形成的表达代用，或是如"大空を飛ぶ""坂を下る"这样，在表达中间路径的名词后面直接以"ヲ格"标记（上野、影山，2001：46）。上野、影山（2001）将位移动词分为"有方向位移动词"和"位移方式动词"两大类别，并围绕表达位移的动词和表达路径的空间表达两个方面考察了日英语的差异。通过对比日英语位移动词语义的多样性及"中间路径"句法上可以作为"直接宾语"编码等特征后发现，和日语相比，英语的位移动词能够较为自由地携带路径表达，尤其是表起点、终点的有界路径。

另外，小野（2004）从认知类型学的视点考察了日英语"位移"和"变化"的语言表达形式。小野（2004）基于位移事件和变化事件之间具有平行性的概念基础，根据泰尔米提出的事件框架理论和语言类型，使用日英语翻译作品的用例，从实证角度验证了位移事件和变化事件的认知关联性。在调查表达位移事件的日→英、英→日例句位移动词例数后发现，描写同一位移事件时日语依赖动词表达的情况较为显著。而且日语和英语的原文或其译文均呈现出日语明显地多用路径动词，而英语与日语相反多用方式动词，从具体实例的角度验证了日语属于"动词框架语言"、英语属于"卫星框架语言"的类型学差异。同时，将这种考察方式扩展至变化事件，同样表现出了日英语的类型学特征，从而显示了类型学二分法在跨不同概念域（位移和状态变化）间的有效性。

以上概述了围绕日语位移事件表达类型开展的日语与英语及其他语言的对比研究。研究类型大体可以分为位移动词的词汇化类型研究和位移事件构成要素的表达频率研究。词汇化类型研究是泰尔米提出的研究范式，以作为句法核心的动词为切入点，探讨动词语义融入位移事件基本要素的类型。而位移事件构成要素表达频率研究是基于语言实际使用状况从定量分析的角度探讨路径、方式、指示等各要素被编码的频率，来验证不同词汇化类型语言内部的变异性及跨语言之间的变异性，对泰尔米提出的类型二分法进行了补充与完善。这两种研究类型的结合不仅可以较为全面地描写单一语言内部位移表达的类型特征及跨语言之间位移表达类型的异同，还可以较为系统地分析位移事件语义要素与句法成分之间的映射关系，以及映射关系所反映的不同语言话者对位移事件的识解方式。

因此，本书将采用这两种研究类型，基于日语和汉语及其他语言的对译语料，从对比的视角考察位移事件的表达类型，分析位移动词的语义融入特征，调查路径、方式及指示等语义要素的表达频率，从而验证日语与汉语及其他语言的类型归属，并揭示日语和汉语位移表达的个性化差异。

4.3 语料收集与分类

本书的考察和分析使用实际语言生活中的真实语料。鉴于口语语料会出现编码信息的省略，本书沿用前人研究（松本，2017；古贺，2017）的语料收集方法，选取小说文本使用书面语语料。

日语原文小说选取了村上春树所著《挪威的森林》（上、下）。主要考虑到一是这部小说有关位移表达的描写较为丰富，实际用例数量较多；二是这部小说已被翻译成汉语、英语、韩国语、西班牙语等多种语言，便于开展日语与汉语及其他语言之间的对比研究。收集方法为：首先，通读原文，手动找出表达自主位移的语句，根据所收集到的例句逐一筛选出使用的位移动词。其次，以位移动词为检索条件，使用"中日对译语料库"逐一检索语料，尽可能做到穷尽性收集相关用例，并制作成例句集电子文档。最后，以此为基准，收集与日语原文例句对应的汉语、英语、韩国语、西班牙语等对译例句。另外，本书在确定语料是否为自主位移表达时，以语句是否表达现实的位移、是否对位移所经由的路径（包括起点、经过点、终点）进行编码为判断标准。

按照上述标准从日语原文《挪威的森林》（上、下）中共收集自主位移表达例句248个，位移动词318个，其中位移动词类型47个。依据动词语义是编码了位移的路径还是位移的方式，可以将例句中的位移动词分为以下三种类型。

①编码位移方式的动词：

飛ぶ、歩く、散歩する、たどりつく、走る、行く、うろうろする等；

②编码位移路径的动词：

渡る、離れる、上る、出る、下る、降りる、通る、一周する、越える、向く、回る、通り過ぎる、横切る、曲る、進む、抜ける、～を（右に）折れる等；

③同时编码位移方式和路径的复合动词：

歩き回る、吹き抜ける、吹き過ぎる、転げ落ちる、飛び回る、這い回る、よじのぼる等。

下面考察日语原文位移表达中位移动词的编码类型和频率以及路径、方式及指示等语义要素的编码方式。

4.4　日语位移表达类型及特征分析

本节将围绕日语原文《挪威的森林》中位移表达式的动词类型分布、位移事件构成要素的编码方式，以及原文中所呈现的较有特征的位移表达式等三个方面展开详细的考察与分析。

4.4.1 位移动词类型分布特征

松本（1997）详细阐述了构成位移事件的各项要素，认为位移主体、位移的路径及位移的持续时间是规定位移的必需要素。路径是指从位移的开始点到结束点连接位移主体所经过的所有地点。因此路径包括起点、经过点（通过部分）和终点。除此之外将伴随位移的手脚的运动、速度、手段（交通工具）等和位移直接相关的附属要素称为位移的方式。同时围绕路径又区分了"路径关系"（TO、FROM、VIA）、"位置关系"（IN）以及"方向关系"（TOWARD、AWAY FROM），将前两者统称为"路径位置关系"。

在对位移要素进行界定的基础上，松本细致考察了英语和日语的位移动词，逐一描写了位移的方式、路径位置关系及方向性，以及其他位移要素融入动词语义实现词汇化的类型。他指出英语存在较多的融入方式的位移动词，而融入路径位置关系、方向性的位移动词较少。与此相比，日语存在较多融入路径位置关系或方向性的位移动词，而融入方式的位移动词较少（松本，1997：152-153）。

从松本的考察结果我们可以看到日语和英语在位移事件构成要素的词汇化模式上呈现出截然不同的类型，即英语位移动词编码位移方式，而日语位移动词编码位移的路径。因此在由位移动词构成的句法结构中，英语路径要素成为由介词介引的论元，而日语方式要素成为位移动词的句法附加成分。

松本（1997：141、143）列举了日语代表性的融入路径的位移动词和融入方式的位移动词。

(1) a. 行く、来る、登る、下る、上がる、下がる、降りる、落ちる、沈む、戻る、帰る、進む；

b. 越える、渡る、通る、過ぎる、抜ける、横切る、曲がる、くぐる、回る、巡る、寄る、通過する、入る、出る、至る、達する、着く、到着する、去る、離れる、出発する；

（2）歩く、走る、駆ける、這う、滑る、転がる、跳ねる、舞う、泳ぐ、飛ぶ、潜る、流れる、急ぐ。

例（1a）是融入了方向性的位移动词，例（1b）是融入了路径位置关系的位移动词，例（2）是融入了方式的位移动词。本书将例（1）类动词中除"行く、来る"之外的位移动词称为"路径动词"，另将"行く、来る"两个动词称为"指示动词"，将例（2）类动词称为"方式动词"。参照松本（1997）的分类，本书日语原文《挪威的森林》中使用的位移动词类型如下所示。

（Ⅰ）指示动词：行く、来る
（Ⅱ）a. 路径动词：
ⅰ. 方向性：降下する、向く、降りる（下りる）、上る、下る、振り向く、折れる、のぼりつめる、落ちる、引き返す、向かう、やってくる、戻る、進む
ⅱ–1 起点/终点：出る、入る、抜け出す、出入りする、離れる
ⅱ–2 中间路径：わたる、抜ける、曲がる、横切る、越える、つたう、通り過ぎる、一周する、まわる、通る
b. [方式+路径] 动词：
くぐり抜ける、歩き回る、吹き抜ける、吹きすぎる、滑り落ちる、よじのぼる、飛び去る、飛び回る
（Ⅲ）方式动词：
歩く、飛ぶ、散歩する、走る、辿る、歩を運ぶ、転がる、往復する

小说中位移动词共出现以上47种。本书单独将"行く、来る"列为"指示动词"。将表达路径的动词按其形态区分为"路径动词"和"[方

式+路径]动词"。"路径动词"为单动词,而"[方式+路径]动词"为复合动词。松本(1997:45)认为表达路径位置关系和方向性的复合动词后项动词为句法的主要成分(主要部),因此"[方式+路径]动词"表方式的前项动词并不是句法核心,本书故将此类动词也置于和"路径动词"同一个类型中。单动词的"路径动词"中按照编码"路径"和"方向"又区分了两个下位类别,其中"路径"中又按照位移的"起点或终点",以及位移所经过的中间地点区分了"起点/终点"和"中间路径"两个类别。最后一个类别为表方式的"方式动词"。

从以上47种位移动词的类型分布情况来看,可以说在实际语言使用中正如松本(1997)所指出的,日语拥有大量的融入路径或方向性的位移动词,小说中使用了编入"上/下""前/后""左/右"等较为多样的方向性的位移动词。

同时从上述47种位移动词的使用频率来看,路径/方向性动词中频率较高的为"出る、戻る、入る、上る、抜ける、向く"等,方式动词中频率较高的为"步く",指示动词为"行く"。这三类位移动词的使用频率如表4-1所示。

表4-1　　　　　　　　《挪威的森林》中位移动词使用频率

位移动词类型	代表词例	数量(个)
指示动词	行く等	19
路径/方向性动词	出る、入る、上る、戻る、抜ける、折れる等	250
方式动词	步く、走る、辿る等	49

从表4-1的数据可以观察到,路径/方向性动词无论是动词类数还是使用频率,都是压倒多数占比最高。由此从语言实际使用的角度实证了日语拥有大量路径动词,位移动词编码位移的路径是日语典型的词汇化模式。

以上我们考察的是位移事件构成要素融入动词语义的类型。日语路径动词发达,但表达路径的后置词较少,仅有表达起点、终点、方向的"から、より、に、まで、へ"等数种（松本，1997：142）。日语是具有格标记的语言。在表达位移事件的路径要素时，位移动词通常与上述后置词组配来编码起点、终点及方向。同时，由于日语的典型模式是将路径要素融入动词来编码，因此路径成分作为位移动词的必有论元由宾格"を"标记构成了位移表达式的典型句法结构。

松本（1997：141）指出，如下例所示，日语的路径动词在编码起点、终点、经过点的融入方式上存在差异。

(3) a. その町 ｛から/を｝｛去る/離れる/出発する｝。
b. その町 ｛に/＊を｝｛着く/到着する｝。
c. その町 を ｛通る/過ぎる/抜ける/横切る｝。

（松本，1997：141）

表达起点类的路径动词在标记位移的起点时存在"から"格和"を"格两种编码方式。以"を"格标记表明起点构成了"去る、離れる、出発する"的必有论元，起点要素融入了上述动词的语义中，因此松本称之为"完全融入型"。而以"から"格标记表明起点没有构成上述动词的必有论元，动词的语义没有融入起点要素，因此松本称之为"不完全融入型"。

与起点类路径动词相比，"着く、到着する"等表终点类的路径动词必须由"に"格来标记，终点要素的融入方式只有"不完全融入型"。而"通る、過ぎる、抜ける、横切る"等表达经过点的路径动词必须以"を"格标记经过点，因此其融入方式属于"完全融入型"。

由上述观点我们认为，在考察日语位移事件构成要素的编码方式时，不仅要观察位移动词的语义融入类型，还要将标记路径要素的后置词，即格助词与位移动词的组配方式纳入考察范围，来更细致全面地分析日语路径要素的编码方式。因此下面将围绕构成位移事件的核心要素"路径"及附属要素"方式"等两项要素，考察分析其编码方式及特征。

4.4.2 位移事件构成要素编码方式及特征

4.4.2.1 路径要素

路径是构成位移事件的核心要素。路径编入动词是日语典型的词汇化模式。在日语原文中路径动词伴随"を"格,路径或方向性成分作为位移动词必有论元的实际用例为 121 例。较为常见的表达式是"～を出る""～を抜ける""～を上る""～を向く"等。如下例所示。

(4) 僕もとくに午後の授業に興味があるわけではなかったので<u>学校を出て</u>ぶらぶらと<u>坂を下って</u>港の方まで行き、ビリヤード屋に入って四ゲームほど玉を撞いた。

(5) 我々は二人で東京の町をあてもなく歩きつづけた。<u>坂を上り</u>、<u>川を渡り</u>、<u>線路を越え</u>、どこまでも歩きつづけた。

(6) バスは杉林に入り、<u>杉林を抜けて</u>集落に入り、<u>集落を抜けて</u>また杉林に入った。

(7) 彼女は<u>僕の方を向き</u>、にっこりと笑い、少し首をかしげ、話しかけ、僕の目をのぞきこむ。

上述例句中,路径的"起点"编入动词"出る",作为位移起点的"学校"以"を"格标记,成为"出る"的必有论元,"～を出る"实现了起点要素的完全融入。而"坂を下る""坂を上る"中位移动词编码了方向性,以"を"格标记的场所名词"坂"成为"上(坡)""下(坡)"的必有论元,表示位移动作所经由的整个路径。"川を渡る""線路を越える""杉林を抜ける"中三个路径动词编入了路径要素,但又各自编码了不同特征的路径。"渡る"语义融入的是具有从一端到另一端特征的路径(比如桥、人行横道等),"越える"是前进路程中会形成障碍的有起止边界的路径(比如山顶、围栏等),"抜ける"则是具有较为封闭特征的路径(比如隧道、茂密的丛林等)。上述编码路径的位移动词可以说是路径要素的完全融入型。最后"向く"编入了转换方向的语义,也实现了方向性要素的完全融入。

路径动词除伴随"を"格外，还有124例以"に"格标记位移的路径或方向性要素，也就是说体现的是不完全融入型。其代表性动词是编入方向性的"戻る"及编入路径终点的"入る"，以及不作为起点而是作为终点被编入动词的"出る"。

（8）僕らは往きに来たのと同じ雑木林の中の道を抜け、部屋に戻った。
（9）僕が窓際の席に一人で座って食事をしていると、四人づれの学生が店に入ってきた。
（10）僕は屋上の隅にある鉄の梯子を上って給水塔の上に出た。

上例中"戻る""入る"的终点必须要求与"に"格共现，只存在不完全融入型。而"出る"在编入起点时如例（4）所示可以与"を"格共现，但在表示例（10）中连续性位移最后到达的终点时又可以与"に"格共现，呈现出了完全融入型和不完全融入型两种类型。综上，日语中路径要素编入动词是其典型的词汇化模式。但是根据编码起点、终点、经过点、方向等具体要素性质的不同，路径动词又呈现出不同的融入方式。

编码经过点的"渡る""越える""抜ける"、编码方向性的"上る""下る"都体现出路径要素的完全融入型。而"出る"根据编码起点或终点的不同，可分别以"を"格或"に"格标记，呈现完全融入型和不完全融入型并存的现象，"戻る""入る"等只编码终点的路径动词只存在不完全融入型。

4.4.2.2　方式要素

日语是典型的路径要素编入动词表达的语言，也就是说作为句法核心的动词较少编入方式要素。那么作为位移事件构成要素之一的"方式"在日语位移表达中是否会被编码？编码的话是以怎样的形式？下面将考察分析《挪威的森林》中"方式"要素的编码方式及特征。

松本（1997：130、141）认为位移的附属要素和持续时间在句法上由附加词等成分表达，在日语中位移的方式大多由后置词词组、副词、テ形动词等构成的副词句节来表达，也会经常使用表达方式的拟声词和拟态词。例如例（11）中的附加词成分均表达了位移主体是以什么样的姿态或什么样的手段爬到了山顶或渡过了河。

(11) a. 彼は｛意気揚々と/車で/歩いて｝山の頂上まで登った。
b. 彼は｛意気揚々と/車で/歩いて｝川を渡った。

（松本，1997：141）

日语原文中路径或方向性由动词编码的位移表达式中方式要素以附加词成分编码的只有24例。也就是说日语在表达位移事件时，对路径要素会给予充分的关注，而对是以什么样的方式发生了位移并不十分关注。在对方式要素进行编码的表达式中，最常见的是以"～（し）ながら"句节来表达位移主体是以什么样的方式在某一空间场所发生了位移，如下例。

(12) 木製のヒールのついたサボをはいた女の子が<u>からんからんと音を立てながら</u>アスファルトの道路を横切り、……

例（12）中划线的"发出呱哒呱哒的声音"构成了女孩横穿柏油马路的伴随状态。松本（1997：129）认为"歌いながら歩く"中的"歌う"是跟位移本身独立开的事件，并将这种附属要素称为"附带状况"。但例（12）中发出声响伴随着"横穿"位移动作的全过程，并没有独立于位移事件，因此是和位移直接相关的附属要素，属于位移的方式。

另外，较常见的是使用拟声词、拟态词来表达伴随位移发生的状态。如下例。

(13) 揃いのユニフォームを着た男の子の一群がバットを下げて車内を<u>ばたばたと</u>走りまわっていた。

男孩子们在车厢里跑来跑去的伴随状态由拟态词"ばたばた"（窜来窜去不安稳的样子）来表示，附加格助词"と"作副词成分来修饰"走りまわっていた"。

除此之外还使用副词、动词"~て"形，以及表方式的格助词"~で"或动词"~たまま"（保持某种状态）的形式来编码位移动作发生的伴随状态。

> （14）僕も……学校を出てぶらぶらと坂を下って港の方まで行き、ビリヤード屋に入って四ゲームほど玉を撞いた。
> （15）僕はそっと段階を上り、ドアをノックした。
> （16）我々は……道幅の狭い急な坂道を一列になって上った。
> （17）レイコさんはこのへんの山のことなら隅から隅まで知っているといったしっかりとした歩調でその細い坂道を上っていった。
> （18）僕は混乱した頭を抱えたまま電車に乗って寮に戻った。

例（14）中以拟态词"ぶらぶらと"编码了下坡时的伴随状态"晃晃悠悠、溜溜达达"。例（15）中以副词"そっと"编码了爬上楼梯的伴随状态"悄悄地、蹑手蹑脚地"。而例（16）中是以动词"~て"形"一列になって"（排成一列）来表示我们顺着坡路往上爬时的伴随方式。同样，例（17）中以格助词"で"编码了"玲子"爬上坡路时是以"迈着坚定的步子"的方式。例（18）中"~たまま"的形式表示"我"坐上电车返回宿舍的过程中始终"抱着混乱的脑袋（思绪混乱地）"的状态。

以上描述了日语在将路径要素编入动词时是如何对位移的方式进行编码的。综合以上讨论我们可以归纳日语以路径动词作为句法核心时的构式特征如下。

事件要素：　　＜位移方式＞　　　　　　＜位移路径＞
　　　　　　　附加成分　　　　　　　　核心成分
句法成分：从属句节（"~ながら"）
　　　　　　（"~たまま"）
　　　　　　副词句节（副词、拟声词、拟态词）　　路径动词
　　　　　　动词"~て"形
　　　　　　名词"~で"形

构式特征：NP$_{主体}$は $\begin{Bmatrix} V_M（～ながら） \\ V_M（～て）（～と） \\ NP_M（～で） \end{Bmatrix}$ NP$_{路径/方向}$を/にV$_{P路径}$

同样，下面我们来观察一下日语中当方式要素编入动词时，路径要素将会以何种形式进行编码。

(19) 彼女は……そして都電の線路に沿って駒込まで歩いた。

(20) 我々はしばらく「阿美寮」の低い石塀に沿って歩き、……

(21) 僕と直子は……線路わきの土手を市ヶ谷の方に向けて歩いていた。

例（19）、例（20）中在表达动作主体步行所经由的路径时以"～に沿って"（沿着～）的动词"～て"形进行编码，松本（1997：142）称为"复合后置词"。而例（21）中以"～に向けて"（朝向～）编码了步行位移的方向。同时例（21）中还以"線路わきの土手を"的"を"格必有论元形式编码了步行位移的路径。

日语的方式动词"歩く"在小说中是使用频率最高的动词。"走、步行"作为表达人类位移动作的基本词汇（デフォルト值）在表述位移事件时被频繁使用是意料之中的事情。但是日语共计36例的"歩く"用例中，有27例伴随"を"格，和路径动词一样以必有论元的形式编码了路径，呈现出和路径动词一样的句法特征[1]。

(22) 僕は……そして映画館を出て午前四時前のひやりとした新宿の町を考えごとをしながらあてもなくぶらぶらと歩いた。

例（22）中"新宿の町"是"步行"经由的场所，"を"格标记了走

---

[1] 36例中的其他9例伴随"まで"格，以"～まで歩いた"标记步行的目的地。

过"新宿街头"的路径。可以说在句法上"歩く"和路径动词一样实现了路径要素的完全融入。同时例（22）中以"～ながら"句节（思考着）、副词（あてもなく/毫无目的）和拟态词（ぶらぶらと/晃晃悠悠）三种叠加的形式细致描写了走过"新宿街头"时的状态或方式。因此可以说日语的"歩く"语义上虽是编码方式，但句法上呈现的是和路径动词一样的特征，这突显了日语对路径要素格外关注，与位移动词融为了一体。日语当方式动词成为句法核心时其构式特征如下。

事件要素：　　　　　＜位移路径＞　　　　　　＜位移方式＞
　　　　　　　　　　附加成分　　　　　　　　核心成分
句法成分：　　　　动词型复合后置词
　　　　　　　　（"～に沿って""～に向けて"）　　方式动词
构式特征：$NP_{主体}$は｛$NP_{路径}$に沿って｝$NP_{目的地}$まで$V_{M方式}$
　　　　　　$NP_{主体}$は$NP_{路径}$を｛$NP_{方向}$に向けて｝$V_{M方式}$

4.4.3 连续性位移的编码方式及特征

日语原文有较为丰富的表达位移主体连续性位移的描写。在表达连续性的位移动作时使用了不同的路径动词或方式动词来编码。如下例。

(23) 直子は小さな丘のように盛りあがったところを上り、松林の外に出てなだらかな坂を足速に下った。

(24) 彼女は飯田橋で右に折れ、お堀ばたに出て、それから神保町の交差点を越えてお茶の水の坂を上り、そのまま本郷に抜けた。そして都電の線路に沿って駒込まで歩いた。

(25) 彼女は僕の先に立ってすたすた廊下を歩き、階段を下りて一階にある食堂まで行った。

(26) 我々は本部の建物を出て小さな丘を越え、プールとテニス・コートとバスケットボール・コートのそばを通りすぎた。

(27) 我々はしばらく「阿美寮」の低い石塀に沿って歩き、それから塀を離れて、道幅の狭い急な坂道を一列になって上った。

上述例句均描写了现实世界发生的某一次具体的位移行动轨迹。以动词"～て"形或动词"ます"形,将数个位移动作连贯地表达出来,突出了整个位移过程中所涉及的不同的路径特征。

例(23)描写了爬上高冈,走出松林,走下斜坡的位移过程,突显了位移向上的方向性、中途经过的地点及向下的方向性。而例(24)描写了一次散步的路线图,途中拐弯、经由及穿越、爬上和进入等位移动作都分别由不同的路径动词进行编码,显示了日语路径动词词汇化的多样性。例(25)描写"穿过、走下、来到"等连贯性的位移动作。例(26)描写"走出、翻过、经过"、例(27)描写"沿着～步行、离开(某处)、爬上(陡坡)"的位移路线与经由场所。这些连续性位移表达充分运用了各种路径动词及方式动词,具体生动地刻画出了位移主体连续、动态的位置移动过程。这也充分反映了日语路径编入动词成为句法核心的类型学特征。与此相比英语在表达连续性位移时,如下例所示,由于路径是编入介词或小品词,通常是连续使用数个前置词词组,而编入方式的动词作为句法核心统辖表路径的多个前置词词组,体现出鲜明的携带数个"卫星"的类型学特征。

(28) He walked down the hill across the bridge and through the pasture to the chapel.
彼は丘を降り、橋を渡って、野原を通ってそのチャペルへ行った。

(松本,1997:134)

关于日语连续性位移表达与汉语及其他语言表达式的异同之处将在下一章的对比分析部分进一步阐释。

日语的连续性位移表达尤其在描写沿着路经的行进路线时采取了与位移主体融为一体的叙述方式。如下例所示。

第四章 日语位移事件词汇化模式类型

(29)（バスは）谷川に沿ってその杉林の中をずいぶん長い時間進み、世界中が永遠に杉林で埋め尽されてしまったんじゃないかという気分になり始めたあたりでやっと林が終り、我々はまわりを山に囲まれた盆地のようなところに出た。

例（29）中位移主体"我"坐在巴士上，随着巴士沿谷底的河岸线穿过看不到边际的杉树林前进，最终来到了一片盆地样的地方。叙述者的视点置于位移主体，同时也将读者的视点带入叙述的场面中，跟随位移主体一道穿过长长的路径进入一个新的场景之中。这体现了日语在描写连续性位移时将视点置于位移发生的场面或状况内，以和位移主体融为一体的视点叙述位置推移的过程，以及伴随位移而出现的场景或状况的变化。这种融入位移场面内的"一体化"融合视点在描述位移主体随着位移动作的推进而发现新状况的出现时尤为突出。

(30) 玄関は二階にあった。階段を何段か上り大きなガラス戸を開けて中に入ると受付に赤いワンピースを着た若い女性が座っていた。

例（30）中"我"上了楼梯打开门走进大厅后看到前台坐着一位年轻的女性。对这一新状况的描写是伴随位移主体的移动，从位移主体的视角直接描述了所感知到的眼前的场面，这充分体现了日语的位移表达以叙述者和位移主体融为一体的视点将位移事件动作主体与空间场所之间的互动关系体验性地身临其境一般地编码出来。

这种体验性地叙述连续性位移动作的表达方式在下面这段给他人指路的说明中也得以充分体现。

(31)「本館に行ってですな。石田先生と言って下さい」と門番は言った。「その林の中の道を行くとロータリーに出ますから左から二本目の――いいですか、左から二本目の道を行って下さい。すると古い建物がありますので、そこを右に折れてまたひとつ林を抜けるとそこに鉄筋のビルがありまして、これが本館です。ずっと立札が出とるからわかると思います。」

门卫在说明走到主楼的路线时，模拟了实际位移主体的视点如同带着作为听话人的"我"及读者进入现场体验性地沿着路径移动并感知到位移过程中所出现的作为标识的建筑物。

日语连续性位移的编码方式反映了日语母语者对位移事件的认识方式，以置于场面内的视点体验性地叙述位移的过程体现了日语母语者将位移主体与位移空间融为一体的识解特征。中村（2004：35－37）提出了"状况内视点"（I模式）和"状况外视点"（D模式）两种认知模式，从上述对连续性位移编码方式的考察分析，我们可以认为这反映了日语"I模式"的识解特征，这种识解方式构成了日语位移事件编码的认知理据。

4.5　结语

本章围绕日语位移事件的词汇化模式，考察了位移事件要素编入动词的类型及分布，并从构成位移事件要素的"路径"和"方式"两个角度分析了位移表达式的句法特征。最后聚焦日语较有特点的连续性位移表达探讨了叙述的视点及所反映的识解方式。位移事件的编码方式反映了日语母语者观察外部世界的识解方式，这为我们揭示日语的认知类型学特征提供了重要的线索。

第五章

位移事件词汇化模式类型跨语言对比

5.1 引言

Talmy(1985)认为位移事件由位移主体(图形/Figure)、路径(Path)、位移参照物(背景/Ground)及位移的方式(Manner)、致使位移发生的原因(Cause)等要素构成。他提出了词汇化(Lexicalization)的概念,考察表达位移的动词语义编入了构成位移事件的哪一要素,并根据这些构成要素中哪些成分会词汇化为动词将世界语言的位移表达划分为三种类型。

一种类型是像英语"The bottle floated out of the cave"所表达的这样,位移的方式"漂浮"编入了动词"float",路径"(飘着)出"由介词"out"编码。泰尔米将这种附属在动词后面的成分称为"卫星语素"(satellite)。这种类型代表性的语言有英语和德语等,明显具有这种类型特征的语言大多拥有数量较多的"方式动词"。另外一种类型是像西班牙语"La botella salí de la cueva flotando"所表达的这样,位移的路径"出去"词汇化为动词"salí",而位移的方式"漂浮"由动名词成分"flotando"编码。这种类型代表性的语言有西班牙语和日语。这种类型的语言大多拥有数量较多的"路径动词"。第三种类型是位移主体词汇化为动词,代表性的语言为阿楚格维语。

Talmy(2000a、b)将词汇化理论发展为事件融合的类型学(typology of event integration),提出"框架事件"(framing event)和"副事件"(co-event）共同融合为"宏事件"（macro-event）。他认为位移事件的核心图式（core scheme）是路径，将路径由动词编码的西班牙语、日语等语言称为"动词框架语言"（verb-framed language），而将英语等路径由附加语素编码的语言称为"附加语框架语言"或"卫星框架语言"（satellite-framed language）。在词汇化类型学理论中属于第三种类型的阿楚格维语在事件融合类型学理论中被划分为"卫星框架语言"。泰尔米认为"附加语素"除英语的介词之外，还包括德语动词的动词词缀，汉语复合动词的后项动词，即趋向补语等。因此他将汉语归属为和英语一样的"卫星框架语言"。关于汉语的归属国内外学界各执己见，观点尚未统一（Slobin，2004；Talmy，2000a、b；沈家煊，2003；史文磊，2014；等等）。Slobin（2004）基于泰语中方式和路径要素均由动词来编码的特点，将泰语和汉语另立为除"动词框架语言"和"卫星框架语言"之外的第三种类型，称为"均等框架语言"（equipollently-framed languages）。而松本（2017：7、338）将泰尔米提出的"动词"界定为句子的"核心"（head/主要部），从而将编码路径的动词词干以外的形式统称为"非核心"（nonhead/非主要部）或"核心外"（head-external/主要部外）语素。在此基础之上，根据路径在句中的表达位置，将世界上的语言分为只有一个"核心"和具有双"核心"的语言。在只有一个"核心"的语言中，如果路径由"核心"来编码，就称之为"路径核心表示类型"（経路主要部表示型）。如果路径由"核心外"语素来编码，就称之为"路径非核心表示类型"（経路主要部外表示型）。而对于具有双"核心"的语言，路径由双"核心"其中的一个"核心"来编码，因此称之为"副核心表示类型"（cohead/共主要部）。

根据这个分类标准，松本（2017：338）认为法语和意大利语属于"核心表示类型"。而日语由于"指示"语素（deixis/ダイクシス）被编码时，路径由非核心动词编码，不表示"指示"语素时路径语素位于"核心"，因此松本认为日语不是纯粹的"核心表示类型"。而汉语和英语、德语、俄语等语言一样被归属为"非核心表示类型"。只把泰语分类为"副核心表示类型"。

围绕日语、汉语、英语等语言的类型归属，前人已经确立了理论框架，并界定了分类标准。而关于路径的词汇化模式对比研究较多集中在日英语（松本，1997；古贺，2016、2017；小野，2004）和英汉语（李雪、白解红，2009；李雪，2010；吴建伟、潘艳艳，2017）等两三种语言之间，讨论分属于不同类型的跨语言实证研究迄今为止尚不多见。因此本章将以日语原文语料为基础，展开日语和汉语、日语和英语，以及日语和韩国语、日语和西班牙语之间的跨语言对比研究。基于位移表达的实际语例，考察"路径"和"方式"要素的编码方式，探讨书面语中位移表达的词汇化模式，进而实证各语言的类型学特征，揭示各语言之间在表达位移事件时编码方式的异同。

本章第 2 节概述日语原文语料的词汇化和分布特征，第 3 节使用汉语对译语料考察汉语译文的词汇化模式，并对比日汉语之间编码方式的异同。第 4 节、第 5 节、第 6 节运用相同的手法，考察英语译文、韩国语译文和西班牙语译文的词汇化模式。第 7 节将围绕上述跨语言对比结果综述本章结论。

5.2 日语原文位移表达词汇化及分布特征

日语原文语料使用小说《挪威的森林》，按照语篇是否较为连贯完整地表达位移动作，手动选择了 99 个句子，其中共计使用了 150 个位移动词。关于位移动词的确定和分类参照第四章 4.4.1 节所列示的位移动词类型。150 个位移动词的类型和分布如表 5-1 所示。

表 5-1　　　　　　　　　　日语原文位移动词类型分布

位移动词类型	数量（个）	比例（%）
指示动词	6	4
路径动词	91	60.7
方式动词	32	21.3
[方式+路径] 动词	21	14
合计	150	100

从表中分布比例我们可以看到路径动词的使用数量占比达 61%，充分

体现了日语路径编入动词,多用路径动词的类型学特征。

以上150个位移动词按照其在句中是否实现了路径的完全融入,又进行了下位分类。完全融入型的句法特征是空间场所以"を"格标记,而不完全融入型通常以"に"格或"まで"格标记。根据150个动词编入路径的句法特征,其分布如表5-2所示。

表5-2　　　　日语原文位移动词编入路径句法特征类型分布

位移动词类型	编入路径句法特征	数量(个)	比例(%)
指示动词	$N_{空间场所}$+を+行く	3	2
	$N_{空间场所}$+まで+行く/来る	3	2
路径动词	$N_{空间场所}$+を+$V_{路径}$	69	46
	$N_{空间场所}$+に+$V_{路径}$	22	14.7
方式动词	$N_{空间场所}$+を+歩く	27	18
	$N_{空间场所}$+に/まで+$V_{方式}$	5	3.3
[方式+路径]动词	$N_{空间场所}$+を+$V_{方式+路径}$	18	12
	$N_{空间场所}$+に+$V_{方式+路径}$	3	2
合计		150	100

从上表的分布特征可以看到指示动词的6例中有3例的空间场所以"を"格标记,可以说路径完全融入了动词语义中。如下例所示。

(1)「その林の中の道を行くとロータリーに出ますから。左から二本目の——いいですか、左から二本目の道を行って下さい。……」

句中指示动词"行く"的指示功能较为弱化,语义更接近表沿着路径前行的路径动词"進む"。

91个路径动词中有占比76%的69个动词以"を"格标记空间场所,实现了路径的完全融入。这反映了路径在日语位移表达中作为句法结构的必有论元,也构成了位移事件不可或缺的参与者。同时这也体现了日语母

第五章 位移事件词汇化模式类型跨语言对比

语者将位移动作识解为位移主体与路径之间的互动行为，基于状况内的视点体验性地来描述位置变化的动态过程。

这种认知位移事件的识解方式在方式动词的编入路径句法特征中体现得尤为突出。32 例方式动词中有达 27 例以"を"格标记空间场所，路径要素完全融入动词语义中。这 27 例中 23 例为表方式的默认值动词"歩く"。如下例所示。

> （2）我々はひどくしんとした松林の中を歩いていた。……僕と直子はまるで探しものでもしているみたいに、地面を見ながらゆっくりとその松林の中の道を歩いた。

句子中表示位移最典型方式的"走"均伴随"を"格标记了位移的路径"松林中的路"。这一路径作为必有论元体现了日语母语者将它识解为位移事件的参与者，反映了位移主体与空间场所融为一体的互动关系。

方式和路径同时融入动词语义的［方式＋路径］型复合动词也体现了这种识解方式，21 例中有 18 例句法结构上以"を"格标记空间场所。如下例所示。

> （3）たいして強い風でもないのに、それは不思議なくらい鮮かな軌跡を残して僕の体のまわりを吹き抜けていった。

例（3）中"吹き"作为复合动词的前项，编码了风发生位移的方式。而"抜ける"作为复合动词的后项，编码了风发生位移的路径。"吹き抜ける"中后项动词"抜ける"作为句法核心，对位移的路径"僕の体のまわり"以"を"格标记。因为如果删除方式"吹き"的话，"僕の体のまわりを抜けていった"可以成立，而删除"抜ける"的话，"僕の体のまわりを吹いていった"是无法成立的。

第 3 节将使用汉语对译语料来考察对译汉语的词汇化模式，并对比分析日汉语位移事件编码方式的异同。

5.3　汉语译文位移表达词汇化及分布特征

汉语对译语料使用林少华译《挪威的森林》（2007）的版本，针对日语原文 99 个例句手动逐一找到汉语所对应的例句，并确定和日语 150 个位移动词所对应的汉语表达式。下面按照日语位移动词的四个类型分别来观察各自所对应的汉语表达形式。

5.3.1　指示动词

表 5-3　　　　与日语原文指示动词对应的汉语译文表达形式

日语位移动词类型	编入路径句法特征	汉语译文表达形式	实际用例	数量（个）
指示动词	$N_{空间场所}$ + を + 行く	$A_{路径}$ + $N_{空间场所}$ + $V_{方式}$	沿~前行 沿~往前	2
		$V_{方式}$ + $N_{空间场所}$	走~路	1
	$N_{空间场所}$ + まで + 行く/来る	$A_{路径}$ + $N_{空间场所}$ + $V_{方式}$	往~逛去	1
		$V_{指示}$ + 到 + $N_{空间场所}$ $V_{方式}$ + 到 + $N_{空间场所}$	来到~ 走到~	2

$A_{路径}$表示编码路径的介词，比如"在［空间场所］"，或编码方向的介词，比如"往［空间场所］"。另外还包括由动词演化来的复合性介词"沿（着）［空间场所］"和"顺（着）［空间场所］"。由于指示动词的用例不多，很难观察出对应汉语译文较为突出的表达形式。但是可以推断汉语较易采用的表达形式是由介词介引空间场所名词来编码路径，路径要素无法融入动词语义中。或者位移动词后置表终点指向的"到"来编码路径。

（4）a.「その林の中の道を行くとロータリーに出ますから。左から二本目の——いいですか、左から二本目の道を行って下さい。……」
  b. "沿这条林中路一直往前，有个转盘式交叉路口。左数第二条——记住了么，走左数第二条路，……"

例（4a）的日语原文中两处指示动词"行く"均伴随"を"格标记位移的路径。而汉语译文前者以介词结构编码路径，后者以方式动词直接携带路径的动宾结构来编码。

（5）a. 彼女は僕の先に立ってすたすた廊下を歩き、階段を下りて一階にある食堂まで行った。
  b. 她领头大步流星地穿过走廊，走下楼梯，来到一楼食堂。

例（5a）的日语是从"我"的视点来观察"她"在我前面位移前行的过程，使用了远离说话者的"行く"。而汉语译文将观察视点置于位移的终点，译为了指示动词"来（到）"。

5.3.2 路径动词

表5-4   与日语原文路径动词对应的汉语译文表达形式

日语位移动词类型	编入路径句法特征	汉语译文表达形式	实际用例	数量（个）
路径动词	$N_{空间场所}$ + を + $V_{路径}$	[$V_{方式}$ + $V_{路径}$] + $N_{空间场所}$	爬上、走下、穿过、走出、掠过等	34
		$V_{路径}$ + $N_{空间场所}$	下电车、出门、过河、上楼等	8
		$A_{路径}$ + $N_{空间场所}$ + $V_{方式}$	从~穿过、在~中行驶、顺着~爬上等	16
		$V_{方式}$ + $N_{空间场所}$	穿铁道口、拐弯等	3
		其他	偏离、离开、向前等	8

续表

日语位移动词类型	编入路径句法特征	汉语译文表达形式	实际用例	数量（个）
路径动词	$N_{空间场所}$ + に + $V_{路径}$	[$V_{方式}$ + $V_{路径}$] + $N_{空间场所}$	钻出、走进、迈进、驶入、走上等	7
		$V_{指示/路径}$ + 到 + $N_{空间场所}$	来到、回到、通到等	6
		$V_{路径}$ + （$N_{空间场所}$）	进入、进去、进	4
		$A_{路径}$ + $N_{空间场所}$ + $V_{方式}$	向右一拐、向~吹去	2
		无对应		3

日语原文中多用路径动词，91个路径动词中以"を"格标记空间场所、实现路径的完全融入的路径动词共计69个。与日语伴随"を"格的路径动词对应的汉语表达形式最突出的是由方式动词构成前项，路径动词构成后项而形成的 [$V_{方式}$ + $V_{路径}$] 复合动词，占比几乎50%，有达34例。也就是说日语原文的路径动词只将路径要素融入动词语义，而对位移的方式并不予以特别关注，没有实现词汇化。与此相对，汉语的译文同时编码了位移的方式和路径，尤其对日语原文中作为默认值没有编码的人的基本位移动作"走"给予了编码。如下例所示。

（6）a. 直子は小さな丘のように盛りあがったところを上り、松林の外に出て、なだらかな坂を足速に下った。
　　　b. 直子爬上小土丘般的高冈，钻出松林，快步走下一道斜坡。

例（6a）的日语原文中路径动词"上る""下る"融入了位移向上或向下的方向性，并以"を"格标记位移的路径，实现了路径的完全融入。而对应的汉语译文以"~上"和"~下"的路径动词作为后项动词编码的同时，对于"上坡"的默认方式"爬"，对于"下坡"的默认方式"走"都给予了编码，构成了前项动词，较为细致地描写了"上坡""下坡"的方式，可以说这是汉语常用的编码方式。再如下例。

(7) a. 我々は本部の建物を出て小さな丘を越え、プールとテニス・コートとバスケットボール・コートのそばを通りすぎた。

b. 我们走出主楼，翻过一座小山冈，从游泳池、网球场和篮球场旁边通过。

例（7a）日语原文中的"出る"融入了位移的起点，但位移的方式并没有予以编码。而对应的汉语译文将默认的方式"走"予以编码，突显了位移的方式，语义上表达出"本部の建物を歩いて出た"的完整位移事实。

日语伴随"を"格的路径动词在对译汉语语料中除译为 [V$_{方式}$ + V$_{路径}$] 的复合动词之外，还有 16 例以介词介引空间场所作为一个状语成分来突显位移的路径。如下例所示。

(8) a. 谷川に沿ってその杉林の中をずいぶん長い時間進み、世界中が永遠に杉林で埋め尽くされてしまったんじゃないかという気分になり始めたあたりでやっと林が終わり、我々はまわりを山に囲まれた盆地のようなところに出た。

b. 车沿着溪流在杉树林中行驶了很久很久，正当我恍惚觉得整个世界都将永远埋葬在杉树林中的时候，树林终于消失，我们来到四面环山的盆地样的地方。

例（8a）中日语原文的路径动词"進む"伴随"を"格，融入了位移的路径。对应的汉语译文例（8b）中，以介词"在"突显了"行驶"的位移动作所发生的场所。日语原文是以"我"坐在巴士上的视点，来描写车穿行在杉树林中的位移过程。语篇起始并没有编码位移主体，完全是以与位移主体融为一体的视角体验性地叙述位移及其场景变化。可以说这种表达方式体现了基于状况内视点的主观性识解方式。而对应的汉语译文语篇开端就译出位移主体"车"，从事件外部的独立视点来客观地描写一辆车在杉树林中行驶的画面，并没有采用像日语这样融入事件内部的主观性体验叙述方式。

日语伴随"に"格的路径动词其路径要素没有完全编入动词语义中。这类路径动词主要是"出る、入る、抜ける、折れる"等。"に"格通常标记位移的终点或方向。汉语对译语料或采用 [$V_{方式}$ + $V_{路径}$] 复合动词形式，或采用指示或路径单动词后置补语"到"的形式来表达位移的"终点"。如下例所示。

(9) a. そういう風景が何度もくりかえされた。バスは杉林に入り、杉林を抜けて集落に入り、集落を抜けてまた杉林に入った。
b. 这样的光景重复出现几次之后，汽车再次驶入杉树林。穿过杉树林驶入村落，穿过村落又驶入杉树林。

例(9b)的汉译例句中，以后项动词"入"编码了位移的路径，同时又将日语原文没有编码的汽车的默认方式以前项动词"驶"予以编码，完整地表达了位移的基本事实。

(10) a. 彼女は飯田橋で右に折れ、お堀ばたに出て、それから神保町の交差点を越えてお茶の水の坂を上り、そのまま本郷に抜けた。
b. 到了饭田桥，她向右一拐，来到御堀端，之后穿过神保町十字路口，登上御茶水坡路，随即进入本乡。

例(10a)中使用了三个伴随"に"格的路径动词，分别表达转弯的方向、中途到达之地、穿越某处之后的到达之地。例(10b)的汉语译文分别使用了介词词组"向~"表达方向，以后置补语动词"到"表达途经之地，以及以双音节路径动词"进入"表达终点指向的位移动作。

5.3.3 方式动词

表 5–5　与日语原文方式动词对应的汉语译文表达形式

日语位移动词类型	编入路径句法特征	汉语译文表达形式	实际用例	数量（个）
方式动词	N空间场所＋を＋歩く	A路径＋N空间场所＋V方式	在~走、沿着~走去、沿着~移动脚步	15
		V方式＋N空间场所	走~路、踏着小路	2
		V方式＋在＋N方位	跟在后面、随在后面	3
		VP方式	相伴而行、缓缓移步	4
		其他	进得、穿过等	3
	N空间场所＋に/まで＋V方式	A路径＋N空间场所＋V方式	往~走去、沿着~走等	5

日语原文中，作为位移默认值的 32 例方式动词"步く"中有 27 例是和路径动词一样伴随"を"格。对译的汉语例句有 15 例突显路径要素以介词词组形式编码路径，很少将路径作为方式动词的必有论元。如下例所示。

(11) a. 我々はひどくしんとした松林の中を歩いていた。
　　 b. 我们在死一般寂静的松林中走着。

例（11a）的日语原文以"を"格标记位移的路径，从与位移主体融为一体的视点体验性地描述了位移的过程。而对应的例（11b）以"在~中"的介词结构突显位移发生的空间场所，位移主体与空间场所之间的一体化互动关系并没有得到突显。

(12) a. 僕とレイコさんは街灯に照らされた道をゆっくりと歩いて、テニス・コートとバスケットボール・コートのあるところまで来て、そこのベンチに腰を下ろした。

b. 我和玲子沿着路灯下的路面缓缓移动脚步，走到网球场和篮球场那里，在长凳上坐下。

例（12a）的"步いて"也是以"を"格标记位移的路径，而对应的例（12b）以"沿着~"来编码路径，相当于日语的"街灯に照らされた道に沿ってゆっくりと歩いて"，路径没有被识解为与位移主体融为一体的必有要素。

5.3.4 ［方式+路径］动词

表5-6　与日语原文［方式+路径］动词对应的汉语译文表达形式

日语位移动词类型	编入路径句法特征	汉语译文表达形式	实际用例	数量（个）
［方式+路径］动词	N_{空间场所}+を+V_{方式+路径}	A_{路径}+N_{空间场所}+V_{方式+路径}	在~走来走去、从~吹过、从~走过	11
		V_{方式+路径}+N_{空间场所}	吹过、穿过	5
		其他	穿行不息、擦~而过	2
	N_{空间场所}+に+V_{方式+路径}	V_{方式+路径}+（N_{空间场所}）	爬上、飞去、滑落下来	3

日语18例伴随"を"格的［方式+路径］复合动词的汉译表达中11例以"在~""从~"等介词结构编码路径，和前面方式动词呈现一致的编码方式。

(13) a. 秋が終り冷たい風が町を吹き抜けるようになると、彼女はときどき僕の腕に体を寄せた。
　　 b. 当秋天过去，冷风吹过街头的时节，她开始不时地依在我的胳膊上。
(14) a. たいして強い風でもないのに、それは不思議なくらい鮮かな軌跡を残して僕の体のまわりを吹き抜けてい

b. 尽管风并不大，却在从我身旁吹过时留下了鲜明得不可思议的轨迹。

日语［方式＋路径］复合动词"吹き抜ける"在例（13a）、例（14a）中均伴随"を"格标记路径，在句法上可以说后项动词"～抜ける"是核心。对应的汉译例（13b）采用"吹过"后置场所宾语"街头"的句法结构。而例（14b）以介词"从"介引空间场所突显"吹过"的路径。

5.3.5 小结

以上我们按照日语原文位移动词的类型逐一考察了与之对应的汉语表达形式。基于表5-3、表5-4、表5-5、表5-6的分布类型可以认为，汉语惯常采用的表达形式主要有两种：一种是对于日语编入路径的路径单动词，汉语通常会同时将位移的方式或位移的默认方式予以编码，以［方式＋路径］的复合动词形式完整地表达位移事件，并后置空间场所名词，形成直接携带宾语的句法结构与日语对应；另外一种是当日语的位移动词编入方式时，汉语通常会以"在、从、沿（着）"等介词介引位移的路径，形成介词结构置于位移动词前面的句法结构。如表5-7所示。

表5-7　　汉语译文位移表达的动词类型及其句法结构

日语位移动词类型	汉语位移动词类型	汉语位移表达的句法结构
路径动词	［方式＋路径］动词	$[V_{方式}+V_{路径}]+N_{空间场所}$
方式动词	方式动词	$A_{路径}+N_{空间场所}+V_{方式}$
［方式＋路径］动词	［方式＋路径］动词	$A_{路径}+N_{空间场所}+V_{方式+路径}$

从上述分析我们可以看到汉语在编码和日语同样的位移事件时，会对位移的方式予以关注，形成对位移事件临摹程度较高的［方式＋路径］复合动词型结构。而句法结构上会对表位移路径的空间场所进行有标记操作，以介词结构的形式突显位移动作发生的空间场所，形成了位移场所和

位移主体分立的认知方式。而日语的位移表达方式如前所述，路径要素融入动词语义，拥有大量的路径动词，句法上表空间场所的名词成分被以"を"格标记成为路径动词的必有论元。而且这种句法结构不仅在路径动词中，在表位移默认方式的方式动词"歩く"的实际使用中也可以大量观察到。这表明日语母语者在识解位移事件时，位移主体和位移场所作为事件的参与者形成不可分立的"一体化"，基于事件内部与位移主体融为一体的视点体验性地描写和位移场所之间的互动关系。可以说日语的编码方式所反映的主观性识解程度较高，是较为典型的主观性识解模式。

5.4 英语译文位移表达词汇化及分布特征

本节在考察英语对译语料的词汇化类型时，将主要参照松本（1997）对英语位移动词的分类标准。下面先概述松本（1997）的英语位移动词词汇化类型，再展开英语对译语料词汇化类型的考察。

5.4.1 松本（1997）的研究

正如前面多次述及的那样，英语编码位移事件的类型是将位移的方式融入动词，拥有较多的方式动词。松本（1997：131）列举了大量编入位移方式的位移动词，如"amble、creep、climb、fly、hurry、run、ramble、swagger、walk"等。这些方式动词有的表达促使位移发生的脚部运动，还有的表达位移发生时较有特征的手脚运动或姿势。后者的动词数量较多，细致地描写了"走、跑"的具体方式，可以说是英语突出的特征。

除上述将位移的方式编入动词以外，如下例所示，英语还可以用副词或介词词组等附加词的形式来表达位移的方式。

(15) a. He came into the room {slowly/hurriedly/with rapid strides}.
b. He went to Chiba {on foot/by car/by bike}.

（松本，1997：133）

英语的动词编入了位移的方式,位移的路径要素则由介词词组来编码,英语拥有数量较多的表达路径要素的介词("前置词")。如下例所示。

(16) a. to, onto, into
b. from, off, out off
c. via, across, along, around, beyond, over, past, through

(松本,1997:133)

其中,(16a)表达终点,(16b)表达起点,(16c)表达经过点。

(17) a. toward, away from
b. up, down

(松本,1997:134)

例(17a)和例(17b)表达方向,其中例(17a)只表方向,而例(17b)除方向性以外,如"up the slope",还可同时编码路径的通过部分。

上述表路径或方向的介词除"via、toward"外,在《挪威的森林》的英语对译语料中都能观察到。

英语虽然是以方式动词作为其词汇化的基本类型,但是也存在路径要素编入动词的路径动词。松本列举了如下的动词,并指出这些动词主要借自罗曼语族的单词。

(18) depart, leave, arrive, reach, enter, exit, cross, pass, pierce, traverse, escape, bypass

(松本,1997:135)

上述路径动词中的"cross、pass、leave、reach"等在英语对译语料中都能频繁观察到。同时松本(1997)指出,如下例所示,路径动词"pass"存在路径的完全融入和不完全融入两种类型。

(19) a. John passed the building.

(松本，1997：134)

b. John passed by the building.

(松本，1997：135)

例（19a）中的"the building"作为"pass"的宾语，路径完全融入了动词的语义中，而例（19b）中"the building"由介词"by"介引标识了位置关系，可以说路径要素并没有完全融入动词的语义中。

另外，作为路径动词的一个分类，松本还列举了如下编入方向的位移动词。

(20) ascend, climb, rise, descend, drop, fall, return, go, come

(松本，1997：136)

关于例（20）中的"climb"，松本提到同时也编入了位移的方式，由于它表示手足并用地向上位移，本书将"climb"列入方式动词。而"go、come"是表示指示的位移动词，本书将"go、come"另列为指示动词的类别，不计入路径动词。

以上概述了松本（1997）关于英语位移事件词汇化模式的基本类型和主要编码手段。下面将按照上述的分类标准来考察英语对译语料词汇化类型的分布特征，并分析和日语原文编码方式的异同。

5.4.2 英语译文整体特征

英语对译语料选用的是 Jay Rubin 译《Norwegian Wood》（2000）。观察与日语原文表达位移动作的 99 个例句对应的英语译文可以发现，英语例句中动词的使用个数明显减少。日语原文 99 个例句共计使用了 150 个位移动词，而英语译文共计使用了 123 个动词，日语原文中的 27 个动词在英语译文中没有译为动词，在英语对译语料中出现了不对应。详细情况见表 5-8。

表 5-8　　　　　　　　　　英语译文动词例数

类别	位移动词类型	数量（个）
英语译文没有译为动词的日语原文动词类型	路径动词	22
	方式动词	3
	指示动词	2
英语译文动词数		123
合计		150

英语译文没有译为动词的例句除有两例译为"straight"（笔直地）、"continued"（连续不断地）等形容词以外，均是省略动词，直接以表路径或位置关系的介词介引空间场所来编码路径要素。这在表连续性位移时体现得尤为突出。如下例所示。

（21）a. 僕もとくに午後の授業に興味があるわけではなかったので学校を出てぶらぶらと坂を下って港の方まで行き、ビリヤード屋に入って四ゲームほど玉を撞いた。
　　　 b. I had no special interest in my afternoon classes, so together we left school, ambled down the hill to a pool hall on the harbour, and played four games.

例（21a）的日语原文中如下划线所标示，使用了"出て、下って、行き、入って"四个位移动词来表示"离开~、下坡、朝~走去、走进~"等连续性的位移动作。而英语的译文以"left"对应日语表"离开"的路径动词"出る"之后，将表位移方式的"ぶらぶらと"（晃晃悠悠地）副词状语成分编入表"缓慢行进"语义的方式动词"amble"，原文表向下位移的路径动词"下って"以表向下方向的介词"down"进行编码。这里充分体现了日语将位移的路径编入动词，而英语动词编入位移的方式，路径由介词编码的类型学特征。而在表达"朝~方向走去、走进~"的位移时，英语译文均缺失了动词，先以"to"介引了位移的终点"a pool hall"，又以"on"编码了它所在的位置，也就是以"down、to、on"等介词连用的形式来表达位移或位置关系。

(22) a. そういう風景が何度もくりかえされた。バスは杉林に入り、杉林を抜けて集落に入り、集落を抜けてまた杉林に入った。

b. The scenery repeated this pattern any number of times. The bus would enter cedar forest, come out to a village, then go back into forest.

例（22a）日语原文共使用了"入り、抜けて、入り、抜けて、入った"五个路径动词，而英语译文仅使用了"enter、come、go"三个位移动词，缺失了两个动词。而这三个动词中，"enter"与日语的"入る"对应，属于路径动词。但"come、go"是表以说话人为基准点的编入方向性的指示动词，并没有与日语表"穿越带有阻碍特征的空间"的"抜ける"对应。日语编入动词的路径要素在英语译文中编码为介词"out"及副词"back"。而日语原文"集落に入り"和最后一处"杉林に入った"在英语译文中仅以介词"to""into"来表达位移的终点。

(23) a. 彼女は僕の先に立ってすたすた廊下を歩き、階段を下りて一階にある食堂まで行った。

b. She took the lead, hurrying down a corridor and a flight of stairs to the first-floor dining hall.

例（23a）的日语原文使用了"歩き、下りて、行った"三个位移动词来表示位移主体"走过走廊、走下楼梯、走到食堂"的连续性位移。而对应的英语译文缺失位移动词，仅仅是将日语走过走廊的方式、表快速步行的拟态词"すたすた"的语义编入方式动词"hurry"，以动词分词的形式来表示位移所伴随的状态，而"穿过走廊"的路径和"走下楼梯"的方向性均编码为一个介词"down"，并又连用介词"to"来表达位移的终点。

(24) a. 僕らは草原を抜け、雑木林を抜け、また草原を抜けた。

b. We cut across the meadow, through a stand of trees, and across another meadow.

例（24a）更是如此，连用了三个表示"穿过"的路径动词"抜ける"。而英语译文对于第一个"抜ける"使用表示手段的"cut"编码位移的默认方式，将位移的路径以介词"across"来编码。对于第二个和第三个"抜ける"，英语译文仅以介词"through"和"across"介引的两个词组连用的形式来表达，缺失了动词。

以上，我们细致考察了日语原文多用位移动词而英语译文动词缺失的情形。从日英语对比中可以发现在表达和日语原文同样的位移事件时，英语倾向于位移的方式编入动词，而位移的路径以介词或副词来编码。同时在表达连续性位移时，英语偏好以数个介词词组连用的形式，从而省略动词。这些差异都突出反映了日语多用路径动词，英语多用方式动词，英语以附属于动词的介词、副词等"卫星"成分来编码路径的类型学特征。

5.4.3 英语译文动词编码类型

下面将围绕英语译文译为动词的 123 例来考察与日语原文的四种动词类型对应的英语表达类型及分布特征。在判断英语动词是方式动词还是路径动词的归属时，基于松本（1997）的分类标准，同时对译语料中还有少数译为"take、lead、touch、carry"等表达手段的动词，为归类方便，本书都计入方式动词的类别。另外，英语译文在编码路径时，还使用了"back、away"等少量副词，本书为统计方便，均计入介词类别，将"prep$_{路径}$"缩写为"P$_{路径}$"标识。表 5-9 是上述的英语译文动词编码类型统计及分布特征。

表 5-9　与日语原文位移动词类型对应的英语译文表达形式及分布特征

日语位移动词类型	英语译文表达形式	实际用例	数量（个）
路径动词	V$_{方式}$ + P$_{路径}$	swept across、walked from、padded up、barged through	26
	V$_{指示}$ + P$_{路径}$	go off、came out、came to、go through、went in、went down	15
	V$_{方式}$	climb、turn、gain	17
	V$_{路径}$	leave、cross、enter、pass reach	11

续表

日语位移 动词类型	英语译文 表达形式	实际用例	数量 （个）
方式动词	$V_{方式}+P_{路径}$	walking through、walking along、drift over、ran past	16
	$V_{方式}$	follow、walk	13
指示动词	$V_{方式}$	take	2
	$V_{方式}+P_{路径}$	lead up	1
	$V_{路径}$	reach	1
［方式+ 路径］ 动词	$V_{方式}+P_{路径}$	plunged through、swept past、walked past	15
	$V_{方式}$	mount	1
	$V_{指示}$	go	1
	$V_{路径}+（P_{路径}）$	passed by、passing through	4
合计			123

从以上分布特征我们可以看到，对于日语原文的位移动词，无论是路径动词还是方式动词，抑或是［方式+路径］动词，英语译文采用最多的编码类型是［方式动词+路径介词］，共计58例，占编码为动词的123例的近乎一半（47%）。这种分布特征充分体现了英语在表达位移事件时突显位移的方式，将方式要素融入动词语义，细致描写位移伴随的状况，而将位移的路径要素图式性地表达为各种介词和副词，其句法位置附属于动词之后，来表达一个完整的或连续的位移事件。这些介词或副词由于图式性程度高，不仅可以用来编码自主位移的路径，还可以编码致使位移及虚拟位移的路径要素。

下面将围绕［方式动词+路径介词］的编码类型，按照日语位移动词的类型逐一来对比分析日语和英语不同的词汇化特征。

(25) a. 直子は小さな丘のように盛りあがったところを上り、松林の外に出て、なだらかな坂を足速に下った。

b. Naoko climbed a small mound, walked out of the forest and hurried down a gentle slope.

例（25a）的日语原文共使用了三个路径动词"上り、出て、下った"。对应的英语译文以编码位移方式的"climb"来表达"爬上"的位移。而对于"出る"所编码的"走出"的动作行为，英语和汉语一样，先将位移的默认方式以"walk"予以编码，然后以介词"out of"编码了由里向外的位移路径。但对于日语表向下的路径动词"下る"，英语是将表位移方式的副词成分"足速に"（快步地）编入动词"hurry"，而向下的路径由介词"down"来表达。这一点和汉语译文"快步走下一道斜坡"有所不同，汉语依然将表方式的副词"足速に"以状语"快步"来表达，而将"下る"的默认方式以"走"编码，将"向下"的路径编入了后项动词"下"。从这一点来看，与汉语相比，可以说英语是更加彻底的"方式动词"语言。

（26）a. 大塚駅の近くで僕は都電を降り、あまり見映えのしない大通りを彼女が地図に描いてくれたとおりに歩いた。
b. I got off near Otsuka Station and followed Midori's map down a broad street without much to look at.

日语原文使用了较多的方式动词"歩く"。例（26a）中将位移的路径"大通り"（大街）以"を"格标记作为了"歩いた"的必有论元。而英语译文将"彼女が地図に描いてくれたとおり"（照着她画的地图）所表达的伴随位移的状况编入了动词"follow"，而沿着大街的位移路径由介词"down"予以编码。针对日语的方式动词，英语还是以典型的［方式动词＋路径介词］类型来编码。

（27）a. 我々は牧場の柵にそった平坦な道をのんびりと歩いた。
b. We strolled down a level road that followed the pasture fence.

例（27b）更加充分地体现了这一编码方式。将日语原文"のんびりと"（悠闲地）这一表位移方式的副词成分编入方式动词"stroll"，将位移的路径"平坦的路"以介词"down"来编码。

对于日语的[方式+路径]动词，英语更是以[方式动词+路径介词]的形式将位移事件所包含的信息要素逐一临摹地予以编码。

(28) a. その巨大な飛行機はぶ厚い雨雲をくぐり抜けて降下し、ハンブルク空港に着陸しようとしているところだった。

b. As the huge 747 plunged through dense cloud cover on approach to Hamburg airport.

例 (28b) 的英语译文将日语原文的[方式+路径]动词"くぐり抜ける"（穿过）以方式动词"plung"对应前项"くぐる"，以介词"through"对应后项动词"抜ける"。这一编码方式充分体现了日语将路径编入动词，而英语将路径编入动词"卫星"的类型学特征。

(29) a. 看護婦たちはあいかわらずコツコツという音を立てて廊下を歩きまわり、はっきりとしたよく通る声で会話をかわしていた。

b. The nurses continued to clip-clop up and down the hall, talking to each other in clear, penetrating voices.

例 (29a) 的日语 [方式+路径]动词"歩きまわり"以前项"歩き"编码方式，后项"まわり"编码路径。而英语译文将因行走而发出的"コツコツ"（咯噔咯噔）声编入动词"clip-clop"，表达为"咯噔咯噔地走"，而"来来去去"的路径编入介词"up"和"down"。日语和英语虽同样编码方式，但日语倾向于将位移的默认方式词汇化，而英语是非常具体细致地将位移的样态或状况编入动词，对位移的方式予以充分关注，并实现词汇化，体现了其典型的"方式动词"特征。

5.4.4 反映日语主观性识解方式的表达与其对译英语表达

我们在第四章 4.4.3 节考察分析了日语在编码位移事件时较具特点的识解方式，即以与位移主体融为一体的视点体验性地描写位移的动态过程，反映了日语以"状况内视点"为动因的认知模式。这一主观性程度较高的识解方式在与英语译文的对比中体现得更为突出。

(30) a. 階段を何段か上り大きなガラス戸を開けて中に入ると、受付に赤いワンピースを着た若い女性が座っていた。
b. I climbed the stairs and went in through a big glass door to find a young woman in a red dress at the reception desk.

例（30a）的日语原文基于位移主体的视点描写了"我"伴随"爬上楼梯""推开玻璃门""走进去"的位移，看到了"一位穿着红色连衣裙的年轻女性坐在前台"。这一编码方式以"状况内视点"来叙述，因此并没有编码动作主体"我"，句法上缺失了主语。同时，由于是直接叙述"我"所看到的新的状况，因此句子的后半句也没有编码表达感知类行为的动词。而对译的英语呈现出和日语截然不同的编码方式。英语编码了主语"我"，并将"我""看到"这一感知行为以"find"予以编码。可以说英语反映了基于"状况外视点"对位移及发现的动作行为从"旁观者"的角度进行了客观性描写。池上（2006）在论述日英语识解类型差异时，提出了日语属于"主客合一"模式，而英语属于"主客对立"模式，例（30a）和例（30b）编码方式的差异充分反映了日英语这种识解模式的对立特征。

(31) a. 階段を上ったところの右手に食堂のような部屋があり、その奥に台所があった。
b. To the right at the top of the stairs was what looked like a dining room, and beyond that a kitchen.

例（31）也突出反映了日英语截然不同的识解模式，例（31a）从事件内部位移主体的视点描写了"我"爬上楼梯看到右手边有个饭厅及它的里面有个厨房。这一位置关系是从"我""爬上楼梯"的移动过程中来描写的，是基于"我"的位置推移而发现的新的状况。例（31a）反映了日语采用"状况内视点"突显位移主体与空间场所之间互动关系的识解模式。

而例（31b）和日语完全不同，将上述位置关系编码为一种静态的存在表达，从事件外部的视点客观地叙述了"饭厅"等的位置。英语没有基于与位移主体融为一体的视点，因此采用的是"状况外视点"，存在表达突显的是空间场所本身的静态位置关系。

(32) a. 門をくぐると正面には巨大なけやきの木がそびえ立っている。樹齢は少くとも百五十年ということだった。
b. A huge, towering zelkova tree stood just inside the front gate. People said it was at least 150 years old.

例（32）也和例（31）一样，日英语采用了两种截然不同的识解方式来描写榉树所在的位置。日语原文以位移主体的视点，描写进大门之后会看到迎面矗立着巨大的榉树，而英语译文将这种动态的位移关系以"inside the front gate"（在大门里边）的存在表达来编码，呈现的是一种静态的位置关系。日英语这两种对立的编码方式反映了日语和英语母语者以"状况内视点"和"状况外视点"为动因的对立的识解模式。

5.4.5 小结

以上我们从三个方面细致考察分析了日英语在编码同一位移事件时其词汇化模式和所反映的识解模式的异同。日语的位移事件表达式多用动词，而且在三种位移动词类型中，较多使用路径动词。位移事件的核心要素"路径"编入动词，体现了典型的"动词框架"语言特征。而英语的位移事件表达式较之日语动词数量比例下降，在三种位移动词类型中较多使用方式动词。位移事件的核心要素"路径"编入动词的附属成分"介词"或"副词"，体现了典型的"卫星框架"语言特征。同时日语的位移事件编码方式基于事件内部与空间场所之间互动的视点，与位移主体融为一体来体验性地描写位移的动态过程与所感知到的新的状况，可以说是"主观性"程度较高的编码方式，反映了日语"主客合一"的认知模式。而英语编码位移事件较易采用事件外部"旁观者"的视点，因此较为突显位移的结果状态，位移的互动关系由于不被突显，较易编码为静态的存在表达。

可以说这种"状况外视点"的客观叙述反映了英语"主观性"程度较低，偏好"主客对立"的认知模式。

5.5　韩国语译文位移表达词汇化及分布特征

韩国语对译语料使用양억관（梁亿宽）译《挪威的森林》（2017），针对日语原文99个例句手动逐一找出韩国语所对应的例句，并确定和日语150个位移动词所对应的韩国语的表达式。下面按照日语位移动词的四个类型分别来观察各自对应的韩国语表达形式。

5.5.1　韩国语译文位移动词整体特征

150个日语原文位移动词中除4个在韩国语中无对应动词翻译之外[①]，其余146个日语原文位移动词均有对应的位移动词。其中146个位移动词

---

①　没有翻译的四个例句分别如下。
（1）僕もとくに午後の授業に興味があるわけではなかったので学校を出てぶらぶらと坂を下って港の方まで行き、ビリヤード屋に入って四ゲームほど玉を撞いた。
나도 딱히 오후 수업이 즐겁지도 않고 해서 학교를 나와 우리는 어슬렁어슬렁 언덕길을 내려가 항구 쪽에 있는 당구장으로 들어가 네 게임 정도를 했다.
汉语译文：我对下午的课也不是很有兴趣，我们便出了校门，晃晃悠悠走下坡路，往港口那边逛去。走进桌球室，玩了四局。
韩国语译文没有对"港の方まで行き、ビリヤード屋に入って四ゲームほど玉を撞いた"中的"港の方まで行き"部分进行翻译，而是译为了走进了在港口边的桌球室。
（2）螢が飛びたったのはずっとあとのことだった。螢は何かを思いついたようにふと羽を拡げ、その次の瞬間には手すりを越えて淡い闇の中に浮かんでいた。
반딧불이는 불현듯 무슨 생각이라도 떠올랐다는 듯이 날개를 펼치더니 거침없이 난간 너머 흐릿한 어둠 속으로 떠올랐다.
汉语译文：它忽有所领悟似的，蓦然张开双翅，旋即穿过栏杆，淡淡的荧光在黑暗中滑行开来。
"手すりを越えて"的对应韩国语译文中将表示穿过的动词"넘다"名词化为了"너머"。
（3）右手の急な階段を用心ぶかく上がっていくと二階に出た。
오른편에 있는 가파른 계단을 조심스럽게 올라가서 2층이었다.
汉语译文：右侧立一陡梯，我小心翼翼地爬上二楼。
韩国语译文中将日语原文"二階に出た"译为了爬上楼梯是二楼，相比日语没有表达出"来到"的语义。
（4）彼女はテニス・コートの手前を左に折れ、狭い階段を下り、小さな倉庫が長屋のような格好でいくつか並んでいるところに出た。
그녀는 테니스 코트 앞에서 왼쪽으로 꺾어 작은 창고가 몇 동 늘어선 곳으로 갔다.
汉语译文：她从网球场往左拐，走下一段狭窄的楼梯，来到几个像筒屋一样排在一起的小仓库跟前。
韩国语译文没有译出"走下一段狭窄的楼梯"。

的类型和数量如表 5-10 所示。

表 5-10　　　　　　　　　　韩国语译文位移动词类型分布

日语位移动词类型	韩国语译文位移动词类型	数量（个）
指示动词	V$_{路径}$	5
路径动词	V$_{路径}$	79
	V$_{方式}$	9
方式动词	V$_{方式}$	25
	V$_{路径}$	7
[方式+路径] 动词	V$_{路径}$	13
	V$_{方式}$	7
	V$_{方式}$ + V$_{路径}$	1
合计		146

根据以上统计可知，在韩国语译文中日语的四类动词分别被对译为路径动词和方式动词。其中路径动词最多共有 104 例，其次是方式动词有 41 例。由调查数据的分布特征可知，韩国语在表达位移事件时倾向于使用编入了位移事件构成要素的动词来细致地刻画位移主体的移动。同时多使用路径动词，可以说韩国语与日语的编码方式较为相近，两者均属于动词框架语言，均使用格助词标记空间场所来突显路径，从事件内部视角描述位移主体的位置变化过程。

5.5.2　韩国语译文位移动词词汇化类型及分布特征

下面围绕韩国语译文中对应的 146 例位移动词来考察与日语原文动词类型之间的对应表达形式及分布特征。如表 5-11 所示。

第五章 位移事件词汇化模式类型跨语言对比

表 5-11 与日语原文位移动词类型对应的韩国语译文动词类型及分布特征

日语位移动词类型	韩国语译文动词类型	实际用例	数量（个）
指示动词	路径动词	나아가다（往前走）、가다（去）、들어가다（进入）	5
路径动词	路径动词	가로지르다（穿过）、건너다（游过）、지나치다（经过）、스쳐가다（掠过）、벗어나다（脱离）、나오다（出来）、나다（出发）、빠져나오다（逃走）、오르다（爬、爬上）、올라가다（上去）、내리다（下）、굽다（转弯）	79
	方式动词	타다（乘坐）、달리다（奔跑）、꺾다（弄弯、弄折、拐弯）、걷다（走）、돌다（旋转）、꺾（掐、折、歪）	9
方式动词	方式动词	걷다（走）、걸어가다（走去）	25
	路径动词	걸어가다（走去）、날아가다（飞走）、들어서다（走进、走入、踏入）、따랐다（跟随）、달려가다（跑过去、飞奔过去）	7
[方式+路径]动词	路径动词	휩쓸다（横扫、席卷）、뚫다（穿、凿）、스쳐가다（掠过、穿过）、날아다니다（飞来飞去、来回飞）、지나다（过去、经过）、오가다（来来往往）	13
	方式动词	미끄러지다（滑到）、날아가다（飞走、飘走）、불어가다（吹过）、돌다（旋转）、나타나다（出现）、걸어가다（走去）	7
	[方式+路径]动词	걸어 다니다（걸다走-아/아/여(서)表动作前后衔接来回走）	1
合计			146

由表 5-11 可知，在韩国语译文中的 146 个动词中，路径动词有 104 例，方式动词有 41 例，除此之外还有 1 例译为了方式动词与路径动词结合的形式。这充分体现出韩国语路径要素编入动词的词汇化模式和多用路径动词的类型学特征。

参照松本（1997）的分类，并观察日语原文中的位移动词类型后发现，韩国语译文中的位移动词还可细分为以下所示的下位类别。

表 5 – 12　与日语指示动词对应的韩国语译文位移动词类型特征

日语位移动词类型	实际用例	韩国语译文位移动词类型		实际用例	数量（个）
指示动词	行く	路径动词	方向性	나아가다（往前走）、가다(去)	4
			终点	들어가다(进入、进去)	1
合计					5

表 5 – 13　与日语路径动词对应的韩国语译文位移动词类型特征

日语位移动词类型		实际用例	韩国语译文位移动词类型		实际用例	数量（个）
路径动词	方向性	降下する、向く、降りる（下りる）、上る、下る、振り向く、折れる、のぼりつめる、落ちる、引き返す、向かう、やってくる、戻る、進む	路径动词	方向性	달려갔다（跑过去）、벗어나（脱离）、내려가다（下去）、내리다-（下车）、나서다（站出来、出来、到达）、오르다（登上）、빠져나가다（逃出、逃走）、내려가다（下去、下行）、돌아가다（返回）、올라가다（爬上）	79
	起点/终点	出る、入る、抜け出す、出入りする、離れる		起点/终点	벗어나（脱离）、나오다（出来）、들어가다（进去、进入）、나다（出、出来）、벗어나다（摆脱、脱离、离开）、나서다（出来、走出来）	
	中间路径	わたる、抜ける、曲がる、横切る、越える、つたう、通り過ぎる、一周する、まわる、通		中间路径	가로지르다（横穿、横搭）、건너（穿过）、지나치다（经过、通过、路过）、넘다（穿越、穿过）、나서다（出来、走出来）、빠져나가다（穿过）、뚫다（穿、凿）	
				方式动词	돌다(旋转)、달리다（奔跑）、꺾다（弄弯、弄折、拐弯）、걷다（走）	9
合计						88

表 5-14　　　　与日语方式动词对应的韩国语译文位移动词类型特征

日语位移动词类型	实际用例	韩国语译文位移动词类型		实际用例	数量（个）
方式动词	步く、飛ぶ、散步する、走る、辿る、步を運ぶ、転がる、往復する	方式动词		걷다（走）、흐르다（流）、날다（飞翔）、비틀거리다（摇摇晃晃、趔趄）、달리다（跑）、따르다（跟随、跟上）	25
		路径动词	方向性	걸어가다（走去）、따랐다（跟随）、달려가다（跑过去）	7
合计					32

表 5-15　　　　与日语[方式+路径]动词对应的韩国语译文位移动词类型特征

日语位移动词类型	实际用例	韩国语译文位移动词类型		实际用例	数量（个）
[方式+路径]动词	くぐり抜ける、步き回る、吹き抜ける、吹きすぎる、滑り落ちる、よじのぼる、飛び去る、飛び回る	路径动词	方向性	기어오르다（爬上）	1
			中间路径	휩쓸다（横扫）、스치다（掠过）、날아다니다（飞来飞去）、지나다（过去、经过）、뛰어다니다（跑来跑去）、오가다（来回、穿行）、파고들다（钻进、穿过）、지나가다（过去、经过）	12
		方式动词		미끄러지다（滑到）、불어가다（吹过）、날아가다（飞走）、돌다（旋转）、나타나다（出现）、걸어가다（走去）	7
		[方式+路径]动词		걸어 다니다（来回走）	1
合计					21

由表 5-12、表 5-13、表 5-14、表 5-15 可知，无论是日语的哪一种位移动词都会有一部分在韩国语中被对译为路径动词，这一特征充分说明路径要素编入动词是韩国语典型的词汇化模式。接下来将结合具体例

句，对其编入路径特征进行考察分析。

指示动词由于用例不多，所以较难观察出韩国语译文中有特征的表达形式，但是可以认为韩国语较易使用［空间场所＋格助词＋路径动词］的表达形式，将路径要素融入动词语义中。

(33) a. その林の中の道を行くとロータリーに出ますから左から二本目の——いいですか、左から二本目の道を行って下さい。すると古い建物がありますので、そこを右に折れてまたひとつ林を抜けるとそこに鉄筋のビルがありまして、これが本館です。

b. "저 숲길을 나아가면 갈림길이 나오는데, 거기서 왼
（林中路-宾格 을-宾格助词 나아가다-往前走）

쪽으로두번째, 알았어요? 왼쪽에서 두 번째 길로 가
（第二条路-表方向地点 으로-表方向或地点的助词 가다-去）

세요." 그러면 오랜된건물이 나오는데, 거기서 오른쪽으로 꺾어서 다시 숲을 지나면 거기 철근 콘크리트 건물이 있어요.

沿这条林中路一直往前，有个转盘式交叉路口左数第二条——记住了么，走左数第二条路，不远就是一座旧建筑，从那里往右再穿过一片树林，有一座钢筋混凝土大楼，那就是主楼。

例 (33a) 的日语原文中两处指示动词"行く"都伴随有"を"格标记位移的路径。

韩国语译文前者以格助词"을"来编码路径，后者以表示方向或地点的格助词来编码。

(34) a. 彼女は僕の先に立ってすたすた廊下を歩き、階段を下りて一階にある食堂まで行った。

b. 그녀는 먼저 자리에서 일어나 슥슥 복도를 걸어
계단을 내 려가서 1층 식당으로 들어갔다.
（一楼食堂 으로-表方向或地点的助词 들어갔다-进入、进去）

她领头大步流星地穿过走廊，走下楼梯，来到一楼食堂。

例（34a）的日语是从"我"的视点来观察"她"在我前面位移前行的过程，使用了远离说话者的指示动词"行く"。韩国语译文同日语的位移过程相同，使用了位移融合路径的终点指向位移动词"들어가다"（进入、进去）。

日语路径动词所对应的韩国语译文位移动词可以分为路径动词和方式动词两大类。在日语伴随"を"格的路径动词中，日语原文作为默认值没有编码的表达人的基本位移方式"走"，其在韩国语译文中的表达如下所示。

(35) a. 直子は小さな丘のように盛りあがったところを上り、
松林の外に出て、なだらかな坂を足速に下った。
b. 나오코는 낮게 솟아오른 언덕 같은 곳에 올라 소나
（土丘一般 은-定语标志 地方 에-地点方向格助词 爬上去）
무 숲을 벗어나서는 완만한 언덕길을 잰걸음으로
（坡路-宾格 을-宾格助词）
내려갔다.
（내려가다-下去、下）

直子爬上小土丘般的高冈，钻出松林，快步走下一道斜坡。

例（35b）的韩国语译文中，日语原文的路径动词"上る、下る"分别对译为"오르다"（爬上）、"내려가다"（下去），并分别使用表地点方向的格助词"에"和宾格助词"을"标记了位移的路径，实现了路径的融入。

(36) a. 我々は本部の建物を出て小さな丘を越え、プールとテニス・コートとバスケットボール・コートのそばを通りすぎた。

b. 우리는 본관 건물을 나와서 작은 언덕을 넘어 수영
　　　　（主楼-宾格　表动作起点　을-宾格助词　나오다-出来）
장과 테니스 코트와 농구 코트 곁을 지났다.

我们走出主楼，翻过一座小山冈，从游泳池、网球场和篮球场旁边通过。

例（36b）的韩国语译文中使用起点指向的位移动词"나오다"（出来）将路径与位移融合，并用格助词"을"标记了动作的空间场所。韩国语译文与日语原文一样没有对位移的方式予以编码。

日语伴随"を"格的路径动词除没有对位移方式进行编码外，还采用了与位移主体融合的视点表达位移的动态过程，这种编码方式在韩国语译文中的表达如下例所示。

(37) a. 谷川に沿ってその杉林の中をずいぶん長い時間進み、世界中が永遠に杉林で埋め尽くされてしまったんじゃないかという気分になり始めたあたりでやっと林が終わり、我々はまわりを山に囲まれた盆地のようなところに出た。

b. 계곡을 따라 삼나무 숲 속을 오랜 시간 달리면서,
　　　　　　　（杉树林中-宾格 을-宾格助词 很长时间 달리다-奔跑、疾驰）
온 세상이 삼나무로 덮여 버린 건 아닌가 하는 기분에 사로잡힐 즈음 겨우숲이 끝나고, 버스는 산으로 둘러싸인 분지 같은 곳으로 나갔다.

车沿着溪流在杉树林中行驶了很久很久，正当我恍惚觉得整个世界都将永远埋葬在杉树林中的时候，树林终于消失，我们来到四面环山的盆地样的地方。

例（37b）的韩国语译文中从"我"和巴士融为一体的视点出发，描述车在杉树林中的位移过程。这与日语的编码方式大致相同，但在日语中属于路径动词的"進む"在韩国语译文中表达为宾格助词"을"加方式动词"달리다"（奔跑、疾驰）的形式。

在日语伴随"に"格的路径动词中，相比日语的"に"格通常标记位移的终点或方向，韩国语译文除大多数译为方向性路径动词和终点指向路径动词的情况外，还存在起点指向路径动词、中间路径指向动词等多种形式。如下例所示。

(38) a. それから十分ほどで坂道は終り、高原のようになった平坦な場所に出た。
　　 b. 십 분 정도 언덕길을 올라 고원 비슷한 평탄한 곳으
　　　　　　　　　　　　　（平坦的地方-表方向　으로-表方向或地点的助词）
　　　　로 나섰다.
　　　　（나서다-出来、走出来）
　　　　又爬了10多分钟，山路没有了，来到高原一般平坦的地方。

在例（38b）的韩国语译文中，将"場所に出た"指向终点位置场所译为位移与路径融合的起点指向路径动词"나서다"（走上、走出、走到前面）。

(39) a. そういう風景が何度もくりかえされた。バスは杉林に入り、杉林を抜けて集落に入り、集落を抜けてまた杉林に入った。
　　 b. 버스는 삼나무 숲으로 들어갔다가는 빠져나와 마을
　　　　　　　　　　（杉树林-表方向　으로-表方向或地点的助词　들어가다-进入、进去）
　　　　로 들어서고 다시 마을을 빠져나와서는 삼나무 숲으
　　　　（村落-表方向地点　으로-表方向或地点的助词　들어서다-进入、走进）
　　　　로 들어갔다.
　　　　（杉树林-表方向　으로-表方向或地点的助词　들어가다-进入、进去）

这样的光景重复出现几次之后，汽车再次驶入杉树林，穿过杉树林驶入村落，穿过村落又驶入杉树林。

但韩国语中也存在与日语相似的情况，如例（39b）使用位移动词"들어가다"（进入、进去）和"들어서다"（进入、走进）与表示方向或地点的助词构成"(으)로+终点指向位移动词"结构，表达终点位置场所。

(40) a. 彼女は飯田橋で<u>右に折れ</u>、<u>お堀ばたに出て</u>、それから神保町の交差点を越えてお茶の水の坂を上り、そのまま<u>本郷に抜けた</u>。
b. 그녀는 이다바시에서 <u>오른쪽으로 꺾어</u> <u>오보리바타를</u>
（右侧-表方向 으로-表方向或地点的助词　꺾다-拐、折）（御堀端-表地点　를-表地点的格助词　나서다-站出来、出来、到达）
<u>나서서</u> 진보초 교차로를 건너 오차노미즈 언덕을 올라 그대로 <u>혼고 쪽으로 빠져나갔다</u>.
（本乡方向-表方向　으로-表方向或地点的助词　빠져나가다-逃出、逃走）
到了饭田桥，她向右一拐，来到御堀端，之后穿过神保町十字路口，登上御茶水坡路，随即进入本乡。

例（40b）的韩国语译文中使用了两个表方向或地点的格助词"으로"和表地点的格助词"를"，分别表达了转弯的方向、到达的地点和朝某个方向走的位移过程。这与例（39b）的韩国语译文编码方式基本一致。

日语方式动词在韩国语译文中编码为方式动词和路径动词两种。其中译为方式动词的有25例，译为路径动词的有7例。从分布特征来看，在方式动词的使用上韩国语和日语存在相似特征。

(41) a. 我々はひどくしんとした松林の中を<u>歩いていた</u>。
b. 우리는 적막에 감싸인 <u>소나무 숲길을 걸었다</u>.
（松树林　小路-宾格　을-宾格助词　走着）

第五章　位移事件词汇化模式类型跨语言对比

我们在死一般寂静的松林中走着。

例（41b）的韩国语译文与日语原文一样，以格助词"을"来标记位移的路径，从与位移主体融为一体的视点描述位移的过程。以下例句也是同样。

(42) a. 僕とレイコさんは街燈に照らされた道をゆっくりと歩いて、テニス・コートとバスケットボール・コートのあるところまで来て、そこのベンチに腰を下ろした。
  b. 나는 레이코 씨와 가로등이 비치는 길을 천천히걸
   （道路-宾格 을-宾格助词 慢慢地 걷다-走、散步）
  어서 테니스 코트와 농구장까지 가서 거기 벤치에 앉았다.
  我和玲子沿着路灯下的路面缓缓移动脚步，走到网球场和篮球场那里，在长凳上坐下。

例（42b）的韩国语译文以格助词"을"来标记位移路径"걸"（道路）与例（41b）同样都是从与位移主体融为一体的视点描述位移的过程。

在伴随"を"格的［方式＋路径］复合动词中，韩国语译文编码为路径动词、方式动词和［方式＋路径］动词三种。从数量上看，路径动词有12例、方式动词有7例、［方式＋路径］动词有1例。从其分布特征来看，路径动词占比较高。

(43) a. 秋が終り冷たい風が町を吹き抜けるようになると、彼女はときどき僕の腕に体を寄せた。
  b. 가을이 끝나고 차가운 바람이 거리를 휩쓸고 갈 무
    （街道-宾格 를-宾格助词 휩쓸다-横扫、
  렵이 되자 그녀는 때로 내 팔에 몸을 기대기 시작했다.
  席卷 고-表并列 갈 무렵-吹过的时候 가다-表示"去"的意思）
  当秋天过去，冷风吹过街头的时节，她开始不时地依在我的胳膊上。

(44) a. たいして強い風でもないのに、それは不思議なくらい鮮かな軌跡を残して<u>僕の体のまわりを吹き抜けていった</u>。

b. 그리 강한 바람도 아닌데 신기할 만큼 선명한 궤적을 그리며 <u>내몸 주변을 휘익 스쳐 갔다</u>.

（我身边-表经过的地点 을-表经过的助词 휘익-嗖嗖儿 스쳐가다-表掠过的复合词）

尽管风并不大，却在从我身旁吹过时留下了鲜明得不可思议的轨迹。

日语原文两处"吹き抜ける"在韩国语译文中译为两个路径动词的并列和一个［方式＋路径］的复合动词。例（43b）的韩国语译文先描述冷风横扫街道随后又吹过街道，例（44b）的韩国语译文使用了"스치다（掠过、擦过）＋가다（走、去）"复合动词的表达形式描绘了风经过我的身体的场景。韩国语的译文均使用了格助词标记"吹过"的空间场所。

5.5.3 韩国语译文路径要素编码特征

韩国语译文的位移动词编入路径的句法特征如表 5–16 所示。

表 5–16　韩国语译文位移动词编入路径句法特征类型分布

日语位移动词类型	日语编入路径句法特征	韩国语译文编入路径句法特征	数量（个）
指示动词	N$_{空间场所}$ + を + 行く	N$_{空间场所}$ + 를/을 + V$_{路径}$	2
		N$_{空间场所}$ + 으로 + V$_{路径}$	1
	N$_{空间场所}$ + まで + 行く/来る	N$_{空间场所}$ + 으로 + V$_{路径}$	1
		N$_{空间场所}$ + 까지 + V$_{路径}$	1

第五章　位移事件词汇化模式类型跨语言对比

续表

日语位移动词类型	日语编入路径句法特征	韩国语译文编入路径句法特征	数量（个）
路径动词	N$_{空间场所}$＋を＋V$_{路径}$	N$_{空间场所}$＋을/를＋V$_{路径}$	48
		N$_{空间场所}$＋으로/로＋V$_{路径}$	7
		N$_{空间场所}$＋에서/에＋V$_{路径}$	3
		N$_{空间场所}$＋을/를＋V$_{方式}$	6
		N$_{空间场所}$＋으로/로＋V$_{方式}$	3
	N$_{空间场所}$＋に＋V$_{路径}$	N$_{空间场所}$＋으로/로＋V$_{路径}$	19
		N$_{空间场所}$＋을＋V$_{路径}$	1
		N$_{空间场所}$＋에＋V$_{路径}$	1
方式动词	N$_{空间场所}$＋を＋歩く	N$_{空间场所}$＋으로＋V$_{路径}$	2
		N$_{空间场所}$＋을/를＋V$_{路径}$	2
		N$_{空间场所}$＋에서＋V$_{路径}$	1
		N$_{空间场所}$＋을/를＋V$_{方式}$	18
		N$_{空间场所}$＋로＋V$_{方式}$	2
		N$_{空间场所}$＋에서＋V$_{方式}$	2
	N$_{空间场所}$＋に/まで＋V$_{方式}$	N$_{空间场所}$＋으로＋V$_{路径}$	1
		N$_{空间场所}$＋까지＋V$_{路径}$	1
		N$_{空间场所}$＋을/를＋V$_{方式}$	2
		N$_{空间场所}$＋까지＋V$_{方式}$	1
[方式＋路径]动词	N$_{空间场所}$＋を＋V$_{方式+路径}$	N$_{空间场所}$＋을/를＋V$_{路径}$	9
		N$_{空间场所}$＋으로＋V$_{路径}$	3
		N$_{空间场所}$＋를＋V$_{方式}$	3
		N$_{空间场所}$＋에서＋V$_{方式}$	1
		N$_{空间场所}$＋으로＋V$_{方式}$	1
		N$_{空间场所}$＋을＋V$_{方式}$＋V$_{路径}$	1
	N$_{空间场所}$＋に＋V$_{方式+路径}$	N$_{空间场所}$＋을＋V$_{方式}$	2
		N$_{空间场所}$＋로＋V$_{路径}$	1
合计			146

由上表可以得知，韩国语的位移表达方式大多伴随助词"을/를"和"(으)로"。在所有的位移动词编入路径句法特征中，伴随"을/를"共有94例，伴随"(으)로"有41例，伴随"에서"有5例，伴随"에"有3例，伴随"까지"有3例。

韩国语通过以格标记空间场所，实现了路径的完全融入。"을/를"作为韩国语句法结构的必有论元，与日语的"を"格标记基本相同。韩国语译文中这种格标记形式在位移动词编入路径的句法表达中十分突出。在91例路径动词中有55例以"을/를"格标记空间场所。

日语连续性位移表达采取了与位移主体融为一体的叙述方式，韩国语译文如下例所示。

(45) a. 谷川に沿ってその杉林の中をずいぶん長い時間進み、世界中が永遠に杉林で埋め尽されてしまったんじゃないかという気分になり始めたあたりでやっと林が終り、我々はまわりを山に囲まれた盆地のようなところに出た。

b. 계곡을 따라 삼나무 숲 속을 오랜 시간 달리면서 온 세상이 삼나무로 덮여 버린 건 아닌가 하는 기분에 사로잡힐 즈음 겨우 숲이 끝나고 버스는 산으로 둘러싸인 분지 같은 곳으로 나갔다.
车沿着溪流在杉树林中行驶了很久很久，正当我恍惚觉得整个世界都将永远埋葬在杉树林中的时候，树林终于消失，我们来到四面环山的盆地样的地方。

在例（45b）中，韩国语译文并未对主语"我"进行编码，以位移主体"我"的视点随着巴士穿过杉树林来到盆地一样的地方。这表明韩国语译文同日语原文一样，在描写连续性位移时将视点置于位移发生的场面或状况内部，通过与位移主体融为一体的视点叙述位移的移动过程。再如下例。

第五章　位移事件词汇化模式类型跨语言对比

(46) a. 玄関は二階にあった。階段を何段か上り大きなガラス戸を開けて中に入ると、受付に赤いワンピースを着た若い女性が座っていた。

b. 계단을 올라 커다란 유리문을 열고 안으로 들어서자 안내 창구에 빨간 원피스를 입은 젊은 여자가 앉아 있었다.

我上了几阶楼梯，打开一扇大大的玻璃门闪身进去，见服务台里坐着一个穿连衣裙的年轻女郎。

例（46b）的韩国语译文中，"我"走上了楼梯，推开玻璃门，进入屋内后看到服务台里坐着一位年轻女性。这一连贯的场景都是跟随着位移主体"我"的移动依次感知到的。韩国语译文中也并未对主语"我"进行编码，这表明韩国语与日语在描述位移主体动作的推进而发现新状况时是相近的。再如下例，也充分体现出在描写连续性位移时日韩语的相近特征。

(47) a.「本館に行ってですな、石田先生と言って下さい」と門番は言った。「その林の中の道を行くとロータリーに出ますから左から二本目の——いいですか、左から二本目の道を行って下さい。すると古い建物がありますので、そこを右に折れてまたひとつ林を抜けるとそこに鉄筋のビルがありまして、これが本館です。ずっと立札が出とるからわかると思います。」

b. "본관으로 가서 말이죠." "저 숲길을 나아가면 갈림길이 나오는데, 거기서 왼쪽으로 두 번째, 알았어요? 왼쪽에서 두 번째길로 가세요." 그러면 오랜된 건물이 나오는데, 거기서 오른쪽으로 꺾어서 다시 숲을 지나면 거기 철근 콘크리트 건물이 있어요.

"请去主楼。" "沿这条林中路一直往前，有个转盘式交叉路口左数第二条——记住了么，走左数第二条路，不远就是一座旧建筑，从那里往右再穿过一片树林，有一座钢筋混凝土大楼，那就是主楼。"

在例（47b）的韩国语译文中，门卫在给"我"指路时虚拟了整个位移过程，门卫以位移主体"我"的视角身临其境地描述了位移的动态场景。

日语以"状况内视点"认知模式来编码事件，这种识解方式的主观性程度较高。韩国语译文与日语的识解方式也较为一致。

（48）＝（46）a. 玄関は二階にあった。階段を何段か上り大きなガラス戸を開けて中に入ると、受付に赤いワンピースを着た若い女性が座っていた。

b. 계단을 올라 커다란 유리문을 열고 안으로 들어서자 안내 창구에 빨간 원피스를 입은 젊은 여자가 앉아 있었다.
我上了几阶楼梯，打开一扇大大的玻璃门闪身进去，见服务台里坐着一个穿连衣裙的年轻女郎。

例（48b）的韩国语译文并未编码动作主体"我"，因而同日语一样省略了主语。但是整句都是表达了动作主体"我"的位移动作及感知行为，这体现出了韩国语译文和日语一样都属于"状况内视点"的认知模式。再如：

（49）a. 階段を上ったところの右手に食堂のような部屋があり、その奥に台所があった。

b. 계단을 올라가서 오른편에 식당 같은 방이 있고, 그 안쪽에 부엌이 보였다.
楼梯口右侧有个餐厅样的房间，再往里是厨房。

例（49b）的韩国语译文中，位移主体"我"爬上楼梯后，看到右侧有一个和餐厅一样的房间，再往里可以看到厨房。这一系列的场景都是基于"我"位置的移动而发现的新的状况，韩国语译文也并未对"我"进行编码，这表明韩国语译文与日语一样都采用"状况内视点"突显位移与空间场所之间的互动关系。

（50）a. 門をくぐると正面には巨大なけやきの木がそびえ立っている。
　　　b. 정문에 들어서면 커다란 느티나무가 정면에 우뚝 섰다.
　　　　进得大门，迎面矗立一棵巨大的榉树。

例（50b）的韩国语译文表达为进入大门之后，看到一棵巨大的榉树迎面耸立。韩国语译文使用了"들어서다"（进入、走进）这一位移动词表示位移主体与空间场所之间的动态位置关系。并且译文也未对动作主体进行编码，这些都体现了韩国语和日语在连续性位移表达上较为一致的特点。

以上，我们通过日语原文和韩国语译文的对比考察分析了日韩语在编码同一连续性位移事件时的识解模式。基于例句分析我们可以认为韩国语同日语一样都属于"状况内视点"的识解方式，突出位移主体与空间场所之间的动态关系。同时对于动作主体通常不予以编码，主观性程度较高。

5.6　西班牙语译文位移表达词汇化及分布特征

5.6.1　西班牙语译文动词整体特征

西班牙语译文选用的是卢德斯·波尔塔·富恩特斯译《挪威的森林》(2005)。针对日语原文 99 个例句手动逐一找到西班牙语所对应的例句，并观察与日语原文对应的西班牙语译文，可以发现西班牙语例句中使用的谓语动词个数明显减少。日语原文 99 个例句共计使用了 150 个表示位移的谓语动词，而西班牙语译文共计使用了 108 个表示位移的谓语动词，日语原文中的 42 个动词在西班牙语译文中没有译为表示位移的谓语动词，或译为了非谓语动词，在西班牙语译文中出现了缺失。详细情况见表 5-17。

表 5-17　　　　　　　　　西班牙语译文动词例数

是否与日语原文中谓语动词对应	类型	实际用例	数量（个）
对应（谓语动词）	表示位移	atravesaba（穿过）、giré（转弯）、llegó（到达）、salí（离开）、caminaba（行走）、seguí（跟随）、andábamos（行走）、iban（去）	108
	不表示位移	tome（选取）、prosiguió（继续）、encontrará（看到、碰到）	3
不对应（非谓语动词）	原形动词（表示位移）	pasear（散步）、andar（行走）、cruzar（穿过）、trepar（攀登）、torcer（转弯）、adentrarse（进入）	13
	副动词（表示位移）	cayendo（掉落）、subiendo（登上）、cruzando（穿过）、atravesando（穿过）	8
	名词	la marcha（行走）、de perfil（侧脸）	2
	介词	en dirección al puerto（往港口方向）、por sus mejillas（顺着她的脸颊）、hasta lo alto de la torre（直到水塔顶部）	3
无对译			13
合计			150

由上表可知，西班牙语译文中没有译为谓语动词的例句中除 13 例没有对译之外，多用原形动词和副动词，二者共为 21 例，并且这 21 例全部表示位移。以上这两类属于西班牙语中动词的非人称形式，它们具有两个特点，具体说明如下。

第一，从句法结构上来分析，通常意义上，它们不能做完整的句子中的谓语。比如原形动词，它兼有名词和动词的特征。作为名词的一面，它可以具有主语、宾语、表语、状语等功能；作为动词的一面，它可以在后面带宾语和状语。

(51) Empecé a **andar** a su lado en silencio.
（我）开始**行走**　在她旁边　沉默着

这里的 andar（行走）作为一个原形动词，是谓语动词 empecé（开始）的宾语，同时后面又带了地点状语。

副动词则兼有动词和副词的特征，作为副词，它用以修饰句中的主要动词，作用在于指明主要动词发生的方式、时间、条件等。作为动词，它可以在后面带宾语和状语。如下例。

(52) Las enfermeras seguían **recorriendo** el pasillo, ……
　　 护士们　　　继续　　　**走过**　　　走廊

这里的 recorriendo（走过）作为一个副动词，用来修饰谓语动词 seguían（继续），同时后面带了宾语"走廊"。

第二，从语义结构上来分析，原形动词和副动词在句中仍然维持着动词本身的语义不变。它们保留了位移动词的语义，编码了路径要素或方式要素。如下例。

(53) a. 彼女のアパートの近くにはきれいな用水が流れていて、時々我々はそのあたりを散歩した。
　　 b. Cerca de su apartamento discurría un canal de riego
　　　　 靠近　　 她的公寓　　　流过　 一条灌溉用的水渠
　　　　 de aguas cristalinas por donde solíamos **pasear**.
　　　　 水很清澈的　　　　　在那里(我们) 经常**散步，闲逛**

例 (53a) 的日语原文在波浪线所标示的句中，使用了"散歩した"这一方式动词，而例 (53b) 西班牙语译文中，在 solíamos（经常，惯于）这一谓语动词之后，是如双下划线标示的原形动词 pasear（散步）这一方式动词。

(54) a. 雑木林を抜けると白い石塀が見えた。
　　 b. Tras **cruzar** el bosque, me topé con un muro de color blanco.
　　　　在~之后 **穿过** 树林　我遇上　　一堵墙　　白色的

例 (54a) 的日语原文如波浪线所标示，使用了"抜ける"这一路径动词，而例 (54b) 西班牙语译文中，在 tras（在~之后）这一介词之后，是如双下划线标示的原形动词 cruzar（穿过）这一路径动词。

(55) a. 坂を上り、川を渡り、線路を越え、どこまでも歩きつづけた。
　　 b. Y seguimos deambulando por las calles de Tokio,
　　　　（我们）继续漫步，闲逛　在东京的街道
　　　　subiendo cuestas, **cruzando** ríos, **atravesando** las vías
　　　　登上　　　坡　　　**越过**　河流　**穿越**
　　　　del tren.
　　　　铁路

例 (55a) 的日语原文如波浪线所标示，使用了"上り、渡り、越え"这一系列路径动词，而例 (55b) 西班牙语译文中，使用了如双下划线标示的副动词 subiendo（登上）、cruzando（越过）、atravesando（穿越）这一系列路径动词。

5.6.2　西班牙语译文谓语位移动词类型及分布特征

下面将围绕日语动词在西班牙语译文中被译为谓语动词的 108 例来考察与日语原文的四种动词类型对应的西班牙语动词类型及分布特征。

表 5-18　　西班牙语译文谓语动词类型及分布特征

日语位移动词类型	西班牙语译文动词类型	实际用例	数量（个）
路径动词	路径动词	atravesaba（穿过）、cruzamos（穿过）、giró（转弯）、llegó（到达）、entramos（进入）、salimos（离开）	62
	方式动词	silbaba（呼啸）、trepé（攀爬）、sobrevoló（飞越）	3
	动词短语	dio una vuelta（转一圈）	1
方式动词	方式动词	volaban（飞）、paseamos（散步）、seguía（跟随）、caminaba（行走）、andábamos（行走）	18
	路径动词	se dirigían（向~移动）、cruzamos（穿过）、recorrimos（遍历，走遍）	4
	指示动词	íbamos（去）、iban（去）	2
指示动词	指示动词	fue（去）	1
	方式动词	sigue［继续，沿着（走）］	1
［方式+路径］动词	方式动词	revoloteaba（盘旋）、voló（飞）、soplaba（风、吹、刮）、anduvieras（行走）	7
	路径动词	se encaramó（登高）、pasé（经过）、pasamos（经过）、pasaba（经过）	7
	指示动词	iban（去）（两例相同）	2
合计			108

5.6.2.1　总体特征分析

由上表可知，在西班牙语译文 108 个谓语动词中，有 73 个路径动词，占比达 67.6%，高于本章第 2 节所分析的日语路径动词在 150 个日语动词中的占比 (60.7%)，充分体现了西班牙语路径编入动词，多用路径动词的类型学特征。

根据统计，占比居第二的为方式动词，以 29 个的数量占比 26.9%，与日语方式动词 21.3% 的占比大体相当；而 5 个指示动词则占比 4.6%，和日语指示动词的占比 4% 极为接近，说明西班牙语和日语在位移动词类型学特征上较为相近。西班牙语在语法上没有日语中"[方式+路径]动词"的表达形式，在译文中多将其编码为单独的路径动词或方式动词，也有出现类似英语中方式动词后接介词以编码路径要素的现象，在随后的分类型分析中会论述到。

5.6.2.2 路径动词特征分析

在西班牙语 108 个谓语动词中，同日语路径动词的位置对应的有 66 处，其中有 62 例同样译为路径动词，有 3 例为方式动词，1 例为动词短语。

由此可知，在路径动词上，西班牙语和日语使用的位移动词类型重合度极高（93.9%），体现了西班牙语和日语较为一致的类型学特征。

(56) a. でも誰にもその井戸を見つけることはできないの。だからちゃんとした道を離れちゃ駄目よ。

b. Pero nadie puede encontrarlo.
但是　没人能找到它

Así que ten cuidado y **no te apartes** del camino.
如此　你要小心　**不要远离**　道路

例 (56a) 日语原句中"離れちゃ"（離れる）为路径动词，而例 (56b) 西班牙语译文也同样使用了 apartes（远离）这一路径动词。

(57) a. 直子は小さな丘のように盛りあがったところを上り、松林の外に出て、なだらかな坂を足速に下った。僕はその二、三歩あとをついて歩いた。

b. Naoko **subió** un ligero promontorio
直子　**登上**　一处轻微的隆起

parecido a una colina pequeña, **salió** del pinar y **bajó**
像一座小山　　　　　**离开** 松林　（走）下

la suave pendiente a paso ligero. Yo la seguía dos o tres
　　　缓坡　用轻快的步伐　我　她　跟着　　距离

pasos detrás.
两三步

例（57a）日语原文中使用了"上り、出て、下った"等一系列路径动词，而例（57b）西班牙语译文也同样使用了 subió（登上）、salió（离开）、bajó（下）等一系列路径动词。

(58) a. 彼女は飯田橋で右に折れ、お堀ばたに出て、それから神保町の交差点を越えてお茶の水の坂を上り、そのまま本郷に抜けた。

b. En Iidabashi **giró** hacia la derecha, **cruzó** el foso,
　在饭田桥（她）**转弯**　向右　　　**穿过**　坑（御堀端）

atravesó el cruce de Jinbochō, **subió** la cuesta de Ochanomizu
穿越　　神保町十字路口　　**登上**　　御茶水坡路

y **llegó** a Hongō.
　到达　本乡

例（58a）日语原文中使用了"折れ、出て、越えて、上り、抜けた"等一系列路径动词，而例（58b）西班牙语译文也同样使用了 giró（转弯）、cruzó（穿过）、atravesó（穿越）、subió（登上）、llegó（到达）等一系列路径动词。

在日语66例路径动词中，仅有3例在西班牙语译文中被译为方式动词。如下例。

(59) a. 僕は屋上の隅にある鉄の梯子を上って給水塔の上に出た。

b. **Trepé** por la escalera metálica hasta lo alto de la torre del agua.
（我）**攀爬**　顺着金属梯　　　　　直到水塔顶部

例（59a）日语原文中"上って"为路径动词，但例（59b）西班牙语译文将其表达为 trepé（攀爬）这一方式动词，编码了方式要素，同时通过介词 por（沿着）介引了位移的路径 la escalera metálica（金属梯）。

(60) a. カラスの群れが西の方からやってきて小田急デパートの上を<u>越えていった</u>。

　　b. Una bandada de cuervos se acercó por el oeste y
　　　一群乌鸦　　　　　　　　靠近　从西边
　　　sobrevoló los grandes almacenes Odakyū.
　　　飞越　　　 小田急百货大楼

例（60a）日语原文中"越えていった"为路径动词，例（60b）西班牙语译文将其表达为 sobrevoló（飞越）这一方式动词，编码了方式要素。这个动词虽然被划分为了方式动词，但是语义上兼具"飞翔"和"在空中跨越某区域"，所以语义上可以认为同时编入了路径要素。

此外，还有1例动词短语，如下例所示。

(61) a. 螢はボルトのまわりをよろめきながら<u>一周したり</u>、かさぶたのようにめくれあがったペンキに足をかけたりしていた。

　　b. **Dio una vuelta** alrededor del perno tambaleándose y
　　　转了一圈　　　在螺栓附近　　　 摇晃着（表方式）
　　　se subió a unos desconchones de la derecha.
　　　爬上　　油漆剥落处　　　右侧的

例（61a）日语原文中"一周する"为路径动词，例（61b）西班牙语译文使用了 dio una vuelta（转了一圈）这个动词短语，同样编码了路径要素。

5.6.2.3 方式动词特征分析

在西班牙语108个谓语动词中，同日语方式动词对应的有24例，其中

18 例同样译为方式动词，有 4 例为路径动词，2 例为指示动词。

在方式动词上，西班牙语和日语的位移动词类型重合度较高（75%）。

(62) a. そして水門のたまりの上を何百匹という数の螢が飛んでいた。

b. Sobre el estanque de la esclusa **volaban** cientos de luciérnagas.
水塘上方　　　船闸的　　　飞　　　几百只
萤火虫

例 (62a) 日语原文中"飛んでいた"为方式动词，而例 (62b) 西班牙语译文也同样使用了 volaban（飞）这一方式动词。

(63) a. 僕と緑はそんな街をしばらくぶらぶらと歩いた。

b. Midori y yo **vagábamos**.
绿子和我　　游荡，徘徊

例 (63a) 日语原文中"歩いた"为方式动词，而例 (63b) 西班牙语译文也同样使用了 vagábamos（游荡，徘徊）这一方式动词。

(64) a. 直子は再び東に向って歩きはじめ、僕はその少しうしろを歩いた。

b. Naoko reemprendió su marcha hacia el este y yo la **seguí**
直子重新开始　　　她的行走　向东　　我 她 跟随
unos pasos detrás.
几步之后

例 (64a) 日语原文中"歩いた"为方式动词，而例 (64b) 西班牙语译文也同样使用了 seguí（跟随）这一方式动词。

在日语 24 例方式动词中，有 4 例在西班牙语译文中译为路径动词。

(65) a. 僕と直子はまるで探しものでもしているみたいに、地面を見ながらゆっくりとその松林の中の道を歩いた。

　　b. Naoko y yo **cruzamos** el pinar despacio,
　　　直子和我　　　穿过　　　松林　缓慢地
　　　con la mirada fija ante nosotros, como quien busca algo.
　　　目光集中在我们前面　　　　　　似乎在寻找什么

例(65a)日语原文中"歩いた"为方式动词，但例(65b)西班牙语译文将其表达为 cruzamos（穿过）编码了路径要素，对方式要素没有予以关注。

(66) a. 僕はきちんとアイロンのかかったシャツを着て寮を出て都電の駅まで歩いた。

　　b. Me puse una camisa bien planchada, salí del dormitorio y
　　　我穿上　一件熨好了的衬衫　　　离开　从寝室
　　　me dirigí **a pie** a la estación del tranvía.
　　　向~移动　徒步　　有轨电车站

例(66a)日语原文中"歩いた"为方式动词，但例(66b)西班牙语译文将其表达为 me dirigí（向~移动），编码了路径要素的同时，又以随后的状语 a pie（徒步）补充说明了方式要素。

西班牙语译文中有两例将方式动词译为了指示动词，但是均以后接副动词的方式补充编码了方式要素。

(67) a. 僕と直子は四ッ谷駅で電車を降りて、線路わきの土手を市ヶ谷の方に向けて歩いていた。

　　b. Naoko y yo nos habíamos apeado en la estación de Yotsuya
　　　直子和　　我下车　　　　　　在四谷站
　　　e **íbamos andando** por el malecón paralelo a la vía
　　　去　行走(表方式)　沿着路基　平行于铁轨的

第五章　位移事件词汇化模式类型跨语言对比　　139

　　　　　en dirección a Ichigaya.
　　　　　向市谷方向

　　例（67a）日语原文中"歩いていた"为方式动词，例（67b）西班牙语译文中使用íbamos（去）这一指示动词，编入了路径要素，随后的副动词andando（行走）修饰动词，编码了方式要素，使其在语义上与原文保持一致。

　　（68）a. ヒッピー風の髭を生やした男やら、クラブのホステス
　　　　　　やら、その他わけのわからない種類の人々やら次から
　　　　　　次へと通りを歩いて行った。
　　　　b. Hombres barbudos al estilo hippy, chicas de alterne,
　　　　　 留着嬉皮士风格胡子的男人　　　交际女郎
　　　　　 individuos difíciles de catalogar……Todos **iban** desfilando,
　　　　　 难以归类的个体　　　　　　　　　所有人 **走（过）** 排列着
　　　　　 unos tras uno, por la calle.
　　　　　 一个接一个　　从街上

　　例（68a）日语原文中"歩いて行った"为方式动词，例（68b）西班牙语译文中使用iban（去）这一指示动词，编入了路径要素，随后的副动词desfilando（列队行进）修饰动词，编码了方式要素。

　　5.6.2.4　指示动词分析

　　在西班牙语108个谓语动词中，同日语指示动词对应的仅有2例，其中1例译为指示动词，另外1例译为方式动词。

　　（69）a. 彼女は僕の先に立ってすたすた廊下を歩き、階段を下
　　　　　　りて一階にある食堂まで行った。
　　　　b. La mujer se levantó, echó a andar por el pasillo, bajó
　　　　　 女人（她）站起身　（动身）走　经过走廊　　下

la escalera y **fue** hasta el comedor de la planta baja.
楼梯　　　**去**　　到食堂　　　　地下的

例（69a）日语原文中"行った"为指示动词，例（69b）西班牙语译文中同样使用了 fue（去）这一指示动词。

(70) a. その林の中の道を行くとロータリーに出ますから左から二本目の――いいですか、左から二本目の道を行って下さい。

b. Si **sigue** por la arboleda encontrará una rotonda.
如果您**沿着**树林**(走)**　　将看到一个转盘式路口
Usted tome el segundo camino a la izquierda.
您　　　选第二条路　　　左侧的

例（70a）日语原文中"行く"为指示动词，而例（70b）西班牙语译文中使用了 sigue［沿着，继续（走）］这一方式动词。

5.6.2.5 ［方式＋路径］动词分析

在西班牙语 108 个谓语动词中，同日语［方式＋路径］动词对应的有 16 例，其中 7 例译为路径动词，7 例译为方式动词，2 例译为指示动词。

由于西班牙语在语法上没有日语中"［方式＋路径］动词"的形态，在对译用例中，有出现单独的路径动词或方式动词，也有类似英语中方式动词后接介词以编码路径要素的现象。如下例。

(71) a. あなたは闇夜に盲滅法にこのへんを歩きまわったって絶対に井戸には落ちないの。そしてこうしてあなたにくっついている限り、私も井戸には落ちないの。

b. Aunque **anduvieras** por aquí de noche con los ojos cerrados,
即使**(你) 行走** 在这附近 在夜里　　闭着眼睛

tú jamás te caerías dentro.
你 绝不会掉落　到里面

Y a mí, mientras esté contigo, tampoco me pasará nada.
至于我与～同时 和你在一起也不会将在我身上发生什么

例（71a）日语原文中"歩きまわったって"（歩き回る）为［方式＋路径］动词，例（71b）西班牙语译文中使用了 anduvieras（行走）方式动词，又后接了介词词组 por aquí（在这附近）这一地点状语，在语义上同时表示了方式要素和路径要素。

(72) a. 風だけが我々のまわりを吹きすぎて行った。闇の中でけやきの木がその無数の葉をこすりあわせていた。

　　b. El viento **soplaba** a nuestro alrededor.
　　　风　　**吹，刮**　在我们周围
　　Las incontables hojas del olmo susurraban en la oscuridad.
　　数不清的树叶　　榆树的　飒飒作响　　在黑暗中

例（72a）日语原文中"吹きすぎて行った"为［方式＋路径］动词，例（72b）西班牙语译文中使用了 soplaba［（风）吹，刮］这一方式动词，又在其后接了介词词组 a nuestro alrededor（在我们周围）这一地点状语，在语义上同时表示了方式要素和路径要素。

(73) a. 揃いのユニフォームを着た男の子の一群がバットを下げて車内をばたばたと走りまわっていた。

　　b. Un grupo de estudiantes de uniforme y
　　　一群穿着制服的学生
　　con bates de béisbol en la mano **corrían** de arriba abajo
　　　手里拿着棒球拍　　　　　　　　**跑**　　上上下下
　　por el vagón.
　　在车厢里

例（73a）日语原文中"走りまわっていた"为［方式＋路径］动词，例（73b）西班牙语译文中使用了 corrían（跑）这一方式动词，又在其后接了介词词组 de arriba abajo（上上下下）这一方式状语和 por el vagón（在车厢里）这一地点状语，在语义上同时表示了方式要素和路径要素。

(74) a. 消毒薬と見舞いの花束と小便と布団の匂いがひとつになって病院をすっぽりと覆って、看護婦がコツコツと乾いた靴音を立ててその中を<u>歩きまわっていた</u>。

b. <u>Una mezcla de olor a desinfectante a ramos de flores</u>,
一种混合着～气味的消毒水　　　　　花束

<u>orina y ropa de cama lo cubría todo</u>, y las enfermeras
尿液和床单　　　　笼罩着一切　　　护士

<u>**iban** de acá para allá con un seco ruido de pasos</u>.
（走）去　从这里到那里　伴着哒哒的脚步声

例（74a）日语原文中"歩きまわっていた"为［方式＋路径］动词，例（74b）西班牙语译文中使用了 iban（去）这一指示动词，又在其后接了介词词组 de acá para allá（从这里到那里）这一地点状语和 con un seco ruido de pasos（伴着哒哒的脚步声）这一方式状语，在语义上同时表示了路径要素和方式要素。

5.6.3　西班牙语译文非谓语位移动词类型及分布特征

5.6.1 提到过，从语义结构上分析，原形动词和副动词在句中仍然保留了位移动词的语义，编码了路径要素或方式要素。接下来我们将围绕日语动词在西班牙语译文中被译为原形动词和副动词的 21 例，考察与日语原文动词类型对应的西班牙语动词类型及分布特征。

表 5-19 西班牙语译文原形动词和副动词的位移动词类型及分布特征

日语位移动词类型	西班牙语译文位移动词类型	实际用例	数量（个）
路径动词	路径动词	subiendo（登上）、cruzando（穿过）、atravesando（穿过）、adentrarse（进入）、cruzar（穿过）、torcer（拐弯）、subir（登上）	11
	方式动词	trepar（攀爬）	1
方式动词	方式动词	andar（行走）、pasear（散步）	4
指示动词	路径动词	llegar（到达）	1
[方式+路径]动词	方式动词	revolotear（盘旋，在空中飞舞）	1
	路径动词	atravesando（穿过）、cayendo（掉落）、recorriendo［遍历，（走）遍］	3
合计			21

5.6.3.1 总体特征分析

由表 5-19 可知，在西班牙语译文 21 个原形动词和副动词中，有 15 个路径动词，占比达 71.4%，充分体现了西班牙语路径编入动词，多用路径动词的类型学特征。而方式动词以 6 个的数量占比 25.6%。虽然样本较少，但是以上数据也说明了西班牙语和日语在位移动词类型上较为相近的特点。

5.6.3.2 各类型特征分析

在西班牙语 21 个原形动词和副动词中，同日语路径动词对应的有 12 例，其中有 11 例译为路径动词，仅有 1 例为方式动词，位移动词类型重合率高达 91.7%。同日语方式动词对应的有 4 例，全部译为方式动词。1 例指示动词译为路径动词。日语原文 4 例［方式+路径］动词，3 例译为路径动词，1 例译为方式动词。由此可知，在位移动词类型上，西班牙语和日语重合度较高。下面将各类型的位移动词举例如下。

(75) a. バスはいくつも山を越えて北上し、これ以上はもう進めないというあたりまで行って、そこから市内に引き返していた。

b. El autobús se dirigía hacia el norte **atravesando**
   公共汽车　走向，驶向　　向北方　**穿越，越过**
   varias montañas y, al llegar a un punto donde no podía
   几座山　　　　一到一个地方　　　　　　不能
   avanzar más, daba media vuelta y regresaba a la ciudad.
   前进　更多　　掉头　　　　　　返回　　　城市

例（75a）日语原文中"越えて"为路径动词，例（75b）西班牙语译文中使用了 atravesando（穿越）这一副动词（路径动词），修饰谓语动词 se dirigía（驶向），在语义上编码了路径要素。

(76) a. そんな道を十分ばかり歩いてガソリン・スタンドの角を右に曲がると小さな商店街があり、まん中あたりに「小林書店」という看板が見えた。

b. Tras **andar** unos diez minutos, giré en una gasolinera,
   在~之后 **行走** 大约十分钟　 转弯　在一个加油站
   encontré una pequeña calle comercial y, justo en el medio,
   发现　　　一条小商业街　　　　　　　正好在中间
   vi un letrero que decía LIBRERÍA KOBAYASHI.
   看到一块招牌　　　　　　写着小林书店

例（76a）日语原文中"歩いて"为方式动词，例（76b）西班牙语译文中在介词 tras（在~之后）后使用了 andar（行走）这一原形动词（方式动词），在语义上编码了方式要素。

(77) a. 僕とレイコさんは街燈に照らされた道をゆっくりと歩いて、テニス・コートとバスケットボール・コートのあるところまで来て、そこのベンチに腰を下ろした。

b. Reiko y yo caminamos despacio por un sendero
玲子和我　行走　　缓慢地　沿着一条小路
iluminado por la luz de las farolas hasta **llegar al lugar**
被路灯照亮的　　　　　　　　直到**到达**一个地方
donde estaban la pista de tenis y la cancha de baloncesto,
坐落着网球场和　　　　　　　　篮球场
y allí nos sentamos en un banco.
那里我们坐下　在一张长凳上

例（77a）日语原文中"来る"为指示动词，例（77b）西班牙语译文中在介词 hasta（直到）后使用了 llegar（到达）这一原形动词（路径动词），在语义上编码了路径要素。

本节基于日语原文及其西班牙语译文逐一考察了日语和西班牙语位移表达的词汇化模式和分布特征。日语位移表达中较多使用路径动词，占比达 60.7%，体现了日语将路径编入动词，具有"动词框架语言"的类型学特征。而西班牙语译文作为句法核心的谓语动词中，路径动词占比达 67.6%，作为非谓语核心的路径动词占比高达 71.4%，充分体现了西班牙语路径编入动词，多用路径动词，属于典型的"动词框架语言"的类型学特征。西班牙语除不具有日语［方式+路径］动词的形态手段以外，其他的方式动词和指示动词的类型和占比与日语都较为接近。另外在表示路径和方式要素时日语与西班牙语相比，较多依赖动词的词汇化手段。按照位移事件路径要素的突显程度，以及在语言编码中作为句法核心编入动词的典型程度，我们认为西班牙语将路径要素编入句法核心动词的程度较高，日语虽然与西班牙语同属于"动词框架语言"，但是其路径要素编入句法核心动词的程度略低于西班牙语。

5.7　综合分析

本节围绕编码位移事件的两种动词类型——"路径动词"和"方式动词"在日语、汉语、英语、韩国语及西班牙语中的分布情况，来对构成位移事件的语义要素与语法形式之间的对应关系进行综合的分析。

日语原文中路径动词为 91 例，方式动词为 32 例，路径动词与方式动词的数量上呈极显著性差异（$p<0.001$，$p\approx 0.000$）。这表明日语在编码位移事件时将路径要素编入动词，使用路径动词是其显著的特征，可以说路径动词是日语母语者倾向使用的词汇化模式，日语母语者对位移所涉及的空间场所会予以较高的关注，路径的突显度较高。同时对于路径要素编入动词体现了日语母语者将其识解为一个动态性事件，表征了位移主体与位移空间场所之间构成了互动关系，以基于事件内部的视点来体验性地叙述位移的动态性和过程性。

而与日语原文路径动词对应的汉语译文中"$[V_{方式}+V_{路径}]+N_{空间场所}$"结构有 41 例，"$A_{路径}+N_{空间场所}+V_{方式}$"结构有 18 例，两种对应汉语的表达形式在数量上呈非常显著性差异（$p<0.001$，$p\approx 0.000$）。这表明汉语在编码路径要素时更倾向于将其作为方式动词的附属成分，汉语母语者对位移所涉及的空间场所关注度并不高，而对位移的方式予以突显，将其进行编码实现了词汇化。"$[V_{方式}+V_{路径}]$"的并列结构体现了汉语母语者对于构成位移事件的要素都进行细致的编码，是一种临摹度较高的词汇化模式。

与日语原文位移动词对应的英语动词编码类型中"$V_{方式}+P_{路径}$"类型为 58 例，与其他类型在数量上呈极显著性差异（$p<0.001$，$p\approx 0.000$）。这表明英语突显位移的方式要素，将其编入动词语义，而对于位移的路径将其以介词进行编码，体现了英语母语者对位移事件以整体性扫描来识解，并不突显其动态性。反映了英语母语者从事件外部的视点，以一种静态描写的认知方式来客观地叙述空间位置关系的变化。

韩国语译文位移动词类型中路径动词 104 例，方式动词 41 例，位移动词类型分布呈极显著性差异（$p<0.001$，$p\approx 0.000$）。这表明韩国语和日语一样，位移事件的路径要素倾向于编入动词语义中，对于路径要素的突显度较高。两种语言对于位移事件的识解方式较为一致，在位移事件的编码类型及位移事件的识解类型上，两种语言的特征较为接近，呈现较为一致的类型学特征。

而西班牙语译文中路径动词有 73 例，方式动词有 29 例，路径动词与方式动词在数量上存在极显著性差异（p＜0.001，p≈0.000）。这表明西班牙和日语一样，对位移的路径突显度极高，西班牙语母语者更为关注位移的路径信息，而对位移的方式信息并不十分关注。将路径编入动词同样也是动态性地叙述位移过程，与日语相比呈现了更为典型的"动词框架语言"的类型学特征。

5.8 结语

本章基于日语原文及其汉译、英译、韩译、西译语料逐一考察了日语、汉语、英语、韩国语、西班牙语位移表达的词汇化模式和分布特征。

日语位移表达中较多使用路径动词，占比达60.7%。这充分体现了日语将路径编入动词，具有"动词框架语言"的类型学特征。而汉语对译语料中路径要素通常编入 V_1V_2 复合动词的后项动词，以附属于 V_1 主要动词的补语成分实现句法表征。同时汉语会对位移的方式要素予以关注，将位移的方式或位移的默认方式编入动词或复合动词的前项动词，而将路径以介词介引，形成介词结构作为附加成分实现句法表征。汉语的这种编码方式体现了对"方式"和"路径"要素的高度临摹，以及对"方式"较为突显的识解特征。从路径编码的句法表征来看汉语体现了倾向"卫星框架语言"的特征。

英语对译语料最突出的编码类型是［方式动词+路径介词］的结构式，占位移动词表达的近乎一半。英语突显位移的方式，将方式要素编入动词，而将路径要素以介词或副词进行编码，附属于方式动词之后。从路径编码为非实词的角度来看，英语是较为典型的"卫星框架语言"，而与英语相比汉语并不是典型的"卫星框架语言"。

韩国语对译语料中路径动词占比为71.2%，呈现出和日语较为一致的类型学特征。韩国语将位移路径编入动词，通过位移融合路径要素的位移动词表达空间移动，可以说是典型的"动词框架语言"。

西班牙语对译语料作为句法核心的谓语动词中，路径动词占比达67.6%，充分体现了西班牙语路径编入动词，多用路径动词，属于典型的"动词框架语言"的类型学特征。西班牙语除不具有日语［方式+路径］

动词的形态手段以外，其他的方式动词和指示动词的类型和占比与日语都极为接近。

根据以上考察结果，按照位移事件路径要素的突显程度，以及在语言编码中作为句法核心编入主要动词的典型程度，以上五种语言可以作为一个连续体呈现其位移事件词汇化模式的异同特征，如图5-1所示。

路径要素编入句法核心动词的程度

⟵—————————————————————————⟶

低　　　　　　　　　　　　　　　　　　　　　　　　　　高

英语　　　　　　汉语　　　　　　日语　西班牙语　韩国语

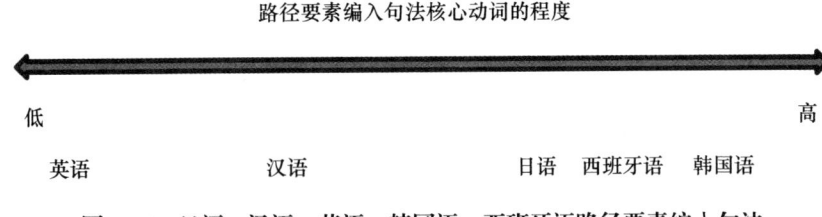

图 5-1　日语、汉语、英语、韩国语、西班牙语路径要素编入句法核心动词的类型学定位

如图5-1所示，在路径要素编入句法核心动词的典型程度上，韩国语最为典型，西班牙语次之，日语再次之。而英语其典型程度最低，汉语则高于英语。据此，我们可以认为，从位移事件词汇化模式类型角度来说，韩国语和西班牙语是典型的"动词框架语言"，而日语属于较为典型的"动词框架语言"。另一方面，英语是典型的"卫星框架语言"，而汉语不是典型的"卫星框架语言"。通过跨语言的对比实证研究，可以发现在既有的语言类型二分法框架内，被认为属于同一语言类型的不同语言之间存在个性差异。

第六章

日汉语"自主位移"表达式对比

6.1 引言

位移是指物体在时间的推移中改变其空间位置。在两种语言之间或跨语言之间对位移事件的表达形式进行对比，可以揭示不同语言各自具有的性质和特征。位移的表达形式在语言表达式中是最基本的内容之一。因此，对于位移表达形式的研究，可以为探究语言表达式的基本性质提供重要线索。本章基于上述观点，聚焦日汉语中的位移表达式，以自主位移表达"出る"一词为例，基于日汉对译的语料调查，对比和分析日语和汉语位移动词构成的词汇化类型及其特征，以及位移事件的核心概念"路径"的语言编码方式，从而揭示在表达同一位移事件时，日汉语在语言编码机制上的差异。

6.2 自主位移

人通过其自身的移动改变自己所处空间场所的位置，或是通过某种行为作用使外界事物的空间位置发生改变，这些是日常生活中较为普遍的现象，也是最容易被人感知和观察到的事件。前者是施动者自身发生的位置变化，可以称为"自主位移"；后者是动作对象在施动者的动作下发生的位置变化，可以称为"致使位移"（松本，2017：1-2）[①]。以下两个例句中发生的位移分别为"自主位移"和"致使位移"。

(1) 太郎は何も言わずに一人で<u>部屋を出た</u>。
(2) 太郎は何も言わずに<u>バッグからハンカチを出した</u>。

例（1）中"太郎"通过自身的位移动作使自己发生了从"屋子里"到"屋子外"的位置变化，因此发生的位移为"自主位移"。而例（2）中"太郎"通过自己手部的动作，将"手帕"从提包中移动到提包外，因此"手帕"发生的空间移动是由于动作主体的动作行为引起的，属于"致使位移"。

如上所示，"自主位移"和"致使位移"这两种类型的位移事件是日常生活中经常可以观察到的行为，是基于我们的身体体验的基本行为模式。本章聚焦于"自主位移"事件，通过对比日语和汉语"自主位移"事件的表达形式，分析日语和汉语"自主位移"动词的词汇化类型，以揭示日语和汉语在表达同一事件时的编码差异。

接下来第3节参照Talmy（1985）和上野、影山（2001）对构成"位移事件"的各个要素进行归纳，第4节基于Talmy（1985）的类型学观点对日语和汉语位移动词进行分类。第5节选取日语位移动词"出る"为例，考察"自主位移"表达式的主要构式类型。第6节考察与日语对应的汉语表达式，分析表达同一位移动作"出る"时汉语的词汇、构式特征。第7节调查日语和汉语对译语料中位移动词类型分布情况，通过对比分析日语和汉语表达"自主位移"事件时表达形式上的差异，揭示日语和汉语表达同一事件时的编码差异。

6.3 构成位移事件的各要素

对于位移动词，一般认为表示位移主体的主语和表示位移主体位移路

[①] 松本（2017：1-2）将移动主体为主语的位移表达称为主体移动表达（主体移动表現），将由主语引起的宾语的位移称为客体位移表达（客体移動表現），即致使位移表达。

径的空间表达式（从哪里出发、经过哪里、到达哪里）是必有论元。Talmy（1985）提出对于位移事件的成立如下所示的要素是不可缺少的。

  a. 位移本身（Motion）
  b. 位移主体（Figure）
  c. 路径（Path）
  d. 背景（Ground：规定路径时的参照物）
  e. 位移的方式（Manner）或原因（Cause）等外部条件
（上野、影山，2001：49）（笔者译）

这五个要素中，b. 位移主体和 c. 路径是构成位移事件的必需要素。路径包括起点、经过点、终点。本书参考上野、影山（2001）和松本（1997），将伴随位移的路径表达分为起点（Source）、终点（Goal）、中间路径（Route）、方向（Direction），将所有的空间表达形式，包括位移的方向性，统称为"路径"。

上野、影山（2001：44）根据有界（bounded）和无界（unbounded）的概念，将路径进一步分为"有界性"和"无界性"。如下所示，英语中多用前置词来表示路径。

  路径（Path）
 Ⅰ. 有界性路径
  i. 终点（Goal）：to the park, onto the table, into the box
  ii. 起点（Source）：from the park, off the table, out of the box
 Ⅱ. 无界性路径
  i. 方向（Direction）：
   （a）终点指向的方向：toward the destination
   （b）起点指向的方向：away from the station
  ii. 中间路径（Route）：along the street, down the hill, through the tunnel, across the desert, over the mountain, by the gate

6.4 日汉语位移动词的分类

世界上的各种语言在用句法成分来表达构成位移的各要素时，对于表达式的选择是不同的（宫岛，1984；Talmy，1985）。这种不同最重要的差异体现在句法核心的动词语义中编入了哪些位移要素。位移动词在表达位移事实的同时，多数情况下还会同时表达位移的方式和路径等。这时位移的方式、路径等会和位移事实一起编入一个动词中，或者由其他成分进行编码（松本，1997：130）。从类型学的角度对上述位移动词的语义结构进行系统研究的是 Talmy（1985，1991，2000a、b）等。

泰尔米认为在对语义结构进行词汇化时根据位移概念（move）本身和其他哪些要素进行融合（conflate），可以将世界上各个语言中的位移动词分为以下三种类型。

  a. 位移与方式或者原因的融合
   （位移的方式或原因编入位移动词）
  b. 位移和路径的融合
   （位移的路径编入位移动词）
  c. 位移和位移主体的融合
   （位移主体编入位移动词）

（上野、影山，2001：50）（笔者译）

Talmy（1985）进一步认为，任何语言都是把这三种类型中的一种作为其语言中最具"特征性"的词汇化类型来使用。一般认为汉语和英语等语言属于 a 类型、日语和西班牙语等语言属于 b 类型（宫岛，1984；松本，1997；上野、影山，2001）。本书将位移的方式编入位移动词中的动词类型称为"方式动词"，位移的路径编入位移动词中的动词类型称为"路径动词"①。

方式动词在汉语和英语中属于基本类型。但在日语中，位移的方式一般是以后置词句节、テ形动词构成的副词成分来表达的，如例（3）中所示。例（4a）是汉语中具有代表性的方式动词，例（4b）是日语中具有代表性的方式动词。

(3) 彼は｛車で/歩いて｝川を渡った。

（松本，1997：141）

(4) a. 汉语中的方式动词：
   走、跑、游、飞、登、爬、翻、穿、渡、越、流、浮
   b. 日语中的方式动词：
   歩く、走る、泳ぐ、飛ぶ、這う、潜る、流れる、転がる、伝う、滑る

路径动词是日语的基本类型。路径动词在日语中数量较多，而汉语中路径动词主要有例（5）所示的编入了方向性的位移动词。

(5) 汉语中的路径动词：[+方向]
   a. 单音节动词：上、下、来、去、进、出、回、过
   b. 双音节动词：上来、上去、下来、下去、进来、进去、出来、出去、回来、回去、过来、过去

日语路径表达中，根据起点、终点、中间路径、方向这四个要素中哪个要素被编入位移动词，将路径动词进一步分为以下四类。

(6) a. 方向性位移动词：[+方向]

---

① Talmy（1991，2000a、b）根据西班牙语、日语中路径以动词的形式作为句法核心进行编码这一语言现象，将其称为"动词框架语言"（verb-framed language），因英语中路径以附属于动词的非核心成分编码而将其称为"卫星框架语言"（satellite-framed language）。详见本书第一章第3节。

行く、来る、登る、下る、上がる、降りる、戻る、進む、曲がる
b. 起点指向的位移动词：[＋起点]
出る、去る、離れる、発つ、立つ、外れる
c. 终点指向的位移动词：[＋终点]
着く、入る
d. 中间路径指向的位移动词：[＋中间路径]
渡る、通る、過ぎる、抜ける、越える、回る、辿る、経る

上述日语路径动词中，"出る"融入了位移经由（从哪里开始、经过哪里、到达哪里）的起点、终点。其句法特征可通过以下句法测试来确认。

(7) a. 太郎はそこにじっと座っていて部屋から出ていかなかった。
b. ＊太郎はそこにじっと座っていて部屋から行かなかった。
c. ＊太郎はそこにじっと座っていて部屋から渡っていかなかった。

观察上述例句可以发现，[路径＋指示]的类型，如"出ていく"，可以与"から"标记的起点名词句节共现。但表示方向性的指示动词"行く"单独使用时却不能与其共现①。中间路径指向型动词"渡る"也不能和起点名词句节共现。

"出る"与只能以"ヲ"格为格助词的"中间路径指向"型位移动词一样，很多情况下会使用"ヲ"格来标记位移起点，如例（8）所示。

(8) a. 太郎はメガネをかけ直しながら部屋を出た。
b. 太郎はメガネをかけ直しながら歩道を渡って行った。

---

① 位移事件中的"指示"（deixis）是指以说话者为参照点的位移方向，一般可分为"朝向说话者的向心性移动"和"远离说话者的远心性移动"两种。

"出る"与标记位移行为终点的ニ格也可以共现,如例(9)所示。

(9) 太郎は急な階段を上りきって上の階に出た。

"出る"具有可以与标记起点、中间路径、终点的"カラ"格、"ヲ"格、"ニ"格的任何一个共现的句法特征,可以认为"出る"涉及了位移行为的出发、经由、到达中的每一个阶段。本书基于这种语言事实,从路径动词中选择"出る"为例,观察表示各个位移阶段时"出る"的句法结构,揭示实际语言使用中"出る"的句法特征和构式特征。

6.5 "出る"的句法特征和构式特征

本节基于实际用例进行语料调查,考察在实际的语言生活中"出る"的句法特征和构式特征。6.5.1 基于实证调查考察和分析表示起点的"～から出る"和"～を出る"都可以使用时二者的差异。6.5.2 考察和分析在文学作品的语言使用中"出る"的构式特征。

6.5.1 "～から出る"和"～を出る"的差异

本小节主要考察"出る"在与"カラ"格和"ヲ"格共现时,二者在事件识解上反映了怎样的差异。

(10) あまり物音を立てないように、気をつけながら、ミルは病室を出た。

『悪の花』

为了不出声响,米尔小心翼翼地走出了病房[①]。

《恶之花》

---

① 例(10)、例(11)出自"現代日本語書き言葉均衡コーパス"(现代日语书面语均衡语料库),汉语译文为笔者译。本书中的日语例句汉语译文除出自"中日对译语料库"的例句外,均为笔者译。

(11) 僕は追い出されたように病室から出るよりほかしかたなかった。

『境界線上の人々』

我像被撵了出去一般，只好从病房走了出去。

《边界线上的人们》

"病室"（病房）是有着明确边界，占据一定空间的有限的场所。例（10）中的"気をつけながら"表现了在位移过程中的状态，位移主体位于病房中，准备向外移动的过程，此时"病室"（病房）是持续性位移动作发生的场所。而例（11）中，位移主体从病房中向外移动的过程并未被焦点化，焦点被置于位移的起点，即位移动作"出る"从哪里开始发生。

同样是用"出る"表达的位移事件，却使用了两种不同的表达形式，这可以解释为认知主体将认知焦点置于位移事件的哪一阶段。例（10）和例（11）中因位移主体在同一地点进行同样的位移动作，因此可看作二者共用同一框架①。位移事件"出る"的框架如图6-1所示，是从"病室"（病房）这一场所内向场所外移动的过程，包括从 A 向 A′移动的阶段和从场所的边界线 A′继续向外移动的阶段。当认知焦点置于由 A 向 A′移动的过程时，使用ヲ格标记，ヲ格名词句节表示伴随位移动作"出る"形成的路径部分，如图6-1（a）所示。当认知焦点转移至边界线 B′时，使用カラ格标记，カラ格名词句节表示位移动作"出る"的起点部分，如图6-1（b）所示。因此，共有框架中不同的要素或阶段被焦点化成为ヲ格和カラ格二者都可以使用的动因。

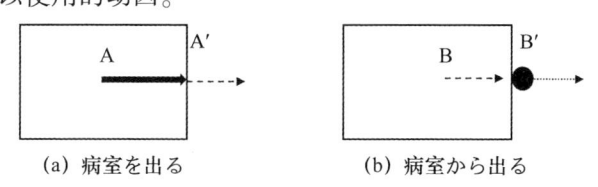

(a) 病室を出る　　　　(b) 病室から出る

图6-1　"~を出る"和"~から出る"的焦点化差异

注：实线箭头和黑色实心圆表示认知焦点。

---

① "框架"是指在理解某种概念时必不可少的背景知识结构，可以认为词的语义是以框架为背景才得以被理解的。

6.5.2 "出る"的构式特征

本小节使用"中日对译语料库",对其中收录作品村上春树著《挪威的森林》中"出る"的表达形式进行考察。在语料库中以"出"为检索条件,在得到的结果中删除非自主性位移的用例,最终得到了83例自主位移表达。下文将基于实际用例考察"出る"的构式特征。与"出る"共现的格助词的情况如表6-1所示。

表6-1 《挪威的森林》中与自主位移动词"出る"共现的格助词的使用状况

共现的格助词的种类	例句数量（个）
~に出る	46
~を出る	27
~から出る	2
~まで出る	1
无共现格助词	7
合计	83

可以看出,与"出る"共现频率最高的为"~に出る"结构,数量达到了例句总数的一半。如例（12）。

（12）僕は屋上の隅にある鉄の梯子を上って給水塔の上に出た。

例（12）中表示利用梯子向上方移动的位移过程,在伴随"起点、中间路径、终点"的这段位移过程中,"出る"用于表示"终点"的阶段,使用ニ格标记位移的目的地。

由此可以认为起点指向动词"出る"在实际语言使用中,更多用于多个位移动作形成的连续性位移事件中终点部分的编码。

（13）僕は肯いて立ちあがり、二人で教室を出た。

（14）君が毎朝鳥の世話をしたり畑仕事をしたりするように、僕も毎朝僕自身のねじを巻いています。ベッドから出て歯を磨いて、髭を剃って、朝食を食べて、服を着がえて、寮の玄関を出て大学につくまでに僕はだいたい三十六回くらいコリコリとねじを巻きます。

（15）京都駅についたのは十一時少し前だった。僕は直子の指示に従って市バスで三条まで出てそこの近くにある私鉄バスのターミナルに行って十六番のバスはどこの乗り場から何時に出るのかと訊いた。

以上例（13）、例（14）、例（15）中的空间场所名词分别用ヲ格、カラ格、マデ格标记。例（13）中的ヲ格标记的是发生"出る"这一行为时经过的有限的空间场所，例（14）中カラ格标记位移动作的起点，例（15）中マデ格表示位移动作的终点。

通过考察可以发现，与"出る"共现的格助词具有多样性，这也可以认为是"出る"具有多义性语义特征，可以编码"起点、经过点、终点"等各个位移阶段的形成动因。

基于实例的考察更进一步显示相对于单一位移事件，"出る"更多用于描写一系列的位移动作形成的连续性位移事件。"出る"用于连续性位移事件时的构式使用情况如表6-2所示。

表6-2　　　　描写连续性位移时"出る"的构式特征

构式类型	构式特征	例句数量
Ⅰ．"出る"出现在句首	～を出て～$V_{1移动}$～$V_{2移动}$～	5
Ⅱ．"出る"出现在句中	～$V_{1移动}$～に出て～$V_{2移动}$～	2
Ⅲ．"出る"出现在句末	～$V_{1移动}$～$V_{2移动}$～に出る	9
合计		16

根据表6-2可知，"出る"可用于编码连续性位移的起点、位移中途

的经过点或连续性位移的最终目的地等位移的各个阶段。

(16) 僕もとくに午後の授業に興味があるわけではなかったので学校を出てぶらぶらと坂を下って港の方まで行き、ビリヤード屋に入って四ゲームほど玉を撞いた。
(17) 我々は本部の建物を出て小さな丘を越え、プールとテニス・コートとバスケットボール・コートのそばを通りすぎた。
(18) 直子は小さな丘のように盛りあがったところを上り、松林の外に出て、なだらかな坂を足速に下った。
(19) 彼女は飯田橋で右に折れ、お堀ばたに出て、それから神保町の交差点を越えてお茶の水の坂を上り、そのまま本郷に抜けた。
(20) 僕は彼女のあとをついて廊下のつきあたりにある狭い急な階段を上り、広い物干し場に出た。
(21) 彼女は、テニス・コートの手前を左に折れ、狭い階段を下り、小さな倉庫が長屋のような格好でいくつか並んでいるところに出た。

例（16）、例（17）属于类型Ⅰ，表示以一个空间场所为位移起点的一系列位移行为的路径。例（18）、例（19）属于类型Ⅱ，表示连续性位移中途的经过点。例（20）、例（21）属于类型Ⅲ，表示连续性位移的最终到达点。

综上可以认为连续性位移中路径要素和位移的概念均编入包括"出る"在内的"上る""下る""越える"等路径动词中，突显了日语偏好使用"路径动词"的类型学特征。

以上考察揭示了表示自主位移的路径动词"出る"在实际的语言使用中，多用于对位移终点的编码。

6.6　与日语"出る"对应的汉语表达形式

本节 6.6.1 阐述汉日对比和汉英对比研究中提出的汉语位移动词的类型学特征；6.6.2 概述松本（编）（2017）对汉语和日语进行类型学考察的结论；6.6.3 在前人研究的基础之上对上一节中收集的日语语料所对应的汉语自主位移表达形式进行考察。

6.6.1　汉英对比中汉语位移动词的类型学定位

如上文所述，Talmy（1985，1991，2000a、b）认为路径这一概念是决定各种位移事件框架的核心要素，并根据世界各语言在表达路径时所具有的语言形式特征将其分为"方式动词"类型和"路径动词"类型这两类。泰尔米将位移动词中融合了路径概念的"路径动词"类型的语言称为"verb-framed language"，即"动词框架语言"；将使用接辞、前置词、后置词等"卫星语素"进行表达的"方式动词"类型的语言称为"satellite-framed language"，即"卫星框架语言"。依据这种分类，泰尔米认为汉语和英语同属"卫星框架语言"。Slobin（2004）聚焦于泰语、汉语等语言中方式和路径使用具有同等句法地位的动词来表达这一语言现象，认为还存在第三种类型"均衡框架语言"（equipollently-framed language）。针对汉语在类型学中的定位，国内的汉英对比研究可大致分为以下三种观点。

第一种观点是从汉语和英语对方式和路径等位移事件构成要素的编码差异出发，主张汉语与英语不同，并不是典型的"卫星框架语言"。如李雪、白解红（2009）和李雪（2010）指出，汉语方式动词的类型并不如英语那样丰富，英语中"走"这一范畴中的动词可表示多种多样的方式，而汉语则只能使用"状态修饰语＋走"这一分析性表达。

　　limp（一瘸一拐地走）、shuffle（拖拖拉拉地走）、dodder（摇摇晃晃地走）、tiptoe（踮着脚尖走）、falter（瑟瑟缩缩地走）、swagger（大摇大摆地走）、pad（蹑手蹑脚地走）

且英语更倾向于用前置词或副词（in、out、up、down、back、past、across、through、along、on、over、above、below、off、aside、away、ahead、apart、together）来表达路径，而汉语的路径动词既可以单独使用（来、去、上、下、进、出、回、过），也可以与方式动词搭配共同表达位移事件。

第二种观点是从编码路径和连续性位移时汉英语的差异出发，认为汉语并不是典型的"卫星框架语言"，而更接近"均衡框架语言"。如罗杏焕（2008）根据在表达连续性位移时，汉语不同于英语"［方式动词］+［路径卫星语素$_1$+路径卫星语素$_2$］……"的表达形式，采用"［方式动词$_1$+路径动词$_1$］+［方式动词$_2$+路径动词$_2$］……"的表达形式，认为汉语并不是典型的"卫星框架语言"，而更接近于"均衡框架语言"。

第三种观点是根据中日英三种语言的对比，认为汉语和日语一样，都属于"动词框架语言"。如吴建伟、潘艳艳（2017）根据汉语多用路径动词，且路径动词可与其他句法成分搭配使用的特点，认为汉语和日语展现了同样的类型学特征。

如上所述，对于汉语位移动词的类型学定位，各位学者的见解不尽相同，但可窥见汉语对方式和路径进行编码时的复杂性，因此不能简单地认为汉语与英语相同，属于典型的"卫星框架语言"。

6.6.2 松本（编）（2017）对日汉语位移动词的类型学定位

松本（编）（2017）阐明了位移表达的类型学，其中柯理思（Christine Lamarre）（2017：125）认为汉语在自主位移（主体移动）中多使用路径动词，因此汉语并不是典型的"卫星框架语言"（サテライト枠付け言語）；而汉语在"致使位移"（客体移动）中，只有后项为路径补语的复合动词才能用于含有客体位移表达在内的所有位移表达类型。且路径补语声调被弱化，已经形成了一个封闭的类。从这两点可以判断汉语具有"卫星框架语言"（サテライト枠付け言語）的特征。

关于日语，松本（2017：338）聚焦于"指示性"（deixis/経路の指示的特性）表达，指出当指示性和路径都予以编码时，路径是非核心（non-head）动词；而指示性没有予以编码时，路径才被置于核心。因此他认为日语的自主位移表达中，指示成分是纯粹的"核心表示类型"（主要部表示型），即"动词框架语言"；而路径可称为"准核心表示类型"（準主要部表示型）。

根据以上前人研究的观点，可以发现其立场都十分明确，认为汉语并不是典型的"卫星框架语言"（サテライト枠付け言語）。而日语中如果指示性没有予以编码时，可将其归类为"动词框架语言"。

6.6.3 对译语料中与日语"出る"对应的汉语表达形式

本小节将基于以上汉语和日语位移动词的类型学定位，观察与本章第5节中收集的日语语料相对应的汉语译文，考察在表达同一事件时汉语动词的词汇化类型。

观察对译语料可以发现，与日语"出る"对应的汉语表达形式多种多样。其对应类型如表6–3所示。

表6–3　　　与日语"出る"对应的汉语表达形式的类型

类型	实际用例	数量（个）
$V_{方式} + V_{路径}$	钻出，走出，走上，跑去	19
$V_{指示} + N_{空间场所}$	去新宿，去外面，来东京	5
$V_{路径} + V_{指示}$	出去，出来	4
$V_{路径} + N_{空间场所}$	出校门，出站，上街，出店	11
$V_{指示} + 到 + N_{空间场所}$	来到御堀端，来到新宿	4
$V_{路径} + 到$	出到（外边）	1
$V_{方式} + 到$	通到	1
到 + $N_{空间场所}$	到街上，到走廊，到三条	5
从 + $N_{空间场所}$ + 出来/出去	从这里出来，从这里出去	4
其他	离开（教室），在东京，爬起床，起身，扬长而去，往新宿赶去，外出	29
合计		83

从表6–3可以观察到，汉语的对应表达形式中，路径动词"出"作

为复合动词后项的动补式类型［V$_{方式}$ + V$_{路径}$］的使用较多，此外也有将"出"作为独立的路径动词，在其后附加空间场所名词的"动宾结构"。还存在根据原文语境信息将"出る"译为"离开"等单纯表示动作或行为的动词或其他动词的情况。

路径要素是被编码为核心动词（本动词），还是置于作为核心动词的方式动词后作为补语被编码，其表达类型十分复杂。

(22) a. 直子は小さな丘のように盛りあがったところを上り、松林の外に出てなだらかな坂を足速に下った。僕はその二、三歩あとをついて歩いた。

b. 直子爬上小土丘般的高冈，钻出松林，快步走下一道斜坡。我拉开两三步距离跟在后面。

(23) a. 僕もとくに午後の授業に興味があるわけではなかったので学校を出てぶらぶらと坂を下って港の方まで行き、ビリヤード屋に入って四ゲームほど玉を撞いた。

b. 我对下午的课也不是很有兴致，便出了校门，晃晃悠悠地走下坡路，往港口那边逛去。走进桌球室，玩了四局。

例(22b)中与日语"出る"对应的是［V$_{方式}$ + V$_{路径}$］型复合动词"钻出"，例(23b)中与其对应的是"V$_{路径}$ + N$_{空间场所}$"。即汉语的路径动词"出"既可以作为路径补语，具有"卫星框架语言"的特征，也可作为核心动词，具有"动词框架语言"的特征。

史文磊（2011）认为，从历时的角度来看，汉语"位移事件"的词汇化类型具有从 V 型（verb-framed）向 S 型（satellite-framed）变化的倾向。上古汉语位移动词中存在很多融合型动词，即"路径"和"方式""使役"等位移事件的构成要素编入一个动词，使用一个单音节路径动词表达。但由于方式要素从位移中分离，演变成 V$_1$ 表示方式，路径动词 V$_2$ 作为补语表示路径的结构。例如古代汉语中的综合性单动式路径动词"至、到"，在现代汉语中使用"走到、跑到"等分析性复合动词（动补结构）来表达。

汉语位移动词完成由综合性向分析性的历时变化过程可以归纳如下。

路径动词单动式（V型）→［动词+方向补语］结构（动趋式）（S型）

即：V［路径+位移］→V₁［方式+位移］+V₂［路径］

基于史文磊（2011）的研究，本书认为汉语的"出"也经过了此种历时性变化，作为路径动词使用时保留了古代汉语的融合性，作为路径补语使用时，呈现出分析性的变化。

(24) a. 我々は本部の建物を出て小さな丘を越え、プールとテニス・コートとバスケットボール・コートのそばを通りすぎた。

b. 我们走出主楼，翻过一座小山冈，从游泳池、网球场和篮球场旁边通过。

如例（22b）、例（24b）所示，与日语路径动词"出る"相对应的是汉语"钻出""走出"等［方式+路径］类型，二者都编码了如何"出"这一位移动作的方式。对于位移动作相关的要素，汉语既关注"方式"，也关注"路径"，如例（22b）的"钻出"和例（24b）的"走出"，使用连动式复合动词临摹性地表达位移事件。而日语则是将路径要素和位移概念一起编入动词中，并不关注"出去"这一位移动作的具体方式。即，在位移事件中汉日两种语言存在编码结构上的差异，位移事件的构成要素中有的要素会被编码，有的要素不会被编码。

(25) a. 彼女は飯田橋で右に折れ、お堀ばたに出て、それから神保町の交差点を越えてお茶の水の坂を上り、そのまま本郷に抜けた。

b. 到了饭田桥，她向右一拐，来到御堀端，之后穿过神保町十字路口，登上御茶水坡路，随即进入本乡。

(26) a. 谷川に沿ってその杉林の中をずいぶん長い時間進み、世界中が永遠に杉林で埋め尽されてしまったんじゃないかという気分になり始めたあたりでやっと林が終り、我々はまわりを山に囲まれた盆地のようなところに出た。

b. 车沿着谷川在杉树林中行驶了很久很久，正当我恍惚觉得整个世界都将永远埋葬在杉树林的时候，树林终于消失，我们来到四面环山的盆地样的地方。

(27) a. それから十分ほどで坂道は終り、高原のようになった平坦な場所に出た。

b. 又爬了十多分钟，山路没有了，来到高原一般平坦的地方。

例（25b）、例（26b）、例（27b）中，日语"～に出る"构式对终点部分进行编码，汉语中并没有采用表示"离开"的"出"，而是关注"到达"行为，使用"来到"表达，其中补语"到"标记终点。即日语"出る"可以编码"起点、中间路径、终点"中的任何部分，但汉语中不同的部分需要用不同的词汇进行编码。

从以上汉语表达形式的类型中，可以发现汉语中与日语路径动词"出る"对应的表达不仅有路径动词，此外路径补语作为卫星成分与其对应的情况也较多。本节只选取了"出る"一个动词，例句数量较少，虽无法全面描写汉日两种语言类型学特征，但通过对位移动词"出る"进行的汉日语对比，刻画出了日语属于"动词框架语言"，汉语则呈现出既具有"卫星框架语言"，同时也具有"动词框架语言"的类型学特征。

6.7　基于日汉对译语料的位移动词分布情况调查

姚艳玲（2014：205-211）从"中日对译语料库"的日语原文中抽取了459例位移动词表达式，对日语原文和汉语译文中位移动词词汇化类型进行了调查分析，得出方式动词和路径动词的分布情况如下所示。

日语→汉语
方式动词：
日语：181 例（39.4%）　　汉语：333 例（72.5%）
路径动词：
日语：278 例（60.6%）　　汉语：126 例（27.5%）

从以上调查结果可以看到，日语原文路径动词的使用数量较多，而与此对应的汉语译文正好相反，方式动词的使用明显多于路径动词的使用。

(28) a. 私は目を覚ました。ブンブンという唸るような音が耳にあった夜空を渡る飛行機の爆音であった。

『野火』

b. 我从梦中醒来。耳边响起了隆隆的轰鸣，这是飞过夜空的飞机发动机的声音。

《野火》

例（28a）的"渡る"是位移的中间路径编入动词语义中的路径动词，动词本身并没有对位移的方式进行编码。而在对应的汉语表达中，"飞行"这种位移的方式由核心动词"飞"表示，中间路径"夜空"由趋向补语"过"来表示。另外，方式在日语里没有被编码出来，而在汉语里编入位移动词，由方式动词"飞"表达。日语中属于路径动词类型的动词在汉语里被译为 [$V_{方式} + V_{路径}$] 复合动词形式的方式动词[①]。

再如例（29）、例（30）、例（31）所示，对于日语起点指向的位

---

① 沈家煊（2003：22）认为现代汉语的动补结构，动词是核心语，补语是（谓语动词的）附加语。同时李雪、白解红（2009：9）也认为，用在方式动词后的路径动词（即趋向补语）已经语法化，相当于英语中的动词小品词或介词，而不再是完全的动词。本书以动词成分的语义中是否编入位移方式或位移路径为标准划分"方式动词"和"路径动词"，并由此将［表示方式的动词 + 趋向补语］结构归为"方式动词"。

移动词，汉语都把"怎样出去了"的位移方式予以编码。例（29）是"走着出去"，例（30）是"脚下晃晃悠悠地出去"，例（31）则是"脚跨着门口出去"。

(29) a. 曾根二郎は、そのリュックを肩にして、正午少し前に宿を出た。

『あした来る人』

b. 他把背囊放在肩上，傍午时分走出住处。

《情系明天》

(30) a. それからリュックを取りかえすと、酔いつぶれている三村を引っ張って、その店を出た。

（同上）

b. 他接过背囊，拉起酩酊大醉的三村明，晃出店门。

（同上）

(31) a. 曾根は最後の酒場を出た時、遠慮して言った。

（同上）

b. 跨出最后一家酒馆时，曾根客气道。

（同上）

笔者还从"中日对译语料库"中选取了中文小说，抽取了99例位移动词表达式，来观察日语译文中路径要素的编码方式。抽取的99例汉语位移动词表达式包含了102个位移动词，笔者以这些动词为对象分析了汉语原文和日语译文中位移动词的词汇化类型。方式动词和路径动词的分布情况如下所示。

汉语→日语

方式动词：

汉语：85（83.3%）　　日语：35（34.3%）

路径动词：

汉语：17（16.7%）　　日语：67（65.7%）

从以上结果可以看到，汉语原文明显多用方式动词，而日语译文和汉语正相反，路径动词的使用多于方式动词的使用。"汉语→日语"位移动词构成的分布情况和"日语→汉语"的结果是一致的。

(32) a. 土路上慢吞吞地走着一辆马车。

《插队的故事》

b. 土の道を馬車が一台ゆっくりと進んでいた。

『遥かなる大地』

汉语原文中使用了方式动词"走"，而日语译文则使用了编入方向性的路径动词"進む"。同时路径由ヲ格来表示，更加动态地描写出沿着"土路"向前移动的位移过程。

(33) a. 前边的头上裹一条白手巾，后边的戴一条花头巾加一顶黑呢子帽，下得呐喊山，走过呐喊坪，朝庄里来了。

（同上）

b. ふたりは呐喊山を下ると呐喊坪を通り、集落のほうへやって来た。

（同上）

汉语原文使用了［方式＋路径］（"走过"）式的复合动词结构，而译文中方式并没有被编码，只是由路径动词"通る"加以对应，突显了经过路径的位移。

如上所述，汉语原文中由方式动词来表达的，日语译文则由路径动词来表达，可见日语对位移事件构成要素的路径有较高的关注，将路径认知为位移事件中必需的"参与者"成分，由宾格"ヲ格"来标记，并由融合了路径的动词来表达位移的事实。这种倾向在下例中体现得更为明显。汉语原文并没有把路径表现出来，而日语译文则是突显路径，表达为位移动词句式。

(34) a. 最前面是四五个吹手，每人一把唢呐。

（同上）

b. 先頭をチャルメラを持った四、五人の吹き手が行き，……

（同上）

汉语通过使用"是"表示吹手的位置，来表达位移中的位置关系。而日语却译为"先頭を～行く"这样的路径表达式，增加了汉语原文中没有予以突显的路径。

6.8 结语

本章以表示"自主位移"的动词"出る"为例，基于前人研究对构成"位移事件"各要素的界定，以 Talmy（1985）的类型划分为依据，对日汉两种语言中的位移动词进行了分类。并在此基础上，根据实例考察了"出る"的句法结构特征，发现了与"出る"共现的格助词中，较为常见的是"～に出る"类型，尤其是表达连续性位移时，相比"～を出る"，更倾向于使用"～に出る"对终点进行编码。随后本章利用中日对译语料，考察了日汉两种语言在表达同一位移事件时编码上的差异，发现汉语多用方式动词，而日语多用路径动词，汉语突显方式，而日语突显路径。通过基于语料库的实证调查，揭示了在实际语言使用中日汉两种语言的类型学特征。

第三部分

位移动词及其相关研究

第七章

日语"ヲ格+位移动词"句式成立机制

7.1 引言

日语中"ヲ格+位移动词"表达式可以用来表达沿着某一路径的位移动作，如"川を泳ぐ""山を登る"。然而，在表达同一位移事件时，还会出现"川で泳ぐ""山に登る"等表达式。本章基于认知语言学的语义观，以人们对事件的认知方式为切入点，探讨对于客观世界中的同一位移事件，日语为何会使用伴随ヲ格、ニ格、デ格等不同格助词的位移动词表达式；这些表达同一位移事件的不同的句法结构各自反映了怎样的认知方式；"ヲ格+位移动词"表达式的成立基于怎样的认知理据。

7.2 前人研究

关于位移动词伴随"ヲ"格名词的相关研究较多。根据分析的框架，可以分为传统国语学、词汇语义学以及认知语法学等不同的研究视角。接下来将围绕上述研究范式综述相关代表性研究。

传统国语学视角有后藤（1964）、奥津（1967）、福岛（1988）、杉本（1986，1995）等的研究。后藤（1964）反对大多数的辞典和语法书都将"本を読む"的"を"和"道を歩く"的"を"划为不同的范畴，并说明了反对的依据以及论证过程。后藤批判到，之所以把"本を読む"和"道を歩く"两句中"を"认定为不同的性质,是因为以大槻文彦为代表的众多语法学者受到了英语语法书的影响。在英语中对这两种情况的认识不同,前者是他动词的 object(宾语),后者是自动词的 modifier(修饰语),所以依据英语的观点,认为"本を読む"的"を"和"道を歩く"的"を"在语法上的不同其实是一种误解。

由于这两者在语法功能上找不到要区别的地方,所以后藤(1964)从被动、可能体、存在态,以及与共现词的语义关系等方面进行了考察。关于与共现词的语义关系,后藤主张像"海をわたる"和"空を飛ぶ"中的"海を"和"空を"不仅仅是表达一个场所,而是"渡る"和"飛ぶ"动作的功能对象,是更积极的处理对象。也就是说,因为对象和场所是一致的,所以"本を読む"等的"を"和"道を歩く"等的"を"都表达着同样的功能。

奥津(1967)和后藤(1964)观点截然相反,他指出位移动词所使用的"ヲ"格和他动词的"ヲ"格应该加以区分。奥津基于句子结构特点,即自动词不带宾语,他动词带有宾语,以及后接名词的格助词"ヲ"为宾语标记,论述了哪一类"ヲ"格应该视为宾格的问题。

(1) 弁慶は安宅の関を通った。

奥津认为像例(1)表示位移行为场所的"ヲ"格具有不同于宾语的语法功能,它表示的不是"宾格"而应该是"位移格"。如果有自他动词对应的情况,自动词的主语应该与对应他动词的宾语一致。根据这样的构式特征,他认为即使位移动词伴随"ヲ"格,也是自动词的用法。

福岛(1988)以"太郎が病室を移る"和"太郎が病室を移す"为例进行了论述。他指出这两句在表示"太郎"位移这一点上是相同的,但是"病室"(病房)却表现出了不同的语义。前者的病房指的是"具体存在的场所",后者则是像"太郎的疗养地"一样,表现出了一种"抽象的资格"。因此,二者各自属于典型的自动词句和他动词句。

(2) a. 太郎が病室を移る。

b. 太郎が病室を移す。

像例（2）这样两个句子从整体上看语义几乎相同，这是因为构成"ヲ"格名词句节中的名词"病室"（病房）具有双重含义。福岛（1988）中把"病室を移る"的"ヲ"格看作是位移的补足语，认为"病室を移る"也可以解释为像"道を歩く"和"橋を通る"一样的表示位移的自动词句。

此外，"病室を移す"的"ヲ"格与下面例（3）中的"時計を"相同，视为宾语。

（3）机の上にあった時計を棚の上に移す。

杉本（1986）先基于句法学的观点考察了例（4）、例（5）、例（6）中"ヲ"格名词的区别，并区分了"宾语"和"位移补足语"及"状况补足语"，以及"宾格"的"ヲ"与"位移格"的"ヲ"及"状况格"的"ヲ"的差异，并且从"及物性"的观点来说明三者的共同特征。他指出表示"位移补足语"和"状况补足语"的"ヲ"格具有"受影响的整体性"，与宾语"ヲ"格的性质相近。

（4）太郎は次郎を殴った。
（5）太郎は遊歩道を歩いた。
（6）豪雨の中を空港に到着した。

从词汇语义学视角开展的有三宅（1996）和杉冈（1996）的研究。三宅（1996）引入了词汇概念结构中编入语义元素的处理方式，解释了位移动词与宾格标记共现的原因。三宅指出，像例（7）中位移动词的"起点"用宾格标记时会出现两点制约：a. 如果同时还表达终点的语义，则不能使用宾格标记起点。b. 如果位移不受意志所控制，则不能使用宾格标记起点。

这是由于词汇概念结构的局部性和句法结构的非宾格性造成的。此外,"路径"与"起点"不同,即使像例(8)那样在意志上不受控制的位移也能用宾格标记,因此存在着即使是非宾格动词也能用宾格来标记的特殊句法结构。

(7) a. 太郎が部屋ヲ/カラ出た。
　　 b. 太郎が部屋＊ヲ/カラ庭に出た。
　　 c. けむりが煙突＊ヲ/カラ出た。
(8) a. 涙が頬をつたった。
　　 b. 汗が額を流れている。

（三宅,1996:144－147）

杉冈(1996)探讨了例(9)、例(10)所示在语义上被认为是自动词却伴随宾格标记"ヲ"的问题。杉冈对于这一问题从"Burzio的普遍化"原则出发进行了阐释。指出仅限于主语具有意志性的情况下,这类自动词可以赋予宾格标记,并论述了日语自动词的意志性和宾格标记之间的关系。

(9) 私は石畳の道を歩くのが好きだ。
(10) 最近のら猫がこのあたりをうろつくようになった。

（杉冈,1996:248）

此外,还提及了例(11)、例(12)这样允许非生命物主语的位移动词以宾格标记的例子。这些动词在语义上把"ヲ"格作为路径标记。

(11) この川は農作地帯を流れる。
(12) 雨水が壁をつたう音が聞こえる。

（杉冈,1996:250）

此外,从认知语法学视角探讨的有ヤコブセン・M・ウェスリー(威斯利・M・雅各布森)(1989)、山梨(1995)、池上(1993)、黑田(2000)

的研究。

ヤコブセン・M・ウェスリー（1989）列举了如"廊下を走る"和"川を泳ぐ"一类伴随"ヲ"格的位移动词。他通过调查这些位移动词与及物性语义原型的不同，基于表示有意志行为和"整体性"发生位移，认为与及物性的语义原型具有连续性。

山梨（1995）通过对比下列例句，考察了伴随"ヲ"格的位移性自动词结构的及物性。伴随"ヲ"格的句子明显可以感受到位移主体对被标记的位移对象主动地施为作用，这说明"ヲ"格结构的及物性相对较高。

(13) a. 鈴木さんが東京から去った。
b. 鈴木さんが東京を去った。

池上（1993）从语言类型学的观点出发，运用认知语法学的研究方法，考察了"ヲ格+位移动词"结构的语义。如下所示，日语中的"位移"和"行为"之间不是对立的。德语和英语中作为"位移"场所的"トコロ"（场所）与作为"行为"对象的"モノ"（物体）的概念相对清晰地被加以区分，而日语中这两个概念相似度较高，较为接近。

		日语	德语	英语
<位移>	Ⅰ	ヲ格	前置词+宾格	前置词+对象格
	Ⅱ	ニ格	前置词+宾格	前置词+对象格
<行为>	Ⅲ	ヲ格	宾格	对象格

黑田（2000）在继承了池上（1993）观点的基础上，基于认知语言学的理论，考察了可以与位移动词共现的"ヲ"格名词的语义特征。认为"位移"和"行为"这两个事件通过相同的结构，即［Xガ Yヲ（位移动词/行为及物动词）］构成了连续体，这可以解释在"位移"和"行为"中"ヲ"格名词具有的连续性。

对于表示路径的ヲ格，许多研究者从不同的角度发表了很多研究成果。菅井（1999：76－78）从ヲ格具有"过程性"的观点与デ格和ニ格进行对比，指出ヲ格突显的是位移的过程。谷口（2005：53-58）指出路径的ヲ格与表示受事的ヲ格有着共同的图式，即ヲ格标记的是与主语构成非对称性关系的末端参与者，路径的ヲ格具有"物体"的性质。从认知语言学视角对ヲ格多义性进行考察的还有森山（2003：9-11），他认为场所用法的ヲ格是从典型的宾格用法扩展而来，有共同的图式，在认知过程中被隐喻为"物体"。同时，ヲ格位移动作开始时，主体与场所之间形成动力传递，即行为链得以成立。而使用ニ格时，主体与场所之间并未形成动力传递。楠本（2002：7-10）则认为主体对位移动作所涉及的领域范围有一种占有意识，因而主体对ヲ格场所具有控制性，ヲ格场所是主体控制的对象。

总体来说，前人研究大多以ヲ格作为研究对象，讨论了其区别于デ格、ニ格的不同语义特征，如具有"过程性""控制性""物体的性质"等等。但在格助词的理论框架下，还不足以对"ヲ格+位移动词"表达式的语义特征及事件结构作出全面统一的解释。主要问题如下。

①对于客观世界中的同一位移事件，为何会出现两种或两种以上的位移表达式，如"道路を走る"和"道路で走る"，单纯探讨ヲ格和デ格的语义用法区别还不足以解释这一语法现象形成的动因。

②前人研究对于ヲ格与デ格、ニ格语义差异的探讨，大多没有基于语料库数据的实证分析，因此，对于ヲ格与其他格助词在标记空间场所名词的种类和使用频率上具体有何差异、差异形成的原因以及这些语例的数量反映了日语怎样的类型学特征等，都未能做出相应的阐释。

因此，本章在前人研究的基础上运用认知语言学的方法论，以"格助词+位移动词"这一句式作为考察对象，基于语料库数据的实证调查进一步探讨日语表达位移事件的不同表达式各自反映了何种不同的认知方式，进而揭示"ヲ格+位移动词"表达式成立的认知理据及使用ヲ格的语例现象所反映的语言类型学特征。

7.3 表示路径语义的位移动词

上野、影山（2001：46-48）指出，位移是指物体在时间的推移中改变其空间位置，表达这一状况的动词就是位移动词。按照动词是具有内在的方向性还是伴随着方式性，将日语位移动词大致分为以下两类：规定位移方向性的"有方向位移动词"和规定位移方式的"位移方式动词"，代表性动词如下所示。

有方向位移动词：上がる、登る、下がる、降りる、下る、落ちる、進む、移る、越える、回る（上、攀登、下、下来、下、掉落、前进、移动、越过、回转）等。

位移方式动词：歩く、歩む、走る、駆ける、泳ぐ、這う、飛ぶ、滑る、急ぐ、跳ねる、ぶらつく（步行、走、跑、快跑、游泳、爬行、飞、滑行、赶紧、跳起、摇晃）等。

寺村（1982：103）也以位移动词通常搭配的格助词为基准，将位移动词分为"出どころ、通りみち、到達点"三类。其中，"通りみち"的代表性动词有"歩く、走る、駆ける、這う、進む、飛ぶ、通る、経過する、渡る"（步行、跑、快跑、爬行、前进、飞、通过、经过、渡过）等。

本章的研究目的是考察"ヲ格＋位移动词"表达式的成立机制，需要分别与"デ格＋位移动词"和"ニ格＋位移动词"表达式进行对比考察。因而选取位移动词时需要满足以下几个条件。

第一，按照搭配格助词的不同将位移动词分为两类：能同时与ヲ格和デ格搭配的位移动词以及能同时与ヲ格和ニ格搭配的位移动词。根据动词的不同性质将前者称为方式动词，后者称为方向动词。

第二，选取的位移动词只考虑基本动词，由基本义派生出来的词以及复合动词均不作为考察对象。

第三，基于语料库的数量调查和统计，选取的位移动词尽量能够涵盖ヲ格、デ格、ニ格场所名词的全部用法。

基于以上条件，本章从上野、影山（2001）和寺村（1982）所列代表性位移动词中，利用"現代日本語書き言葉均衡コーパス"（现代日语书面语均衡语料库）进行数据调查，选取满足以上三个条件并且ヲ格使用频率最高的位移动词，如下所示。

方式动词：歩く、走る、歩む、泳ぐ、這う、駆ける、飛ぶ
（步行、跑、走、游泳、爬行、快跑、飞）。
方向动词：上がる、下がる、登る、進む、落ちる、回る
（上、下、攀登、前进、掉落、回转）。

7.4 "ヲ格+位移动词"句式的语义结构

认知语言学认为在描写同一客观世界时，由于认知方式的不同，用来编码的语言表达式也会因之而不同。山梨（1995）将语义所描写的客观状况称为"状况层级的语义"，将语义所反映的主观识解称为"认知层级的语义"。基于上述的语义观，本书认为对于描写同一位移事件分别出现ヲ格、デ格、ニ格等多种表达方式，也是源于认知主体对位移事件的不同识解方式，反映在句法形式上形成了不同的编码方式。

7.4.1 方式性位移表达式

方式位移动词通常能够与ヲ格和デ格搭配，本章利用"现代日本語書き言葉均衡コーパス"进行调查的结果，将ヲ格场所分为两大类——自然类和人工类。并依据各类场所的具体特征，如界限、范围大小、用途及内部结构等标准，再细分为"道路""场地""地形""房间"等11类具体的场所，如表7-1所示。

表7-1　方式性位移表达式空间场所的分类

类别	种类	代表词例	ヲ格数量（个）	デ格数量（个）
自然类	道路类	国道、通路、山道	134	2
	河海类	海、川、湖、プール	29	46
	地形类	山、谷間、崖	18	—
	天空类	空	14	2
	岸边类	岸辺、海辺、河岸	8	—

续表

类别	种类	代表词例	ヲ格数量（个）	デ格数量（个）
人工类	场地类	会場、広場	28	—
	走廊类	廊下	27	—
	地名类	東京、パリ、町	24	—
	建筑类	店、病院、駅	6	—
	房间类	家中、部屋、室内	4	—
	墙壁类	塀、壁	1	—
合计			293	50

观察表7-1可以发现，方式位移动词的ヲ格使用数量远高于デ格（293∶50），而且，能够用デ格标记的场所种类只有"道路""河海""天空"这三种。那么，它们与ヲ格标记的位移表达式有着怎样的语义区别呢？

（14）高速道路を走っていると山のあちらこちらにミモザが覗くのだ①。

『どこにいたってフツウの生活』

行驶在高速公路上时看到了漫山遍野的含羞草。

《无论在哪里都是普通的生活》

（15）高速で走っているときに事故にあった自動車の発する独特な音響がとどろいた。

『片目の説教師』

在高速上行驶时，一辆车发生了交通事故，它所发出的独特响声听起来震耳欲聋。

《独眼传教士》

由语境可以判断，例（14）"看到漫山遍野的含羞草"是以位移主体

---

① 本章例句出自"現代日本語書き言葉均衡コーパス"（现代日语书面语均衡语料库），汉语译文为笔者译。

持续性地沿着高速公路前行为基础的。也就是说,"高速道路を走る"描写的是主体在道路的范围内进行位移的整个过程。而例(15)表达的是事故发生地在高速公路,事发时正在进行"走る"的位移动作这一状况。

西村、野矢(2013:161-163)指出,对同一认知框架内不同部分认知焦点的转移是转喻①的基本特征,而认知框架是人们对于同一客观状况所共有的百科事典知识。本章基于这一概念来分析两种表达式不同的语义特征。表达路径的位移事件有着共同的认知框架,即主体在有一定空间范围的场所内实施方式动词所表达的位移动作。如图7-1(a),当认知焦点置于通过实施位移动作所实现的整个位移过程(A→A′)时,用ヲ格标记,"高速道路"作为认知参照点实际指代的是主体实施位移动作留下的轨迹,即整个位移路径。与之相对,如图7-1(b),"高速道路で走る"突显的是在高速公路这一限定的空间场所范围内,主体实施了"走る"所表示的位移动作,而位移动作的实施所带来空间位置变化的过程则没有得到突显。表7-1所示ヲ格和デ格的数量关系(134:2)也表明日语中的"道路"在位移事件中通常是作为路径来认知的。

(a) 高速道路を走る　　(b) 高速道路で走る

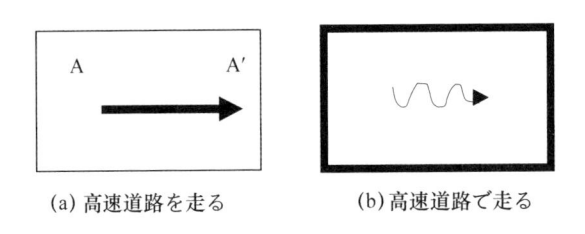

图7-1　方式性位移表达式的认知图式

注:粗线的箭头和方框表示认知突显的部分。

"河海"类名词是デ格标记场所中使用数量最多的。

---

① 西村、野矢(2013:160-161)将其定义为:"ある言語表現の複数の用法が、単一の共有のスキーマを喚起しつつ、そのフレーム内のお互いに異なる局面ないし段階を焦点化する現象。"[某种语言表达的不同用法在唤起同一个共有的图式的同时,对其认知框架内不同的方面或不同的阶段进行突显(焦点化)的现象。——笔者译]

(16) 海を泳いでいる間、彼は灰色の鉄の怪物をたくさんみた。

『氷海の鯨』

在大海里游泳时，他看到了好多灰色的钢铁怪物。

《冰海鲸鱼》

(17) 海に行って子供と遊んだことは何回もありますが、海で泳いだとはいえません。

『定年からの生きがい革命』

经常去海边和孩子们玩，但还谈不上在海里游泳过。

《退休之后的生命价值革命》

例（16）描写的是游泳者在大海上挥动着臂膀奋力前行的位移过程。它的认知焦点在于通过实施游泳这一动作所带来的主体空间位置的变化，"海"作为认知参照点用来指代的正是主体空间位置变化所形成的路径。例（17）的语义中并不包含在海的范围内游过一段距离的位移路径。"海"只是为主体进行"泳ぐ"这一动作进行了范围限定，即便在该范围内未发生空间位置的改变仍然成立。由此可见，デ格标记的位移事件表达的并不是真正意义上的路径概念，它只是为方式动词表示的动作提供一个活动的背景或限定的范围。

此外，表7-1中的其他只能用ヲ格标记的名词也有着共同的特征，具有一定的空间范围，能够作为某一区域来把握，如"走廊、场地、地形、房间"等名词。ヲ格突显的是主体在场所范围内实施位移动作的整个过程，也即图7-1（a）中A→A′的位移路径。

7.4.2 方向性位移表达式

该类表达式的特点是具有内在指定的方向性，能够同时与ヲ格和ニ格搭配。同样利用"現代日本語書き言葉均衡コーパス"进行调查，将ヲ格场所分为"自然类"和"人工类"两大类，根据各类场所不同的具体特征分为"楼梯""地形""物体""舞台"等15类，如表7-2所示。

表 7-2　　　　　　　方向性位移表达式空间场所的分类

类别	种类	代表词例	ヲ格数量（个）	ニ格数量（个）
自然类	道路类	山道、道路、路地	123	22
	坡类	坂、斜面、傾斜	58	—
	地形类	山、丘、森	55	72
	岸边类	岸辺、海辺、沿岸	13	11
人工类	楼梯类	階段、石段	162	—
	走廊类	廊下	31	6
	场地类	馬場、岩場、墓場	22	21
	建筑类	店、美術館、駅	16	31
	玄关类	玄関	7	6
	墙壁类	塀、壁	7	—
	房间类	部屋、各家	6	39
	柱木类	柱、木、塔	3	25
	楼层类	二階	—	51
	物体类	枕、床、布団	—	93
	舞台类	舞台、ステージ	—	49
合计			503	426

如表 7-2 所示，方向性位移表达式的ヲ格和ニ格的种类和数量分布比较零散，大致可以分为三种情况：①兼有ヲ格和ニ格两种表达式，如"道路""地形"等。②只有ニ格标记的位移表达式，如"楼层""物体""舞台"三类。③只有ヲ格标记的位移表达式，如"楼梯""坡"等。接下来，将分别对这三类情况进行分析。

（18）月明かりだけをたよりに、どんどん山を登っていく。

　　　　　　　　　　　　　　　　　　　　『センチメンタルグラフテイ』

只借助月光，一个劲地往山上爬。

　　　　　　　　　　　　　　　　　　　　《多情善感的涂鸦》

（19）小学校のころから山に登っていたんですよ。

　　　　　　　　　　　　　　　　　　　　『メビウスレター』

从小学开始就爬过山。

　　　　　　　　　　　　　　　　　　　　《莫比乌斯信函》

（20）実は日高の山へ登るためには、今は良くない季節なのである。

『山とスキーとジャングルと』

事实上要去爬日高山的话，现在并不是一个好的季节。

《山、滑雪、丛林》

例（18）描写的是主体沿着山的走势一步步向上爬的位移过程，即主体空间位置变化的整个过程。关于例（19）由语境可以判断，它描写的是"从小学起便开始了爬山这种行为"，而不是从小学起便一直在山的范围内进行移动，并持续到现在。因而，对于"山に登る"来说，山只是攀登这种行为的目标。此外，对于"登山"这一位移事件除了ヲ格、ニ格之外，还有"山へ登る"这一位移表达式。如例（20）描写的以"山"作为目标的带有方向性的位移过程，整个位移动作的实施所涉及的场所并不在"山"的范围之内。

三种表达式反映的均是爬山这一客观状况，三者有着共同的认知框架。如图7-2所示，主体实施方向性位移动作，在某一场所的范围内进行位移，包括已到达该场所边界点B的阶段以及到达边界点B后在场所范围内进行位移的阶段。如图7-2（a）所示，当认知焦点置于到达边界点B后A→A′的整个位移过程时，用ヲ格标记，"山"实际指代的是主体实施位移动作的整个路径。然而，如图7-2（b）所示，当用ニ格标记时，到达边界点B后的位移过程并没有得到突显，而是将认知焦点转移到该场所的边界点B，即ニ格标记的"山"作为认知参照点实际指代的是方向性位移动作到达的终点。而如图7-2（c）所示，"山へ登る"的认知焦点则

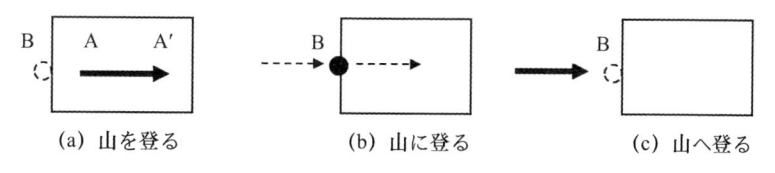

(a) 山を登る　　　(b) 山に登る　　　(c) 山へ登る

图7-2　方向性位移表达式的认知图式

注：粗线的箭头和黑色圆圈表示认知突显的部分。

是到达山的边界点 B 之前的位移过程，到达"山"的边界点以及到达后在"山"的领域范围内进行位移的过程并没有得到突显。

然而，当场所名词由"山"变成"山顶"时却只能用ニ格标记。

（21）明朝北岳の<u>頂上</u>に<u>登って</u>も、天候次第ではせっかくの富士山が望めないかもしれない。

『マークスの山』

第二天早晨即使登上北岳的山顶，根据天气的状况，期待的富士山登顶也可能会实现不了。

《马科斯之山》

"山顶"并不是"登る"位移动作的实施直接涉及的空间范围，也就是说，山顶并不能为位移路径的实现提供必要的空间条件，因而无法突显路径，不能用ヲ格标记。此时的"山顶"是作为空间上的一个点来认知，用来表示"登る"这一方向性位移动作最后实施的终点。这一点也更加说明，对于两种表达式所反映的位移事件，ヲ格的认知焦点在于主体实施位移动作的整个路径，ニ格的认知焦点则是场所的边界点，用来表示主体实施位移动作最后的终点。

接下来探讨的是表 7-2 中只有ニ格标记的"物体""舞台""楼层"这三类名词。

（22）ドタドタと<u>二階</u>に<u>上がって</u>行く。

『シナリオを作る』

脚步粗重地跑向二楼。

《写剧本》

（23）男は這うようにして<u>ベッド</u>に<u>上がった</u>。

『処刑の鐘を鳴らせ』

男人爬行般地上了床。

《敲响处刑的钟》

（24）まるで自分が間違った芝居の<u>舞台</u>に<u>上がった</u>かのように

混乱していた。

『鴉よ闇へ翔べ』

就像自己上错戏剧舞台一般非常混乱。

《乌鸦，向黑暗飞翔》

这三类名词与"山顶"一样，在位移事件中无法作为具有空间范围的场所，只能作为一个点状物体来认知，因而实现路径所依赖的空间条件无法满足，不能用ヲ格标记。此时，"二階""ベッド""舞台"是作为"上がる"这一具有自下而上方向性的位移动作所最终指向的终点来认知，因而只能用ニ格标记。

然而，与之相对，表7-2中"楼梯""坡"类名词等却只能用ヲ格标记。

(25) 夕子が促して静かに階段を上がっていく。

『この世の果て』

夕子催促着安静地爬上楼梯。

《爱没有明天》

(26) 小径に沿って斜面を上がると、石壁に階段があり、ようやく島の外側が見渡せる場所に出た。

『迷宮百年の睡魔』

沿着小路爬上斜面，石壁上有台阶，终于到了一个可以环视小岛外侧的地方。

《百年迷宫的睡魔》

例（25）、例（26）分别描写了沿着"楼梯"或"斜面"自下而上的位移过程。在这一位移事件中，"楼梯"是主体实现"上がる"这一方向性位移动作所必须依赖的空间范围。也就是说，"楼梯""斜面"在"上がる"表示的位移事件中只能作为主体实施位移动作所直接涉及的空间范围，无法作为空间上的一个点来认知，因而无法用ニ格标记。"階段を上がる"的认知焦点在于主体在ヲ格场所的范围内沿着内在指定的方向进行位移所留下的轨迹，"階段"作为认知参照点实际指代的是整个位移路径。

综上所述，不管是方式性位移表达式还是方向性位移表达式，ヲ格突显的都是主体在有一定空间范围的领域内实施位移动作形成的位移路径。与之相对，デ格和ニ格反映的都不是真正意义上的位移路径。デ格突显的是主体实施方式性位移动作的背景或范围，ニ格突显的则是实施方向性位移动作最后到达的终点。

7.5 "ヲ格＋位移动词"句式的事件结构特征

本节在上述分析的基础上，从位移事件的参与者及各自承担的语义功能、各参与者间的关系等方面，对表达路径语义的"ヲ格＋位移动词"句式的事件结构特征进一步分析。

Talmy（1985）认为位移事件的构成具有以下几个要素（参见第六章第3节）：

  a. 位移本身（Motion）
  b. 位移主体（Figure）
  c. 位移路径（Path）
  d. 背景（Ground：规定路径时的参照物）
  e. 位移的方式（Manner）或原因（Cause）等外部条件
          （上野、影山，2001：49）（笔者译）

Talmy（1985：64）认为，"位移路径"是位移事件成立的核心要素，世界上的语言根据"路径"要素是由动词还是附加语（包括接尾词、接头词、介词等）来表达可以大致分为两大类："动词框架语言"和"卫星框架语言"。"动词框架语言"中，"路径"要素通常融合在位移动词中来表达，而"卫星框架语言"中，"路径"通常是由动词以外的附加语来表达。日语的路径概念通常是融合在位移动词中来表达，因而属于"动词框架语言"。

（27）バスとバスとの間の狭い通路を走った。

『トランスポーター』

跑过车与车之间狭小的通道。

《运货车》

前面已经分析过，"通路を走る"的认知焦点是主体在通道的范围之内进行位移的路径。"路径"的实现必须依赖于具有空间范围的某一场所，否则便无法突显路径形成的全过程。因此，对于突显"路径"的位移事件来说，满足一定空间条件的场所是构成位移事件必需的参与者，也是主体实现位移过程的基础。因此，ヲ格标记的场所是位移事件构成的必需要素。

（28）しかし今は雨が降っていてビーチで泳ぐこともできなかった。

『男ともだち』

但是现在下雨也不能在海滩游泳了。

《男性朋友》

（29）明治通りに出て池袋に抜け、高速道路に上がった。

『北のレクイエム』

开到明治大道穿向池袋后，上了高速公路。

《北方的安魂曲》

上节已经探讨过デ格和ニ格在位移事件中表达的不是位移的路径，例（28）"ビーチ"（海滩）只是限定了主体实施游泳这一位移动作发生的范围，反映的是位移动作的发生以"ビーチ"为背景而非其他场所。同样，例（29）ニ格突显的是"上がる"这一方向性位移动作已经到达高速路这一边界点，"高速道路"实际指代的是位移动作最后到达阶段的终点，是作为空间上的点来认知。也就是说，不管是デ格还是ニ格标记的场所都没有形成位移的路径，ニ格也只是路径上的一个点，不能反映主体空间位置的整个变化过程，在泰尔米的位移事件构成要素中并不是事件构成的必须要素。

因此,"ヲ格+位移动词"反映的位移事件由主体和场所两个参与者构成,二者之间的互动关系是位移实现的基础。例(27)"通路"实际指代的是位移的整个路径,而路径的形成是以该场所为空间基础,主体持续性地对其实施位移动作的结果,因而场所成为主体实施位移动作的"对象",进而成为主体控制域中的一部分。"路径"的实现是以位移主体与对象之间通过位移动作建立起的行为链关系为基础的。主体基于其控制地位是位移动作实施过程中行为链的起点,场所作为对象是行为链的终点,如图7-3所示。

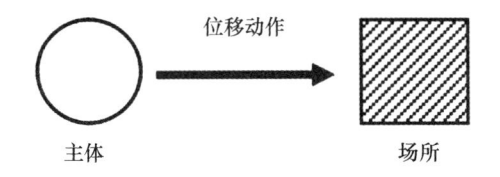

图7-3 "ヲ格+位移动词"句式的行为链模式

此外,通过观察表7-1和表7-2中ヲ格与其他格助词的语例数量关系也可以发现,对于主体在某一区域范围内进行位移的位移事件,日语更倾向于将它认知为主体实施位移动作所形成的路径,这种识解方式编码为"ヲ格+位移动词",这一点与日语属于"动词框架语言"这一类型学特征是一致的。具体来说:

表7-1显示了ヲ格标记的名词种类和数量都远高于デ格,这表明对于方式动词构成的位移事件来说,日语更倾向于将动作发生的场所认知为主体实施位移动作能够控制的对象,即整个位移路径,而不是将其认知为方式性位移动作实施的背景。

表7-2中的名词依据是否具有空间范围的特征大致分为两类,其中只有具备空间范围的名词才能够用ヲ格标记。并且,这种能够作为空间场所来认知的内在特征越明显,ヲ格的使用频率也越高,如表7-2中"楼梯""道路""坡"这三类场所的使用频率最高,约占ヲ格名词总数的70%。此外,二格标记有范围的场所名词的使用数量是233例(即除去通常作为

点状物体来认知的"楼层""物体""舞台"这三类名词之后），远低于ヲ格的使用数量503例。这一点也表明对于方向性位移动词构成的位移事件来说，相比于方向动词最终指向的终点，日语更倾向于将具有空间范围的场所认知为位移动作实施过程中形成的轨迹。

由此可见，对于沿着某一路径实施位移动作的位移事件，日语更倾向于将有范围的场所作为路径来认知。只有当"路径"实现所依赖的空间条件不具备或不易被满足时，ヲ格的使用频率才开始降低直至降为零，如"房间""柱木""楼层""物体""舞台"。其中"房间"类名词属于界限分明且封闭的内部空间，在表达路径的位移事件中更容易被视为空间上的一个点，表7-2中ヲ格和ニ格语例数量的差异（6：39）也证明了这一点。而"楼层""物体""舞台"这几类名词由于其完全不具备形成路径的空间条件，因而ヲ格的使用数量为零。这也说明了日语将场所认知为"路径"并编码为位移动词的"动词框架语言"特征。

7.6 "ヲ格+复合位移动词"路径编码方式

日语中位移动词和复合动词在日语母语者的语言生活中使用频率非常高，作为两者组合形式的复合位移动词也是日语母语者偏好的表达。本节在前人研究的基础上，基于松本（1997）的分类标准，聚焦于编入路径位置关系的日语复合位移动词，利用"現代日本語書き言葉均衡コーパス"来收集日语中复合位移动词的语料，对抽取的例句进行计量分析，观察并分析日语复合位移动词的语义特点及与格助词之间的共现关系。运用路径意象图式"起点、中间路径、终点"中的"中间路径"图式对日语复合位移动词的使用状况和位移事件进行描写，考察分析复合位移动词与位移事件各成分之间的映射关系。

Talmy（1985）提出了构成位移事件的四大要素：Figure（位移主体）、Manner（位移方式）、Path（位移路径）、Ground（参照物）。松本（1997）则在前人研究基础上，考察了英语位移动词的词汇化类型，并细致分析了日语位移动词的词汇化类型，还从词汇化角度讨论了日语复合位移动词的分类。上野、影山（2001）指出日语位移动词内部与英语位移动词相同，并不是均质的。并基于日英语对比的视角将日语的位移动词分为"有方向位移动词"和"位移方式动词"。川野（2001）基于"结果层面的有无"与"临界点的有无"这两个标准，对使用ヲ格来表达"起点""路径""经过点"的位移表达进行分类，并分析了各自的语义特征，从时态的角度讨论了位移表达的分类及特点。此外，徐靖（2006，2011）通过汉日语对比，从位移的"起点""中间路径"等方面考察了格助词的使用倾向，并分析了汉日语位移表达的异同点及其原因。袁晓犇（2018）则针对表达位移事件的复合动词考察了其词汇构成及语义特征，将位移动词的构成要素与复合动词的研究体系相融合，考察了具体表达位移事件的动词核心，分析了复合位移动词形成的语义制约要素。

本节在前人研究的基础上，基于松本（1997）对日语复合位移动词分类标准，聚焦于编入路径位置关系的日语复合位移动词，利用"現代日本語書き言葉均衡コーパス"来收集日语中的实际语料，考察分析复合位移动词的语义特征及相关位移事件的表达方式，并运用"起点、中间路径、终点"的意象图式阐释其编码机制。

7.6.1　编码路径位置关系的复合位移动词及其核心的判定

上野、影山（2001：46－48）指出位移是指物体伴随着时间推移出现的位置变化，表达这一状况的动词就是位移动词。松本（1997：128－129）提出位移事件既包括移动主体和路径（起点、经过点、终点等）这两种必需的构成要素，同时也包括位移的方式和手段等附属要素。松本将路径区分为路径位置关系及方向性，统称为路径位置关系，并将日语复合位移动词按照位移动词与位移方式、方向性、路径位置关系等进行了分类。本节沿用上野、影山（2001：46－48）对位移及位移动词的界定，着眼于编入路径位置关系且以动词连用形为前项动词的复合位移动词。即本节不涉及"行く、流れる"等单个位移动词和"到着する、来日する"等汉语式复合位移动词，以编入路径位置关系的复合位移动词为对象进行考察。

基于松本（1997）所列举的复合位移动词，确定编入路径位置关系的复合位移动词共计35个，如下所示。

這い出る、転がり出る、飛び出る、流れ出る、飛び出す、逃げ出す、駆け込む、飛び込む、流れ込む、舞い込む、歩き回る、走り回る、駆け回る、這い回る、飛び回る、跳ね回る、転がり回る、泳ぎ回る、駆けめぐる、走り去る、飛び去る、流れ去る、駆け抜ける、飛び越える、走り過ぎる、泳ぎ着く、流れ着く、通り過ぎる、通り抜ける、入り込む、くぐり抜ける、過ぎ去る、出回る、巡り回る、回り巡る。

使用"現代日本語書き言葉均衡コーパス"共检索出16264例相关语料，从中随机抽出700例，以是否表达真实物体发生的实际物理位置变化、不包括物体抽象性位置变化且句中明确标识出格助词为标准，对例句进行了筛选，共得到有效例句297例。其中表示位移的"起点""中间路径""终点"的语料数量分别为68：116：113。本节主要围绕表达"中间路径"的位移事件进行讨论。

通过观察分析收集到的语料，可以发现编入路径信息的日语复合位移动词根据V_1与V_2作为句法核心的不同，其对位移事件的编码方式也有所不同。松本（2017：6）指出日语是以路径为核心的语言，路径语义要素编入句法核心。因此，在复合位移动词中可以通过V_1与V_2能否体现语义要素中的路径信息来判断其核心。基于松本（1997）复合位移动词表中V_1、V_2是否编入路径位置关系的分类，本节将复合位移动词分为"以V_2为核心的复合位移动词"和"V_1与V_2同为核心的复合位移动词"两类，各类动词如下所示。

以V_2为核心的复合位移动词：這い出る、転がり出る、飛び出る、流れ出る、飛び出す、逃げ出す、駆け込む、飛び込む、流れ込む、舞い込む、歩き回る、走り回る、駆け回る、這い回る、飛び回る、跳ね回る、転がり回る、泳ぎ回る、駆けめぐる、走り去る、飛び去る、流れ去る、駆け抜ける、飛び越える、走り過ぎる、泳ぎ着く、流れ着く。

V_1与V_2同为核心的复合位移动词：通り過ぎる、通り抜ける、入り込む、くぐり抜ける、過ぎ去る、出回る、巡り回る、回り巡る。

7.6.2 复合位移动词中间路径类型及语义特征

如上所述,在编码位移位置关系的复合位移动词中,表达位移的"起点""中间路径""终点"的语料数量为68:116:113,其中表达中间路径的语料占全部语料的约39.1%,搭配的格助词大多为ヲ格,仅有1例使用デ格。表示中间路径的空间场所依据句法核心的不同,路径类型与编码方式也有所不同。以下分为"以V_2为核心的复合位移动词"和"V_1与V_2同为核心的复合位移动词"两类进行讨论。

7.6.2.1 以V_2为核心的复合位移动词的中间路径表达

以V_2为核心的复合位移动词和V_1与V_2同为核心的复合位移动词的例句数量为70:46。编入路径位置关系的日语复合位移动词大多以"位移方式动词+有方向位移动词"的形式结合,其中多数以V_2为核心,位移具有方向性,V_2语义决定了格助词的标记。当该类词汇表达中间路径的位移事件时,格助词绝大多数为ヲ格(69例),仅有1例使用デ格。基于沈家煊(1995)关于事物和名词是否可数、边界是否模糊或抽象来界定事物"有界"与"无界"的标准,并依据收集语料的实际语境,本小节按照"是否有具体范围"与"边界是否清晰"将位移空间场所分为"有界空间"与"无界空间"两大类。并按照各类场所的具体特征,如用途、形状、结构等细分为"建筑物""地区""自然地形"等六类,如表7-3所示。

表7-3　　　　V_2为核心的表达中间路径的空间场所分类

空间场所的种类	有界空间		无界空间	
	代表词例	数量(个)	代表词例	数量(个)
物体类及周边	人体、席	4	船のまわり、人のそば	5
道路类及周边	道路、コース	7	—	0
建筑物类及周边	部屋、ホテル	9	神社の前、ホテルの周り	6

续表

空间场所的种类	有界空间		无界空间	
	代表词例	数量（个）	代表词例	数量（个）
地区类	観光地、国家名	21	世界	2
自然地形类	森の中、山	6	氷河の上、地面	7
其他范围类	—	0	好きなところ、範囲	3
合计		47		23

观察表7-3可发现，以 V_2 为核心的复合位移动词中以有界空间为中间路径的使用数量要高于无界空间（47∶23），并且有界空间的场所种类较丰富，其中"建筑物类及周边"与"地区类"最多，共30例；而无界空间的场所使用频率较低，其中"物体类及周边""建筑物类及周边"和"自然地形类"较多，共18例。

(30) ……何もなかったように意識を取り戻して、部屋の中をうろうろと歩き回ったあげくに落ち着きます。

『愛犬の友』

像什么事儿也没有似的恢复意识后，在屋中来回走了几圈后终于平静下来。

《爱犬之友》

(31) 今は食料品の取り寄せもできますし、宅配便の車が全国を走り回るようになり、お年寄りの暮らしも便利になりました。

『白い春風のように』

现在食品也可以订购，快递运输的车跑遍全国，老年人的生活也越来越方便。

《如纯净之春风》

(32) 素モグリで海底を泳ぎまわっている水産業者は、由良だけで百人ほどもいるのである。

『甲賀と伊賀のみち、砂鉄のみち』

空身一人潜到海底游水的渔业从业者，仅在由良一个地方就有一百人左右。

《甲贺与伊贺之路，铁砂之路》

(33) そのとき、とつぜん、赤い目をした白うさぎが<u>アリスのそばをかけぬけていきました</u>。

『ふしぎの国のアリス』

那一时刻，突然有只红眼睛的白兔跑过爱丽丝的身旁。

《爱丽丝梦游仙境》

例(30)中"部屋の中"与例(31)的"全国"属于"有具体范围，有清晰边界"的有界空间；例(32)中的"海底"与例(33)中的"アリスのそば"属于"有大致范围，无清晰边界"的无界空间。位移主体多为有生命物或人类可操纵的无生命物，此时，ヲ格表示中间路径，位移主体在此范围内活动，位移动作具有持续性。但涉及的空间场所并不仅是位移主体的经过地点，而是作为位移主体的位移变化空间被突显出来，强调在其空间范围内的位移过程。其中，有18例语料通过"～中""～内"等位置名词强调位移发生在场所范围内，占该类有界空间的38.3%。

除了ヲ格表示的中间路径之外，还有使用デ格编码的情形。

(34) この古い小さな<u>中庭</u>でほんの数分一人で<u>歩き回る</u>時間は何物にも替えがたい、どうしても必要な時間なのだった。

『ライオンハート』

在这个古老的小小的中庭里一个人短短的几分钟走来走去的时间是任何事物也无法替代的、无论如何都是需要的一段时间。

《狮子心》

例(34)的中间路径"中庭"属于有界路径，此时突显的是发生位移的地点，没有突显位移的过程性。

7.6.2.2　V₁与V₂同为核心的复合位移动词的中间路径表达

V₁与V₂同为核心时的复合位移动词较少，主要有"通り過ぎる、通り抜ける、くぐり抜ける"等，这类复合位移动词为［有方向位移动词＋有方向位移动词］的形式，V₁与V₂语义相近，共同完成一个位移过程。两者也同时决定位移路径的编码形式，位移具有方向性。同样利用"現代日本語書き言葉均衡コーパス"进行调查，根据各类位移场所的不同特征，其具体分布如表7-4所示。

表7-4　V₁与V₂同为核心的表达中间路径的空间场所分类

空间场所的种类	有界空间		无界空间	
	代表词例	数量（个）	代表词例	数量（个）
物体类及周边	—	0	目の前、墓石の前	14
门类及周边	ドア	4	—	0
道路类及周边	小道、道路	4	道の反対側	1
建筑物类及周边	温室、部屋	7	ホテルの前	3
地区类	村、町	8	—	0
自然地形类	山	2	—	0
其他范围类	—	0	隣、弾幕	3
合计		25		21

V₁与V₂同为核心的复合位移动词中，有界空间与无界空间数量比较接近（25∶21），但场所类型分布有所不同，有界空间种类较为丰富，集中在"建筑物"和"地区"类型，共15例；无界空间的场所类型较为单一，其中以"物体"类型为主，共14例。

(35) 彼はどんな政治活動よりも、僕と一緒に<u>町を通り抜け</u>、長い散歩をする方を好んだ。

『オディール』

他喜欢和我一起穿过小镇，长时间地散步。

《奥迪尔》

（36）私たちが墓石の前を通り過ぎるたびに、暗くそびえ立つ石碑が松明の光で白く照らし出された。

『哲人アリストテレスの殺人推理』

每当我们经过墓石的前面，黑暗中耸立的石碑在火把的亮光下就被泛白地映照出来。

《哲学家亚里士多德的杀人推理》

在此类型中仅有ヲ格可表示中间路径。例（35）中的"町"具有"具体的范围"和"清晰的边界"；而例（36）中的"墓石の前"属于无界空间，具有"模糊的范围"，且没有"清晰的边界"。此时，位移动作具有持续性和方向性，涉及的空间场所为位移主体的经过范围，位移在涉及范围之外依然存在，突显持续的位移过程。位移主体同样多为有生命物或人类可操纵的无生命物。V_1与V_2同为核心的复合位移动词中，有18例语料涉及的空间场所为某一参照物的"～の前""～の後ろ""～のそば"等周边范围，通过位置名词来确定路径位置关系，占该类无界空间的85.7%。该类动词由于V_1与V_2同为方向性位移动词，且同为句法核心，增强了位移的持续性和方向性，所以对有界空间场所的限制性减弱，位移空间场所为无界空间的语料数量增加。

7.6.3 中间路径编码的制约机制

意象图式是将通过各种身体感知获得的意象进行更高层次的抽象化后形成的认知结构模型。它连接了具体意象和抽象概念，从而实现了从源域到目标域之间的隐喻性映射，在语义范畴的扩展以及语法化过程中起着重要的作用。伊藤（2008：123-128；2013：109-113）认为"起点、中间路径、终点"的意象图式是指空间上连接起点与终点间中间路径的部分，如图7-4所示。

本小节运用认知语言学"起点、中间路径、终点"意象图式中的"中间路径"图式，考察复合位移动词的V_1、V_2与其位移事件之间的互动关

图7-4 "起点、中间路径、终点"的意象图式（伊藤，2013：110）

系。根据前文所述，可将以 V_2 为核心和 V_1、V_2 同为核心的复合位移动词的中间路径意象图式分别图示为图7-5和图7-6。

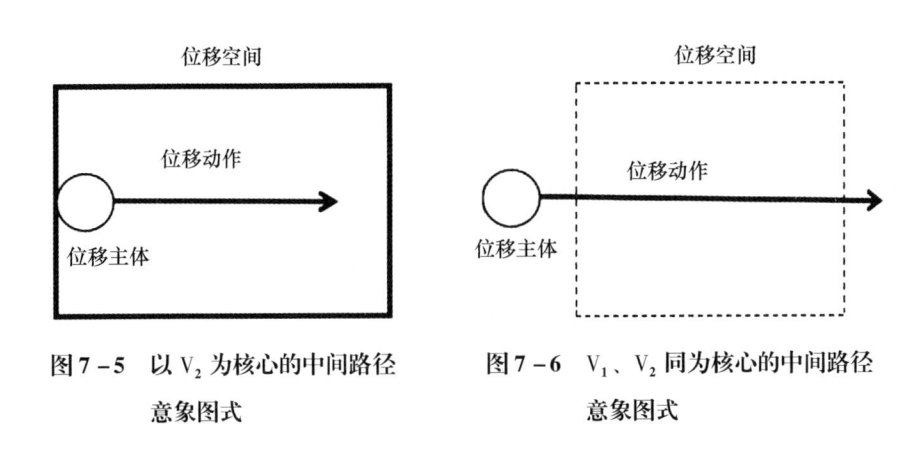

图7-5 以 V_2 为核心的中间路径意象图式

图7-6 V_1、V_2 同为核心的中间路径意象图式

以 V_2 为核心的复合位移动词主要以 [位移方式动词 + 有方向位移动词] 的形式编码，位移空间多为有界空间。通过语料观察，主要由 V_2 的语义特征来决定位移动作与位移过程，且位移在路径范围内具有持续性。如图7-5所示，位移主体在此范围内活动，位移动作具有持续性。但涉及的空间场所并不仅是位移主体的经过地点，而是作为位移主体的位移变化空间被突显出来，强调在其空间范围之内的位移过程。该位移事件中突显的是位移空间与位移过程，位移方式主要由 V_1 的语义特征决定。

另外，当 V_1 与 V_2 同为核心时，该类复合位移动词为 [有方向位移动词 + 有方向位移动词] 的形式。位移空间的有界空间与无界空间数量接近。通过语料观察可发现，V_1 与 V_2 的语义特征同时决定位移动作与位移过程，且因 V_1 与 V_2 同为句法核心，位移动作的持续性增强，对位移场所的控制力下降，因此削弱了对位移空间的突显，与 V_2 为核心的类型相比，无界空间的使用比率增加。如图 7-6 所示，此时位移动作具有持续性和方向性，涉及的空间场所为位移主体的经过范围，位移在空间范围之外依然具有持续性，突显持续的位移过程。也因此某一参照物周边范围类无界空间的使用比例增加。

考察复合位移动词与位移事件各成分之间的制约关系可以发现编入路径位置关系的复合位移动词多以 V_2 为核心。此时，由 V_2 的语义特征来决定位移动作与位移过程，突显位移空间范围内的位移过程，V_1 突显位移方式与位移主体；当 V_1 与 V_2 同为核心时，两者的语义特征同时决定位移动作与位移过程，位移动作的持续性增强，V_1 与 V_2 同时突显位移主体的方向性。

7.7　结语

本章通过将"ヲ格 + 位移动词""ヲ格 + 复合位移动词"表达式与其他格助词标记的位移表达式进行对比，分析了"ヲ格 + 位移动词"表达式的语义结构和事件结构特征。多种表达式的形成源于认知主体对同一认知框架内不同部分发生了认知焦点的转移。ヲ格突显的是位移动作形成的路径及在空间范围内的位移过程。而デ格、ニ格分别突显位移动作发生的背景或所限定的空间范围及动作实施指向的终点。ヲ格与其他格助词的使用频率的差异也表明了日语更倾向于将满足一定空间条件的场所作为路径加以突显，这与日语属于"动词框架语言"这一类型学特征也是相符的。

第八章

日语位移表达式与"双重ヲ格"共现结构

8.1 引言

格标记是人类语言用来表明句中名词短语的语义角色及句法关系的重要形态手段。根据是否发生形态变化，可以区分为形态变化型格标记和形态独立型格标记。前者是形态丰富的语言中最普遍的特征，如德语、俄语、法语等印欧语系语言（陆丙甫，2001；罗天华，2009）。后者以形态独立成分，如格助词或附置词来表现名词短语在句中的句法—语义功能，如日语、朝鲜语、缅甸语等（罗天华，2009；王遥、李景娜，2016）。

日语语序为 SOV 型语言。对于施事、受事均在动词前的 SOV 型语言，为鉴别施事和受事的关系，需要加格标记予以区分。即动作/行为的主体及其所涉及的客体通常要附加主格和宾格标记。日语的施事和受事关系分别在名词短语后附加后置词（格助词），以が（主格）、を（宾格）来标记，"が—を"称为形态格（morphological case）。"名词-が 名词-を-动词"（N-がN-を-V）为日语的基本语序，如"太郎が次郎をなぐった"表达了"太郎打了次郎"的句法关系。

形态变化型的宾格标记受到受事名词的生命度和定指度两个因素的影响。受事名词的生命度和定指度越高，就越需要使用宾格标记（罗天华，2007：25；陆丙甫，2001：257）。而形态独立型的日语宾格标记的赋予在历史上也同施受可区别性、指称性有着密切的关系。古代日语在表示明确的、典型的施受关系时采用零标记的形式，例如，"東向に椅子 ø 立てて"（《源氏物语·桐壶》中，"椅子"没有宾格标记）①。只有在施受关系不甚明确，特指某人（某物、某事）时，或说话者情感上需要特殊强调的对象时才用"を"来标记（松元，1976；高山，2005）。"を"的这种语用功能逐渐消失，经历语法化的过程发展成为现代日语表示语法功能的受事标记。

"を"（"を"为宾格标记的平假名，"ヲ"是该标记的片假名。以下行文中以"ヲ"形式来表示其作为语法功能的标记）的基本语义功能为表示承受"agent"发出的动作/行为，是该动作/行为所涉及的对象（patient）。在句法结构上对于同一谓词成分，不能同时存在两个（或两个以上）ヲ格成分，这被称为"双重ヲ格限制条件"②。

> 日语双重ヲ格限制条件：在日语中一个动词最多只能对一个名词成分赋予宾格。
> A verb can assign accusative case to at most one NP in Japanese.
> （Hoshi，1999：203）［转引自加藤（2006b：20）］

但是笔者通过检索"現代日本語書き言葉均衡コーパス"观察实际语料发现，如下例所示在现代日语中确实存在同一单句内两个ヲ格成分并列共现的语法现象。

(1) ビルはくらやみの中をロープをつたっておりはじめた。
『アク・アク—孤島イースター島の秘密』

---

① "φ"表示零标记。
② 日语双重ヲ格限制条件是为排除例（2c）这种不合语法的句子而提出的（益冈，1987：19）。
(1) a. 太郎が行く。b. 先生が太郎に行かせる。c. 先生が太郎を行かせる。
(2) a. 花子が本を読む。b. 先生が花子に本を読ませる。c. *先生が花子を本を読ませる。
日语的不及物动词（"行く"）在变为使役态（"行かせる"）时，被使役对象由"に"格（"太郎に"）或"を"格（"太郎を"）标记都成立。但是及物动词（"読む"）与宾语（"本を"）之间已有ヲ格连接，所以被使役对象（"花子"）只能用"に"格标记，ヲ格是不合语法的。

比尔在黑暗中顺着绳索开始爬下悬崖。

《复活节岛的秘密》

(2) ……冷たい雨の中を、ぼくは、トーラベ・ラゴー・デ・ヨホアを通り過ぎた。

『世界最長の徒歩旅行—南北アメリカ大陸縦断3万キロ』

在冰凉的雨中，我路过了洪都拉斯约华湖。

《世界上最长的徒步旅行——横跨南北美洲大陆3万公里》

(3) 驚いたことは母親とやっと一歳になるかならないような子熊と二匹、ちょうど人が額に手をあてて遠くを眺めるといったふうに、淡い六日の月光の中を向こうの谷をしげしげ見つめているのにあった。

『国語総合』

出乎意料的是，我看到了一只母熊和一只不到一岁大的小熊，就像一个人把手放在额头上，眺望着远方一样，在淡淡的六日月光下，凝视着远方的山谷。

《国语综合》

例 (1)、例 (2)、例 (3) 由双重ヲ格构成的句式是合乎语法的表达形式。本书将例 (1)、例 (2)、例 (3) 表达的"N_1-をN$_2$-をV"句式称为"双重ヲ格"共现结构。另外，本书中例句除标注出处的以外其余均出自"現代日本語書き言葉均衡コーパス"。

8.2 前人研究及本书的立场

对于例 (1)、例 (2)、例 (3) 中宾格标记ヲ的双重共现，前人研究曾经指出宾格标记ヲ双重共现时"N_1-を"与"N_2-を"成分语义角色的不同，以及"N_1-を"与"N_2-をV"主句间具有某种关联性。如中村 (2003：119) 及加藤 (2006a：141) 均认为句首的"N_1-を"接近副词性成分，它不与动词构成直接语义关系，不是动词的必有论元，是对动作发生的背景状况进行附加描述的成分。同时加藤 (2006b：40) 还提出只要"N_1-を"

与"N_2-を"成分在语义上不相近,结构上就允许宾格标记ヲ的双重共现。但已有研究虽认为"N_1-を"不是由动词赋予的,但对"N_1-"名词短语以宾格标记的动因,即允准同一单句内宾格标记双重共现会受到哪些因素制约的问题并没有深入地分析和阐释。

除以上研究外,天野(2011:154)从及物动词句式"N-がN-を Vt"的语义共性出发,认为"N_1-を"名词成分都是表示阻挡动作实现的"逆境",与之共现的谓词成分都可以解释为打破这种"逆境"果敢完成动作行为的语义,"N_2-を V"与"N_1-を"之间构成了"对抗性"。但如语料库检索到的例(3)所示,"淡淡的月光中"与主句间并不构成对抗性的事例,天野提出的"对抗性"对宾格ヲ的双重共现无法给出统一的解释。

另外,中尾(2012)虽没有论及双重共现的问题,但她提出"N_1-を"的成立是由于与主句之间具有自然的关联性。这种关联性以我们关于外界的一般常识为基础,"N_1-を"与主句之间形成"状况—事件"间的关联性,是以"在空间性质的三维领域(状况)内发生某事件"的关系为前提,"N_1-を"表达的是"某一限定的空间性的领域"(中尾,2012:80 - 81)。中尾的研究对于"N_1-を"成分只是描述了它所表达的现实的客观状况,并没有对这种状况与主句间以ヲ格标记的语言事实从理据上给予说明。

观察以上例(1)、例(2)、例(3)合乎语法的"双重ヲ格"共现结构可以看到,日语受事标记ヲ("ロープを""トーラベ・ラゴー・デ・ヨホアを""谷を")是对单一事件内部事件参与者承担的语义角色赋予宾格标记。而"N_1-を"与"N_2-を V"表达了两个事件之间具有某种关联性,由此我们可以判断探讨"N_1-を"的格标记赋予必须关注到事件与事件间的关联性。而中尾虽指出了"N_1-を"的"状况"特征却没有从事件结构角度对其赋予动因予以解释。

因此本书基于事件结构理论的视角,考察日语赋予双重宾格标记ヲ的制约因素,在描述"双重ヲ格"共现结构的事件结构特征的基础上,通过阐释"N_1-を"与"N_2-を V"主句间发生关联性的语义动因,来揭示日语宾格标记的赋予机制及其所反映的事件识解方式。

8.3 "双重ヲ格"共现结构

基于上文所提出的前人研究的问题点及理据阐释不充分之处，笔者将依据语料库实证对"双重ヲ格"共现结构的句法及语义特征进行归纳和整理，并在此基础上考察和分析其事件结构特征及"N_1-を"宾格标记的语义和语用功能。

8.3.1 "双重ヲ格"共现结构的句法特征

"N_1-をN_2-をV"句式在句法上具有以下三个特点，这些句法特征可以反映其事件结构特征。

①"N_1-を"成分中ヲ所附着的名词短语大多是"名词の中"的形式。ヲ不是直接后置于"くらやみ"（黑暗）、"冷たい雨"、"月光"等名词后，而是在这些名词后附加"～（の）中"才能出现在双重ヲ格共现结构中。

②以"～（の）中"形式出现的"N_1-を"成分通常出现在句首的位置，即双重ヲ格共现通常是"N_1の中をN_2をV"的形式。

③与动词V构成词汇—句法关系的是N_2名词成分，即双重ヲ格结构表面上虽然是线状地连续出现ヲ格，但是句法结构上应该是"N_2をV"的动宾结构整体与"N_1の中を"成分共现。表示为〔N_1の中を [N_2をV]〕。

8.3.2 "双重ヲ格"共现结构的语义特征及分类

传统日语语法从词性上将以下三种语义类型的ヲ格统称为"格助词"[①]

[①] 以下两个例句形式上也可以观察到ヲ格的双重共现。
(1) 二人がそれを手帳に写しとろうとするのを、じれったそうに手をふって、「いいんだよ、それは持ってお行き。こっちにゃ住所の控えはあるから。」（正当两个人要把地址抄到本上，她很不耐烦地摆了摆手……）
(2) まず名前と所属を名乗って質問を言うべきところを、太郎は焦っていきなり質問を言ってしまった。（本应该首先报上自己的姓名和单位后开始提问，而太郎却因为着急直接提出了问题。）
"动词句＋のを（ところを）"的后面没有与之直接构成词汇—句法关系的及物动词。从ヲ的承接特点来看，这种ヲ要介于形式名词"の（或ところ）"之后将前面的动词句节进行名词化，这与格助词ヲ直接附加在名词或名词短语后的接续特点是截然不同的。田中（1998：46）也认为这种ヲ格既不是宾格也不是位移格。它表示状况朝当初所预想不到的方向发展，称之为"转移格"。其作为格助词的功能已退化，成为一种接续助词性质的成分。因此这种接续性质ヲ格，以及由它和其他类型的ヲ格双重共现的结构不作为本书的考察对象。

(奥津，1967；杉本，1986：282、297；天野，2011：142)。

1. 表示动作对象的"を"。

　　(4) 太郎がお茶を飲んだ。
　　　　太郎喝了茶。

2. 表示位移路径的"を"。传统日语研究称为"位移格"(杉本，1986：282)。

　　(5) 太郎が横断歩道を渡っていった。
　　　　太郎穿过了马路。

3. 表示动作/行为所处状况的"を"。

　　(6) 豪雨の中を敵と戦った。
　　　　在暴雨中和敌人战斗。
　　(7) 衆人環視の中を花子に抱き付いた。
　　　　在众人环视中抱住了花子。

(杉本，1986：297)

"豪雨の中を""衆人環視の中を"是"戦う""抱き付く"等动作/行为发生时所处的状况，一般称为"状況格"①。

"双重ヲ格"共现结构的类型基于以上ヲ的分类，可以分为以下两种：状況ヲ格与受事ヲ格的共现；状況ヲ格与位移ヲ格的共现。

　　(8) = (1) ビルはくらやみの中をロープをつたっておりはじ

---

① 杉本(1986：296-297)认为状況ヲ格名词成分与宾语、位移补足语是不同的。但杉本(1993：26)又提出没有必要将表状况的"を"与位移格"を"加以区别。笔者认为应该区分状況ヲ格和位移ヲ格。正像杉本(1993：33)也承认的，状況ヲ格在语义上是与位移动词句整体发生关联的，二者分属不同的层次。姚艳玲(2007)的研究论证了表路径的ヲ格是位移动作涉及的对象，是位移动词的必有论元。而表状况的ヲ格跟位移动词之间没有直接的语义关系，不是位移动词的论元。

めた。

　　　　　　　　　　　　『アク・アク—孤島イースター島の秘密』

比尔在黑暗中顺着绳索开始爬下悬崖。

《复活节岛的秘密》

（9）=（2）……冷たい雨の中を、ぼくは、トーラベ・ラゴー・デ・ヨホアを通り過ぎた。

　　　　　　『世界最長の徒歩旅行—南北アメリカ大陸縦断3万キロ』

在冰凉的雨中，我路过了洪都拉斯约华湖。

《世界上最长的徒步旅行——横跨南北美洲大陆3万公里》

例（8）是状况ヲ格（黑暗中）与受事宾语ヲ格（绳索）的共现，例（9）是状况ヲ格（冷雨中）与位移ヲ格（叫作"トーラベ・ラゴー・デ・ヨホア"的地名）的共现。

从以上实际语料可以看到前文所提到的"双重ヲ格限制条件"是对同一动词同时赋予双重受事ヲ格（宾格）的限制，不是对形态格ヲ在句法结构中同时出现加以限制。可以说双重ヲ格共现是指状况ヲ格与另外两个语义格（受事ヲ格、路径ヲ格）分别在句法结构上发生形式共现的现象。

8.3.3 "双重ヲ格"共现结构的事件关系结构

双重ヲ格共现结构反映了"N_1-を"的状况事件与"N_2-をV"的动作/行为事件之间具有双重性的事件关系，而不是施受关系所反映的单一事件关系。

双重ヲ格共现结构中与谓语动词构成动宾关系的，即谓语动词所直接要求的动作或行为的对象是处在该谓语动词前面位置的受事ヲ格或路径ヲ格，而不是状况ヲ格。

（10）=（1）ビルはくらやみの中をロープをつたっておりはじめた。

　　　　　　　　　　　　『アク・アク—孤島イースター島の秘密』

比尔在黑暗中顺着绳索开始爬下悬崖。

《复活节岛的秘密》

　　这句话描写的是比尔（ビル）在黑暗中顺着绳索爬下悬崖的场面。"つたって"（顺着、沿着）的动作对象是"ロープ"，不是"くらやみ"。也就是说"ビルはロープをつたっておりはじめた"是这个双重ヲ格结构的主句，是一个完整的可以单独成立的动宾结构。顺着绳索爬下悬崖的动作行为是在一片漆黑中进行的，"くらやみの中"是动作/行为所处的周围状况，它与主句发生关联，并不与谓语"つたって"构成直接的事件关系，当然也没有形成句法上的动宾关系。因此可以说，双重ヲ格结构反映的是"くらやみの中"这一状况事件与"ロープをつたっておりはじめた"的动作/行为事件之间具有双重性的事件关系，而不是施受关系所反映的单一事件关系，在句法结构上就表现为同一单句内的双重或双层结构。

　　(11) ＝（2）……<u>冷たい雨の中を</u>、ぼくは、<u>トーラベ・ラゴー・デ・ヨホアを</u>通り過ぎた。

『世界最長の徒歩旅行—南北アメリカ大陸縦断3万キロ』

在冰凉的雨中，我路过了洪都拉斯约华湖。

《世界上最长的徒步旅行——横跨南北美洲大陆3万公里》

　　"通り過ぎた"（通过）的具体场所是叫作"トーラベ・ラゴー・デ・ヨホア"的地方，路径ヲ格和位移动词之间构成了直接的事件关系。位移动作发生在"不知何时会停的冰凉的雨中"，这种状况伴随位移动作的全程。外部状况与位移事件整体发生关联，状况ヲ格与带路径ヲ格的位移动词主句之间构成外层的结构关系。

　　以上两种类型的双重ヲ格共现的事件关系结构可以图示如下。

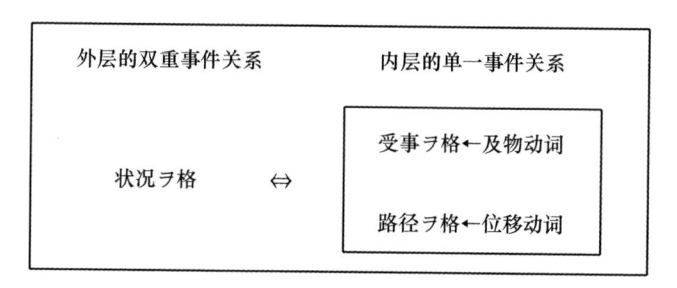

第八章 日语位移表达式与"双重ヲ格"共现结构

```
┌─────────────────────────────────────────────────┐
│ 外层的双重事件关系      内层的单一事件关系      │
│                      ┌──────────────────────┐  │
│                      │ 受事ヲ格←及物动词     │  │
│      状况ヲ格    ⇔   │                      │  │
│                      │ 路径ヲ格←位移动词     │  │
│                      └──────────────────────┘  │
└─────────────────────────────────────────────────┘
```

图8-1 双重ヲ格共现的事件关系结构

那么状况ヲ格与主句之间的事件关联性具有什么特征呢？对状况赋予宾格标记反映了说话者将状况事件与主句事件二者之间给予某种关联性解释的识解方式，反映了具有双事件关系的复合性事件结构。

(12) 主な登場人物【源義経】源頼朝の弟。勢いをもりかえした平家を討つために、<u>嵐の中を強引に船を出し</u>、屋島の平家の本陣に奇襲をかけ、大勝利をおさめます。

『歴史に残る合戦』

主要出场人物［源义经］源赖朝的弟弟。为了讨伐重振势力的平家，他在暴风雨中强行出动船只，奇袭了平家在屋岛的主阵地，取得了巨大的胜利。

《载入史册的战役》

(13) ＝ (3) 驚いたことは母親とやっと一歳になるかならないような子熊と二匹、ちょうど人が額に手をあてて遠くを眺めるといったふうに、<u>淡い六日の月光の中を向こうの谷をしげしげ見つめているのにあった。</u>

『国語総合』

出乎意料的是，我看到了一只母熊和一只不到一岁大的小熊，就像一个人把手放在额头上，眺望着远方一样，在淡淡的六日月光下，凝视着远方的山谷。

《国语综合》

如例（12）所示，状况ヲ格与主句间能够解释出"冲破逆境的对抗性"。特别是副词"強引に"（强行、硬要）更加突出地表现了不顾狂风暴雨强行实施开船进攻的"对抗性"。但是如例（13）所示，"目不转睛地望着对面的山谷"与"淡淡的月光中"之间并不构成"对抗性"，反而烘托出动作/行为发生时的宁静的背景状况。因此要解释清楚以上截然不同的两种情形均能用双重ヲ格共现结构来表达的赋予动机，天野（2011）的"突破逆境的对抗性"和中尾（2012）的"自然关联性"都不全面，也没有揭示出这种关联性的实质。外部状况与实施动作/行为的客观事件间以ヲ格加以标记的理据需要从说话者是如何认识二者之间关系的主观层面来寻求解释。加藤（2006a：142）虽指出状况ヲ格名词成分具有"事件性"，但没有将状况ヲ格名词成分与主句间的双事件关系阐释清楚。

状况ヲ格形式上虽然是名词，但表达的是这种状况已发生或正在持续，也是一个客观性的独立事件。比如"冷たい雨の中"表达的是"冷たい雨が降っている"这一客观事件，"くらやみ"表达的是"くらやみが周囲を包み込んでいる"的客观事件关系。当状况ヲ格如例（14）、例（15）、例（16）以动词句节的形式出现时，这种独立的"事件性"表达得更为明显。例（14）表达的是"周围一切安静下来变得鸦雀无声"的单一性事件，例（15）是"那喊叫声还在回响"这一单一性事件，例（16）是"细小的雪花正在飘舞"客观性单一事件。

(14) みんなは、ぴたりと口をつぐんだ。それで、そのしんとしずまりかえった中を、ダルタニャンは、ひかえの間をつっきって、銃士隊長の居間へはいっていった。

『三銃士』

大家都不说话了。于是，达达尼昂在一片寂静中冲出藏身处，来到了火枪队长的客厅。

《三个火枪手》

(15)「キエーッ!」大石の口からすさまじい気合いが発せられた。その気合いが響いている中を、亨はするすると間合いの中に入っていき、強烈な面打ちを放った。

『暗闇一心斎』

"哎~!"巨大的呐喊声从大石的口中喷涌而出。在回声中,亨迅速找准时机,直击对方面门。

(黑暗一心斋)

(16) 昨日の朝刊の一面に載っていたので、チラチラ粉雪の舞う中を高岡市山町筋の一軒ごとに飾られた、天神様を見学に行って来ました。

『Yahoo! ブログ』

我在昨日的早报头版上看到了这个消息,于是冒着纷纷扬扬的雪花去参观了高冈市山町一带各家各户装点上的天神。

《Yahoo! 博客》

因此,状况ヲ格与主句之间是由两个单一事件组合在一起的复合性事件结构,主句内受事ヲ格或路径ヲ格与谓语动词之间是单一事件内部的作用关系,即单一事件内部两个参与者之间的施受关系,换言之,表达的是及物动词与受事之间,位移动词与路径之间所具有的"动作—对象"的单一事件关系。状况ヲ格出现在复合性事件结构中,就不能以反映单一事件关系的"动作—对象"认知模式来解释状况ヲ格的赋予动机。下面将通过从历时角度梳理ヲ格的语法化过程,来考察对于状况事件赋予ヲ格的语义动因,进一步探讨日语宾格标记赋予的制约因素。

8.3.4 "双重ヲ格"共现结构中状况ヲ格的语义/语用功能

金水(1993)认为古代日语的ヲ格仅依据句法结构的格位关系是无法规定的。他从ヲ对句节语义赋予某种特征这一角度,提出ヲ反映了包含ヲ在内的句节所表达的事件与另一事件之间的相对关系,这两个事件间的依存关系可以视为广义上的因果关系。他从古代日语中宾语一般不附加助词(零标记),以ヲ格标记宾语是有标记形式这一现象出发,考察了古代日语ヲ格的"原始"功能。认为古代日语除宾格外,还在以下动宾关系之外的句法关系中对名词成分赋予格助词ヲ格。

1. 对不属于主句节动词("思う")直接论元的名词成分赋予ヲ格。

(17) 世の中<u>を</u>　憂しとやさしと　思へども　飛び立ちかねつ　鳥にしあらねば

(『万葉集』卷第五893)

世上难如意　羞之立足于其间　欲遁世远离　却无法飞而远去　因无那飞鸟之翼

(《万叶集》卷第五893)

2. 在形容词词干附加"ミ"表示理由的句节内,以ヲ标记感情形容词的对象。

(18) 夕霧に　千鳥の鳴きし　佐保道<u>を</u>ば　荒しやしてむ　<u>見るよしをなみ</u>

(『万葉集』卷第二十4477)

向晚雾色中　千鸟鸣叫声不绝　佐保河畔道　任由荒芜今往去　因我无缘再见之

(《万叶集》卷第二十4477)

3. 出现在表命令、愿望的语境中。

(19) 命<u>を</u>し　ま幸くもがも　名欲山　岩踏み平し　またまたも来む

(『万葉集』卷第九1779)

珍惜好生命　祈祷你平安无事　名欲山岩石　踏响之归来足音　期盼别后又重逢

(《万叶集》卷第九1779)

4. 出现在假定条件句中。

（20）命をし 全くしあらば あり衣の ありて後にも 逢は
　　　ざらめやも

（『万葉集』卷第十五 3741）

若平安无事　虽今日难以见面　定会他日再重逢①

（《万叶集》卷第十五 3741）

这些例外的ヲ格大多都出现在从属句节内，金水（1993：218-219）认为主句节是说话者基于自己的视点描述的现实世界中确定的事件，或说话者的动作行为（事件1），从属句节是由说话者选择并与事件1发生关联的原因或假想事件（事件2），如图8-2所示。

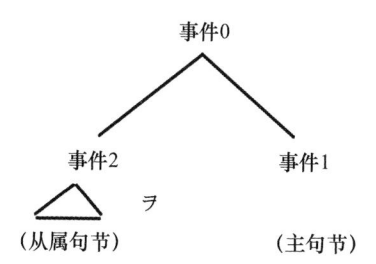

```
            事件0
           /    \
        事件2    事件1
        /  \ヲ
     （从属句节）（主句节）
```

图8-2　古代日语ヲ格标记的从属句节与主句节的关系②

古代日语的ヲ作为句节语义特征的标记，是连接具有因果关系的两个事件的功能性成分，ヲ的这种特征经过语法化的过程演变为现代日语中表示词汇—句法结构关系的受事标记。

根据以上金水的论述我们可以看到，日语宾格标记ヲ的功能在于不仅表明论元和谓语动词间的搭配关系，同时还标记ヲ格句节的语义特征，反映事件间所包含的因果关系。古代日语ヲ格的赋予机制正是

---

① 以上例句转引自金水（1993：210-215），均经笔者查阅『萬葉集〈全四冊〉』（小島憲之、木下正俊、東野治之校注/訳，新編日本古典文学全集，小学館，1994-1996）逐句确认。文字表记以『萬葉集〈全四冊〉』为准。汉语译文出自笔者。

② 图8-2由笔者在金水（1993：217）（94）的基础上修改而成。

解释状况ヲ格与主句间语义关系的动因所在。状况ヲ格标记状况与动作/行为之间的关系，这种关系是基于说话者视点来把握的两个事件间的因果关系。

张翼（2014：84）指出两个事件间的关联性表征致使语义，认为在以复杂句编码时结果事件一般都出现在主句中，而致使事件一般位于从句，甚至只能以名词短语的形式出现。这种跨语言的特征体现在日语中就是作为原因的状况事件以宾格标记，句法表征为ヲ格名词短语。

(21) = (1) ビルはくらやみの中をロープをつたっておりはじめた。

『アク・アク―孤島イースター島の秘密』
比尔在黑暗中顺着绳索开始爬下悬崖。

《复活节岛的秘密》

例（21）中"周围一片漆黑"（くらやみの中）不仅是爬下悬崖时所处的背景状况，也是造成周围景物什么都看不见，必须借助绳索才能爬下去的客观原因。

(22) どしゃぶりの雨とすさまじいカミナリの中を、自転車をとばして帰る道で……

『おめでとうがいっぱい』
在倾盆大雨和巨大雷声中我飞蹬自行车返回的路上……

《妈妈，生日快乐》

例（22）中"倾盆大雨与猛烈的电闪雷鸣"不仅是我回家途中的背景状况，也是造成我飞蹬自行车急于赶回家的外部原因。

因此，状况ヲ格所连接的前后两个事件，在客观现实中是背景状况与在这一背景状况中展开的动作/行为；在语义结构中表达的是由自然现象（或有人参与的客观情况）形成的原因或条件，以及在这种原因、条件的影响或促使下采取的动作/行为。状况—动作/行为间的广义因果关系正是将状况与主句间以ヲ格标记的真正动因所在。

　　这种因果关联性取决于说话者如何解释背景状况给动作/行为的实施所带来的影响程度。比如同样是"くらやみの中"在下面的例句中不是以ヲ而是以デ格标记的。

　　（23）彼はおりつづけた。<u>くらやみの中で</u>、はるか下の方に波がくだける音が聞こえたが、何も見えなかった。

『アク・アク—孤島イースター島の秘密』

他继续顺着绳索往下滑。在黑暗中，他听到了远处海浪拍打的声音，但什么也看不见。

《复活节岛的秘密》

　　例（23）是例（21）的后文，主句表达的是在极远的下方传来了波涛拍打的声音，描写的是一个不伴随动作/行为的静态性自发性质的事件。它与"くらやみの中"之间无法解释出背景状况对主句描写的场景带来某种影响的因果关系，所以例（23）的"くらやみの中"无法以ヲ格标记，只能以デ格标记来表示波涛声传来的空间范围。

　　综上所述，双重ヲ格共现结构是日语宾格标记ヲ的不同语义功能同时出现在单句结构中的语法现象。主句内的受事ヲ格或路径ヲ格反映了单一事件内部的内在关联性，即句法层面的施受关系，是词汇—句法关系的形态标记。而状况ヲ格反映的是背景状况与主句动作/行为间事件外部的因果关联性，是不同事件间因果关系的形态标记。

　　状况ヲ格的赋予取决于说话者如何解释外部状况对主句动作/行为实施的影响程度。像例（21）二者之间存在影响关系时，外部状况以ヲ格标记。但像例（23）二者之间不存在影响关系时，即使是同样的外部状况也无法以ヲ格标记。这种影响性还体现在双重ヲ格的主句通常表达的是有意志的动作/行为，正因为有目的地要完成某动作/行为，才会将外部状况作为影响动作实施的要素与主句事件关联到一起。主句的意志性动作/行为涉及实施的对象，并强制性地要求以ヲ格标记受事或路径成分。当事件外部的影响性和事件内部的对象性都以ヲ格标记时，这就形成了ヲ格的双重共现。"N_2-をV"结构反映了日语宾格标记表示受事或路径的语法功能，表现了ヲ作为形态格的不同语义特征。本书通过考察"N_1-を"与"N_2-をV"共现，探讨了"N_1-を"状况事件与"N_2-をV"主句事件间具有的因果关系，认为现代日语中宾格标记的赋予还会受到语用因素的制约，ヲ也是语用功能的标记。

因此本书认为"双重ヲ格"共现结构表现了（"N_1-を"）动作/行为发生的状况事件与（"N_2-をV"）动作/行为事件之间的双事件关系结构特征，这种事件间的关联性以状况事件给动作/行为事件带来某种影响的因果关系为语义动因。受事ヲ格或路径ヲ格是"N_2-をV"单一事件内部动作—对象关系的形态标记，状况ヲ格（"N_1-を"）是状况—动作/行为间因果关联性的形态标记。对动作/行为发生的背景状况赋予宾格标记体现了日语基于说话者对于事件的主观性解释对名词短语赋予格标记的个性特征，这种赋予机制不同于形态变化型语言，它反映的不是动词和宾语之间的制约关系，而是事件间具有的因果关联性，是具有语用功能的标记。

8.4 结语

本书探讨的宾格标记ヲ的双重共现大多出现在书面语语料中。而在日语口语中宾格标记ヲ与主格标记ガ往往可以省略，是频繁发生零标记的格助词。口语中省略的格助词在书面语中都要表达出来，这反映了日语母语者认为使用格标记可以体现出文体具有一定品位的心理特点（加藤，2006b：30）。同时时量（duration）表达使用宾格标记在跨语言中也是能频繁观察到的现象（陆丙甫，2001：260），日语中也存在时量表达以ヲ格标记并伴随受事宾格的双重共现现象["太郎は3年もの間を息を潜めて隠れていた"（太郎这三年一直销声匿迹地潜伏着）]。这些都将作为今后的研究课题以继续探讨日语宾格标记赋予的制约因素。

另外，日语宾格标记ヲ的双重共现现象在同为形态独立型格标记的韩国语中也能观察到。例如，"그는 큰 비속을 운동장을 달렸다"[他（主格）大雨里（宾格）运动场（宾格）奔跑]。通常"大雨里"会使用

处所格，以宾格标记表达的是在该空间范围内发生了位移。可以说形态独立型格标记语言的宾格标记双重共现现象为我们提供了探讨格标记制约因素的不同研究视角，当然这还需要今后从跨语言的角度基于语料证据展开深入的调查和研究。

第九章

日汉语非生命物主语位移动词宾格赋予机制对比

9.1 引言

日语的位移动词可以使用及物动词的宾格标记的方式来表示位移的空间场所，即空间场所名词可以被赋予宾格。位移动词并非典型的及物动词，为何能够赋予宾格呢？本章以非生命物主语的位移动词为例，基于认知语义学的研究立场，探讨日语非生命物主语位移动词的宾语赋予现象，并通过与汉语位移动词所携带的空间场所名词的标记方式进行对比，来揭示两种语言非生命物主语位移动词宾格赋予的机制及语言表征背后的认知动因，从而进一步厘清两种语言对位移事件的认知特征。

9.2 前人研究及本书的立场

9.2.1 前人研究

关于位移动词的宾格标记，从词汇语义学的角度进行考察的代表性研究有三宅（1996）和杉冈（1996）（参见第七章第2节）。

三宅（1996）认为，如例（1）所示位移动词的"起点"可以用宾格来标记。但如果句中同时含有"终点"，此时位移的"起点"则不能再用宾格来标记。而且如果位移不是有意志的可控的情况时也不能用宾格来标记起点。但是如例（2）所示，位移的"路径"与"起点"的情形不同，即使是非生命物作为主语，表示不受意志所控制的位移，其"路径"同样可以以宾格来标记。因此三宅（1996）认为"非宾格动词"的宾格赋予属于一种例外的句法结构。

（1）a. 太郎が部屋ヲ/カラ出た。
　　　b. 太郎が部屋＊ヲ/カラ庭に出た。
　　　c. けむりが煙突＊ヲ/カラ出た。

（三宅，1996：144-145）

（2）a. 涙が頬をつたった。
　　　b. 汗が額を流れている。

（三宅，1996：147）

杉冈（1996）针对例（3）、例（4）所示的句法现象，基于"Burzio的普遍化"原则对语义上虽为不及物动词，但在句法上可以赋予宾格的语言现象进行了阐释。她认为这种现象的成立只限于主语有意志性的情况，即日语自动词（不及物动词）具有意志性与宾格标记的赋予密切相关。

（3）私は<u>石畳の道</u>を<u>歩く</u>のが好きだ。
（4）最近のら猫が<u>このあたり</u>をうろつくようになった。

（杉冈，1996：248）

同时，如例（5）与例（6）所示，对于以非生命物为主语的位移动词被赋予宾格的情况，她认为这些动词是在词汇层面选择了路径成分，并以宾格标记。和三宅（1996）所持观点一样，也把此类句法表征视为特殊现象。

（5）この川は農作地帯を流れる。
（6）雨水が壁をつたう音が聞こえる。

（杉冈，1996：250）

关于动词的宾格赋予问题，上文中提到的"Burzio 的普遍化"原则较为人知。即"只有具有外论元的动词才能对宾语赋予宾格"（Burzio, 1986：178）。

即不具有外论元的"非宾格动词"无法赋予宾格。然而这一原则虽然适用于以有意志性动作主体为主语的位移动词的宾格标记，却无法解释诸如"汗が額を流れる""涙が頬を伝う"等以非生命物为主语的位移动词赋予宾格的现象。即"流れる""伝う"等动词虽不具有动作主体这一外论元，却仍可以赋予宾格。对于这些具有"非宾格动词"特征的位移动词的宾格赋予现象，在理论上该如何解释呢？它仅是一种违反"普遍化"原则的例外现象吗？

本书下面将以"流れる""伝う"等以非生命物为主语，同时对路径赋予宾格的位移动词为考察对象，分析并阐释这类位移动词宾格赋予的语言事实及其理据。

9.2.2　本书的立场

认知语言学理论主张语义之所以具有某种结构或性质，是以人的认知能力为基础的（松本，2003：9）。即语言形式反映了我们对外部世界的认识，其背后存在着相应的认知理据（motivation）。像这样将语义的问题与人的感知及认识相关联来进行探讨的语义理论被称为认知语义学（松本，2003：3）。

在认知语义学的发展历程中，Talmy（1985，2000a、b）提出的有关位移事件的类型学理论可谓影响深远[①]。他将位移事件细分为位移主体、路径、参照物，以及方式及原因等要素。并以此为参数在世界上各种语言间对各语言的位移表达进行对比，考察哪一要素会词汇化为动词，并由此将世界上的语言分为以下三种类型（参见第一章第 3 节）。一种是像例（7）那样，方式、原因要素词汇化为动词的类型，如英语、德语等。

---

① 早瀬（2018：25）指出 Talmy（1985，2000a、b）对位移事件的考察并不是分析词汇的语义，而是聚焦于该词汇被使用的共同语义场及句式，着眼于句法结构必需的要素。

(7) The bottle floated out of the cave.

（松本，2003：276）

另一种是像例（8）那样，路径词汇化为动词的类型，如西班牙语、日语等。

(8) La botella salió de la cueva flotando.

（松本，2003：276）

第三种是像阿楚格维语那样，位移主体（位移物体）词汇化为动词的类型。泰尔米着眼于路径这一位移的核心图式，根据它在文中由何种要素进行编码，对各种语言的位移表达进行了类型学上的划分。他将路径编入动词来表达的语言称为"动词框架语言"（verb-framed language），如西班牙语和日语；而对于像英语那样以介词来编码路径的语言，将其视为修饰主要动词的附加成分，并将这种类型的语言称为"卫星框架语言"（satellite-framed language）（松本，2003：274-281）。

汉语如例（9）所示，表达方向性的后项动词并非核心成分，据此泰尔米将汉语视为与英语相同的类型。

(9) 张三跑进了院子。
　　張三は中庭（＝院子）に走り込んだ。

（松本，2003：278）

另外从日语位移动词所带主语（位移主体）的有生命性（生命度）来看，有生命物的位移占绝大多数（非生命物50例，有生命物383例）（松本，2017：258）。即主语是否具有生命性，其使用频率有很大差异，这一差异也反映在对路径的编码方式上。与泰尔米所示例（7）相对应的日语及汉语例句如下：

(10) ボトルが浮かびながら洞窟から出た。

(11) a. 瓶子漂出了洞穴。
　　　?? ボトルが洞窟を浮かび出た①
　　b. 瓶子从洞穴漂了出来。
　　　ボトルが洞窟から浮かび出てきた。

在例（10）的日语例句中，如三宅所指出的，位移物体是非生命物的"瓶子"，"洞穴"作为"起点"不能由宾格（ヲ格）来标记，只能通过"から"这一表示起点的格来标记。即表达"出る"这一位移事实的句法核心并没有编入起点这一要素②。相较之下，在例（11）的汉语例句中，虽然将起点编入后项动词"出"的形式（漂出）也能成立，但还是使用介词"从"表达的 b 句更自然。在这一点上，汉语与日语一样，起点都没有被编入主要动词中③。

综上所述，日语属于将路径词汇化为作为句法核心的动词的类型，但对于起点要素，则没有将其编入动词的语义，而是介由"から"这一语义格来编码。对于位移的起点，汉日两种语言中都是通过非核心成分来表达的。但是对于起点以外的路径而言，日语中为什么会有像"汗が額を流れる""涙が頬を伝う"这样的情况，不是通过语义格，而是通过宾格的赋予来编码呢？以及在这种情况下，汉语中是否会采取与表达起点时相同的编码方式？为此，本章将聚焦于这些问题，以路径的标记类型为中心，通过日汉两种语言的对比分析，探讨能否对路径赋予宾格，并揭示其认知机制④。

---

① "??"表示非常不自然。
② 关于起点的格标记，三宅（2016：251－252）指出，就"太郎が部屋（から/を）出た"而言，若用宾格标记，"起点"的语义就会被编入动词中，而使用"から"这一后置词来标记的话，起点并未被编入动词语义中。因此宾格标记的情况属于"动词框架类型"，而"から"标记则属于"卫星框架类型"。
③ 本书认为，"出"单独做谓语的"*瓶子出了洞穴"这种表达无法成立。这与日语"*煙が煙突を出た"（烟出了烟囱）无法成立一样，非意志性位移行为是无法赋予宾格的。
④ 关于"路径"这一术语，上野、影山（2001）和松本（1997）等前人研究中，将"起点、终点、中间路径、方向"等位移所涉及的含有方向性的空间表达统称为"路径"，本书为讨论方便，"路径"在此只限于表示"通过的道路或经过的空间"等空间场所。

9.3 日语非生命物主语位移动词路径编码方式

本节中使用"中日对译语料库",以"を流れ""を伝っ"为检索条件,收集涉及"流れる""伝う"的语料,得到对路径进行宾格(ヲ格)标记的例句分别为20例和16例。同时,为了与宾格(ヲ格)标记进行比较,也将"から流れ""から伝っ"作为检索条件,看是否有由"から"所标记的语料。结果显示,有6例"流れる"通过"から"表示"起点"的位移表达,但这6例中的"流れる"形态上并不是以主要动词,而是以复合动词或"主要动词+补助动词"的复杂形态来表达的。语义上当表达河流、水等主体源自何处时,其源流通常被焦点化,以"から"格标记"起点",位移动词也多使用其流经的方向性被词汇化的复合动词结构。

在"流れる"的非生命物主语中,"河流"(川)和"眼泪"(涙)等液体约占半数,而"伝う"的主语几乎全是"眼泪"(涙)。由此可见,这两个动词都具有以非生命物的液体为主语的特征,典型的例句如下。

(12) 千曲川は遠く谷底を流れて、日をうけておもしろく光るのであった。

『破戒』

千曲川在远处的山谷里奔流,夕阳照在水面上,发出美丽的光辉。

《破戒》

(13) 死別の涙は人々の顔を流れたのである。

(同上)

一个个脸上流下了死别的眼泪。

(同上)

(14) 風の無い日で、汗は人々の身体を流れたのである。

(同上)

这是少有的干热无风的天气,人人身上都汗流浃背。

(同上)

(15) 涙が頬を伝った。

『あした来る人』

眼泪顺着两颊涟涟而下。

《情系明天》

(16) 雨が落ちて来た。水が体を伝った。

『野火』

下雨了，雨水打在身上。

《野火》

除了上述"河流、眼泪、汗水、水"（川、涙、汗、水）等表示液体的词汇之外，也观察到了"光、声音、烟、雪花、沙粒"（光、声、煙、粉雪、砂）等非生命物主语。通过观察可知，它们都具有连续性及流动性的特征，像液体一样，可将它们看作是作为典型语例的液体通过隐喻机制扩展而来的。

而关于位移路径，"流れる"流经的多是身体部位以及有限的空间，而"伝う"则几乎都是身体部位。

(17) その唱歌を聞くと同時に、思わず涙は丑松の顔を流れた。

『破戒』

丑松听到这支歌，眼泪不由得直往下淌。

《破戒》

(18) 広い水が礫の上を流れていた。

『野火』

宽宽的水流从碎石子上潺潺流过。

《野火》

(19) 山道は刻々に夜の色が濃くなり、霧のような、靄のような、白いものが木立の下を流れていた。

『青春の蹉跌』

山道上夜色渐浓，白色的暮霭在树林里飘游。

《青春的蹉跌》

（20）不平よりも、嫉妬よりも、熱い熱い涙がかれの頬を伝った。

『布団』

不平和嫉妒的热泪沿着他的脸颊滚落下来。

《棉被》

（21）雨はいつか止み、遠く犬の鳴く声が断続して、湿った空気の底を伝って耳に届いた。

『野火』

不知什么时候，雨已经停了，远处传来断续的犬吠声，划破潮湿的空气，贴着地面上传过来。

《野火》

ヲ格名词表达身体部位时，常出现的有"身体、脸、脸颊"（身体、顔、頬）等，特别是"伝う"所伴随的名词几乎都是"脸颊"。观察例句发现，"树丛、空气"（木立、空気）等表示有限空间的名词，其单独的形式并不能表示路径，而是通过"～の下""～の上""～の底""～の中"等附加空间名词的形式来表示限定的空间。

寺村（1982：103、110、112）将"（ドコ）ヲ出る、降りる、離れる"及"（ドコ）ヲ通る、走る、経る"等ヲ格名词界定为"必有补足语"或者"准必有补足语"，尤其是场所补足语中，表达经由路径的"～ヲ"最具动作对象的特征。从事件的叙述角度来说，身体部位及限定的空间场所对"流れる""伝う"所表达的位移必不可少，是必有的成分。因而这样的空间场所在事件层面被认知为位移的路径，在句法层面作为动词的必有补足语，被赋予表示动作对象的宾格，并由语法格的ヲ格进行编码。

9.4　日语非生命物主语位移动词宾格赋予及其汉译路径表达方式

与拥有格助词的日语不同，汉语的宾语赋予依据其结构条件，即动词

后接名词短语。汉语中符合宾格赋予的结构是"动宾结构"。比如"爬楼梯"（階段を上る）、"登泰山"（泰山を登る）、"穿大街走小巷"（大通りを抜けたり路地を歩いたりする）等。与日语的16例"～を伝う"对应的汉译中仅1例使用了"动宾结构"的形式。有11例对译汉语使用的是"顺着某处"及"沿着某处"的表达形式，即相当于日语"～にしたがって"及"～に沿って"的复合格助词形式，另有2例使用的是"从某处"这样的介词结构。

(22) a. 田中は顔をしかめると思ったら、涙がはらはらとその頬を伝った。

『布団』

b. 田中皱着眉，眼泪 顺着 他的脸颊沄然而下。

《棉被》

(23) a. 自分もまたそれで沢山だ。こう考えると同時に、熱い涙は若々しい頬を伝って絶間も無く流れ落ちる。

『破戒』

b. 前辈如此，自己也应如此。想到这里，热泪 从 他的脸上不断地往下流。

《破戒》

语义上，例（22b）表达的是"眼泪顺着他的脸颊扑簌簌地落了下来"，例（23b）表达的是"热泪从他的脸上不断地流下来"。可以看出在汉语中"伝う"的路径并没有编入动词中，而是通过"介词结构"等附加成分进行语言编码。

与"～を流れる"对应的20例汉语中只有1例使用了"动宾结构"的形式。有8例对应的是"从某处"及"在某处"，即通过使用介词来表达路径的形式。另观察到2例是在"流"后面附加后项动词来表示路径。

(24) a. 千曲川は遠く谷底を流れて、日をうけておもしろく光るのであった。

『破戒』

b. 千曲川 在 远处的山谷里奔流，夕阳照在水面上，发出美丽的光辉。

《破戒》

(25) a. 広い水が礫の上を流れていた。

『野火』

b. 宽宽的水流 从 碎石子上潺潺流过。

《野火》

在例（24b）中"山谷里"（谷底）这一路径是通过介词"在"来标记。例（25b）中"碎石子上"（礫の上）是通过介词"从"来标记。可以看出汉语译文中空间场所是通过介词这一有标记的形式来编码路径。

(26) a. 銀河の光は薄い煙のように遠く荘厳な天を流れて、深大な感動を人の心に与える。

『破戒』

b. 银河像一缕白雾流贯庄严而幽远的天宇，给人以宏大、浩渺的感觉。

《破戒》

(27) a. 男は、同じ歩調で、ゆっくりと進んで行った。一歩踏み出すごとに、砂がめくれ上って、靴の上を流れた。

『砂の女』

b. 男人用相同的步调缓缓前行，每踏出一步，沙子便涌上来，流到鞋子上。

《砂女》

在例（26b）中"流"的后面附加了后项动词"贯"（貫く），来编码"流れる"的通过路径，例（27b）通过"到"（到着）这一后项来表达

"流れる"位移的终点。它们的共同点是"流"这一位移动词只编码方式，其后不能直接接续路径名词，必须后接表达路径的后项动词才能携带表达空间场所的名词。

通过对与"流れる""伝う"对应的汉语表达方式的分析可知，汉语非生命物做主语时其路径编码与前面阐述的"起点"一样，须通过后项动词及介词（前置詞）等附加成分来标记，而位移动词本身是无法赋予宾格的。也就是说汉语中并不存在像日语那样"例外的、特殊的"现象。因此，汉语位移动词的宾格赋格符合"Burzio 的普遍化"原则。

那么，为什么汉语中非生命物主语的位移动词不具有宾格赋予这一功能呢？这源于汉日两种语言针对同一位移事件所采取的不同的认知方式，即汉语更关注的是位移勾勒出了怎样的轨迹，即更关注的是路径，因而汉语通过后项动词及介词（前置詞）等有标的形式予以语言编码。相比之下，日语更关注的是位移主体对于空间场所施加了怎样的"位移"作用，更关注的是二者之间的相互作用，因而路径不被予以有标的语言编码，而是被编入位移动词中。汉语具有"方式动词"（様態動詞）类型学特征，并未将位移的路径编入动词中，也就无法在句法上对空间场所赋予宾格。

9.5　汉语非生命物主语位移动词路径表达方式

三宅（1996）和杉冈（1996）都认为"Burzio 的普遍化"适用于解释表示"離れる"动作的ヲ格赋予问题。与此同时，他们也指出存在除此之外的位移动词的ヲ格赋予与"Burzio 的普遍化"不一致的例外的特殊现象。这是基于"淚が頬を伝う""汗が額を流れる"这类表达，虽然主语是非生命物，却可以用宾格来标记。

那么，"起点"和"起点"以外的路径表达的宾格赋予，在汉语中是怎样体现的呢？下面利用对译例句，围绕两种情况分别进行讨论。一是以有生命物为主语时，词汇是否具有赋予宾格的功能。二是以非生命物为主语时，词汇是否有可能赋予宾格。据此进一步明确日汉两种语言关于位移动词宾格赋予的本质差异。

当日语的位移动词以有生命物为主语时，位移动词一定具有赋予宾格

的能力。在汉语位移动词中，符合宾格赋予结构条件的是"动宾结构"。"登る"有"爬楼梯"（階段を上る）、"登泰山"（泰山を登る）这样的用法，"抜ける"也有"穿大街走小巷"（大通りを抜けたり路地を歩いたりする）这样的表达，虽然没有在语料库中检索出来，但实际上可以认为它们拥有宾格赋予的能力。

另外，与"泳ぐ""飛ぶ""進む""流れる""来る"相对应的汉语词汇，无论使用哪个场所名词，都不能采用"动宾结构"，在词汇上似乎不具备赋予宾格的能力。这些动词或者属于编入位移方式的"方式动词"，或者属于编入位移方向的"方向性位移动词"。

(28) a. ＊他游河逃跑了。
彼は川を泳いで逃げた。
他游过河逃跑了。
b. ＊飞机飞广岛的上空。
飛行機が広島の上空を飛んでいった。
飞机飞过广岛的上空。
c. ＊队伍前进森林中。
列が森の中を進んだ。
队伍在森林中前进。
d. ＊车拐了一个大弯，来了樱花树和一道高墙之间的路。
車が大きなカーブを曲がって、桜の並木と高い石塀との間の道を来たのである。
车拐了一个大弯，来到了樱花树和一道高墙之间的路上。

为什么这些动词不具有宾格赋予的能力呢？要解释这种现象，必须关注这些位移动词共同具有的位移事件的特征。由于这种位移没有聚焦于位移主体与空间场所的位置关系的变化，所以位移事件要素中的"方式"被突显，"路径"退居为"背景"。退为"背景"的空间场所难以被识解为主体的"位移"所涉及的"对象"，因此在形式上，直接受到主体影响的部分没有出现在动词之后。可以认为这是以"方式动词"为类型的汉语位移动词的句法特征。

在本章第3、第4两节中，主要探讨了汉日两种语言非生命物主语位移动词能否赋予宾格的问题。在汉日两种语言中，尽管"流れる"和"伝う"都属于"方式动词"，但能否对路径赋予宾格却表现不尽相同。日语非生命物主语的位移动词可以赋予宾格是基于怎样的认知动因呢？与此同时，汉语非生命物主语的位移动词无法赋予宾格又是基于怎样的认知动因呢？

问题的关键在于对非生命物主语，即位移事件主体的认知方式。"Burzio的普遍化"原则所指出的外论元语义上是否就是与有意志性的动作主体相对应呢？影山（1993：59–60）认为，在由非生命物主语"雨"及动词"下"（降る）构成的间接被动句"雨に降られて困った"中，对于"降る"这个动词，从动作主体的生命度及意志性来看，如果单凭直觉判断"降る"理应被划分为"非宾格自动词"，然而是否具有意志性与动词的论元结构未必完全一致。与其说"降る"是"非宾格"动词，不如说它是"非作格"动词（即"雨"是外论元）。

同样，位移动词是否含有外论元也与其是否以意志性的动作主体为主语没有必然联系。是否含有外论元可以依据主语名词成分是否具备自发性地、自治性地实施动词所表达的动作、作用的能力及性质来判断。下面通过实例来验证。

(29) ＝ (16) 雨が落ちて来た。水が体を伝った。

『野火』

下雨了，雨水打在身上。

《野火》

(30) 浜田の眼には涙が一杯浮かんで来て、それがぼたぼた頬を伝って流れ出しました。

『痴人の愛』

浜田热泪盈眶，泪水顺着脸颊叭哒叭哒地流下来。

《痴人之爱》

例（29）中的主语是自然现象"（雨）水"，例（30）的主语是表达生理现象的"眼泪"，它们都属于液体，都具有可以自然流淌的性质。因此虽然不能把"水""眼泪"看作有意志性的动作主体，却可将它们视为可以实现自然位移的具有"自治性"及"主体性"的主体。这些主语名词虽不能构成典型的外论元，却可以被当作近似外论元的成分。液体的位移必定会涉及相应的场所，因此场所名词被当作必需要素而实现其成为内论元的功能。据此这些动词可以被看作是拥有近似外论元的位移动词，因而不再是纯粹的"非宾格自动词"，而变为带有"非作格性"特征的自动词，从而宾格赋予的动因可以与有生命动作主体位移动词一样进行统一的解释。

而对于例（31）以"川"（河流）作主语的"流れる"，可以认为河流自身具备实现流动的能力，故可将"流れる"视为可带有近似外论元、具有非作格特征的自动词。由此可运用统一的理论对"流れる"与"伝う"加以说明。

(31) =（12）<u>千曲川</u>は遠く<u>谷底</u>を<u>流れて</u>、日をうけておもしろく光るのであった。

『破戒』

千曲川在远处的山谷里奔流，夕阳照在水面上，发出美丽的光辉。

《破戒》

综上所述，日语中带非生命物主语的位移动词能否赋予宾格，与"意志性"无关，而与是否具有"主体性"有关。

而汉语中非生命物主语的位移动词不能赋予宾格，源于不能将没有意志性的非生命物视为具有"自治性"和"主体性"的主体。像"河水流动"及"流泪"这样不受意志性控制的位移事件，归根到底是一种自然现象，所以"（河水、泪水）流"及"（眼泪）顺着~"等动词被视为不及物动词，位移的路径不以宾格，而由后项动词及介词（前置词）等附加要素来标记。

通过考察可以发现，汉日两种语言位移动词对宾格的赋予能力存在差异，汉语适用于"Burzio 的普遍化"原则，只允许有生命物，而日语中非生命物也将其视为拥有"自治性"的主体。

中村（2004：33-49）关注到了认知主体与认知对象间相互作用中的主观性，提出了两种认知模式。他认为日语属于将视点置于场景之内的"状况内认知模式"，认知主体与认知对象的二者是相互融合构成互动的关系[①]。这种认知模式反映在多种语言现象中，位移动词的宾格赋予就是其中之一。非生命物主语作为"近似主体"构成的位移事实中，路径是必需成分，这反映了二者间的互动关系。在这种相互作用中，路径被当作位移事件必不可少的构成要素，因而被赋予表示对象的宾格[②]。而汉语对于同样的路径，无法被视为相互作用的对象，因而就无法赋予宾格，体现了和日语不同的认知模式。

9.6　结语

本章揭示了日汉两种语言非生命物主语位移动词宾格赋予的差异，这种差异源于日汉两种语言对同一位移事件在事件认知方面的差异。日语将视点置于状况内，注重非生命物主语与位移路径之间的互动，而汉语则更客观地看待位移的事实，位移的路径只是作为空间场所被认知。

[①] 中村（2004：35-49）将体现认知主体与认知对象间密切互动的融合型称为 I（interaction）模式，将认知主体置身互动的认知场外采取客观观察的视点进行认知的过程称为 D（desubjectification）模式，并指出日语倾向于 I 模式，英语倾向于 D 模式。详见本书第三章第 4 节。

[②] 非生命物主语的位移事件无法对起点赋予宾格，但对路径却可以赋予宾格，这一现象与对空间场所的整体施加移动作用的"整体性"这一语义要素密切相关。

第十章

日语"自主/致使"位移动词自他接辞形态及其语义特征

10.1 引言

在空间场所中发生的位置变化是人类与外部世界构成互动关系的基本类型之一。这种位置变化可以分为两种情形：一种是由于人自身的移动带来所处空间场所的位置改变，另一种是人使用身体部位或借助工具促使外界事物发生位置的改变。前者可以称为"自主位移"，后者可以称为"致使位移"。这两种类型的位移由于伴随位置及方向的变化在我们的日常生活中是较为容易感知和观察到的。人类对这两种位移事件路径要素的认知在语言上会形成不同的编码方式：一类是无论自移还是致移在语言上对路径要素都不加以区分，以共同的标记来编码位移的位置或方向的变化。例如英语表自移的"Tom walked up to the hilltop"和表致移的"Tom threw the ball up into the busket"都是以相同的小品词"up"来表示向上位移的方向性。另外一类是根据自移和致移类型的不同，以不同的标记来编码自移或是致移的位置或方向的变化。日语属于这种类型，它以形态标记转换的形式来区分自移或致移的路径要素。例如"上がる（ag-ar-u）"表示向上的自移，而"上げる（ag-er-u）"表示向上的致移，在表达向上位移时使用了接辞形态不同的两个动词。本章着眼于日语表"自主"及"致使"位移的动词形态特征，在梳理日语自移及致移动词形态转换类型的基础上，考察其形态标记的语义特征，并基于实际语料分析形态类型不同的自移/致移动词中路径要素编码方式的差异，阐述自移/致移动词接辞形态有标记性的类型学意义。

10.2 前人研究

对日语的位移表达进行较为全面深入研究的代表性学者是松本曜。他围绕位移动词的词汇化模式及其语义扩展，以及位移表达的类型学展开了一系列的研究，如松本（1997，2017）。松本（1997：126-230）从日英语对比的角度考察了两种语言的自主位移动词和致使位移动词的词汇化模式及其共同之处以及主观性位移表达。根据构成位移事件的诸要素，详细论述了位移的方式、路径、位置关系、方向性、附带状况、附带变化、原因以及致使等各个语义要素编入自主位移动词及致使位移动词的各种词汇化类型。松本（1997：179）认为英语的特征是自主位移动词将位移的方式、致使位移动词将作为致使动作方式的致使手段编入动词语义中。而日语无论哪种位移都是将路径、位置关系及方向性等要素编入动词语义中。因此，英语可以称为"方式融入型"，而日语可以称为"路径融入型"[①]。

《位移表达的类型学》（『移動表現の類型論』，2017）是松本曜编著的关于位移表达类型学研究的论文集。由包括松本曜在内的 11 位学者以 12 种语言为语料考察了跨语言位移事件表达式的不同类型。其中松本（2017：247-273）围绕路径的编码方式分别考察了自主位移、致使位移及抽象位移等三种位移事件的表达式[②]。他认为日语自主位移事件中路径大多是由核心成分（主要动词）来表达，但当需要表达"指示"（deixis）要素时主要动词就会倾向于表示"指示"。而致使位移事件中除使用主要动词表达路径外，还会多用复合动词形式，以复合动词（V_1V_2）的后项（V_2）来表达路径。

[①] 参见本书第二章、第四章、第十二章。
[②] 松本（2017：2）将位移表达分为三种类型：①"主体位移表达"即自主位移（John walked into the house）。②"客体位移表达"即致使位移（Susan threw the ball into the room）。③"抽象性放射表达"，指的是位移物体虽然在句中没有表达出来，但使用了表路径的短语，可以设想沿着视线运动的某种位移发生（Bill looked into the hole）。

松本的研究细致地考察了日语位移动词的词汇化类型，并根据"路径"要素编码的位置分析了自主位移、致使位移、抽象位移三类位移事件表达形式的差异。松本的一系列研究论证了日语为"动词框架语言"的特征，并将位移表达扩展至致使位移与抽象位移，更加全面地描写了位移这一人类最基本认知场景在日语中的语言编码特征。

日语及物与不及物动词具有形态对应关系，表自移与致移的位移动词也不例外。通过接辞形态的转换来区分自移与他移是日语编码位移事件的重要手段。因此，本书在松本提出的位移表达框架下，聚焦位移动词的形态特征，基于自他接辞形态转换类型的角度，阐述日语位移动词的语义及句法特征，从形态与语义接口的视角考察分析日语位移表达的类型学特征。

10.3 日语的"自他对应"与位移动词的自他接辞形态类型

日语将及物动词和不及物动词称为"他动词"和"自动词"。日语有相当数量的自他动词存在形态上的对立关系，被称为"自他对应"。例如"太郎が窓を開ける""窓が開く"中及物动词"開ける"与不及物动词"開く"构成了形态上的对立。早津（1987）认为自动词和他动词之间只有形态、语义、句法的对应都成立时，才可以认为二者之间存在自他对应。寺村（1982）基于和"格"的相关性即"语态"的观点将被动、可能、自发、使役等四个语法现象称为"语法性的语态"，而将形态上具有自他对应关系的自他动词称为"词汇性的语态"，并将自他对应关系划分为10种类型。其中，自动词的接辞形态多为"-ar-u""-ir-u""-er-u"，而他动词的接辞形态多为"-er-u""-as-u""-os-u"。奥津（1967）围绕转换自他动词的接辞形态区分了三种接辞派生类型：①由他动词转换为自动词的"自动化"，即"不及物化"或"非他动化"［hasam-u→hasam-ar-u（夹住）］；②由自动词转换为他动词的"他动化"，即"及物化"［kawak-u→kawak-as-u（干、晒干）］；③由共通的词干分别向自动词、他动词转换的"两极化"，即"中立化"［nao-→nao-r-u/nao-s-u（治愈、修理）］。而

ナロック ハイコ（Narrog, Heiko）等（2015：2）基于普通语言学和跨语言的视角将日语自他动词对应分为以下四种类别：①他动化对应是指从形态上较为单纯的自动词派生出他动词，他动词看上去较为复杂［うごく→うごかす（ugok-u→ugok-as-u）（动、移动）］；②非他动化对应是指从形态上较为单纯的他动词派生出自动词，自动词看上去较为复杂［わる→われる（war-u→war-er-u）（摔碎、碎）］；③中立（两极）对应是指两类动词同等地从同一词根派生出来［なおる/なおす（nao-ru/nao-su）（治愈、修理）］；④自他两用动词①是指同一词形的动词具有自他两种用法［ひらく（hirak-u）（开、打开）］。

以上梳理了日语自他动词对应的接辞形态及其派生类型。表自移和致移的位移动词之间同样也存在形态上的对应关系。根据奥津（1967）、ナロック ハイコ等（2015：2）的研究，日语自移/致移动词的派生类型可以分为以下三种：

1. 他动化：

①"-ir-u→-os-u"型

or-ir-u→or-os-u

（降りる/降ろす、下りる/下ろす）（下/降下/卸下/使之下来）

②"-er-u→-as-u"型

d-er-u→d-as-u（出る/出す）（出来/拿出）

③"-u→-er-u"型

susu-m-u→susu-m-er-u（進む/進める）（前进/使之向前）

2. 非他动化："-er-u→-ar-u"型

ag-er-u→ag-ar-u（上げる/上がる）（拿起、使之向上/上）

3. 中立化："-r-u/-s-u"型

ka-e-r-u/ka-e-s-u（帰る/帰す）（回去/使之回去）

mawa-r-u/mawa-s-u（回る/回す）（旋转/转动）

wata-r-u/wata-s-u（渡る/渡す）［过（桥）/递上、交上］

---

① 原文术语为"不安定动词"，也被称为"不确定动词"（indeterminate），例如英语的"break"（ナロック ハイコ，2007：297）。

too-r-u/too-s-u（通る/通す）（经过/使之通过）

根据以上类型，日语表自移的接辞形态为"-ar-u""-ir-u""-er-u""-r-u"。表致移的接辞形态为"-er-u""-os-u""-as-u""-s-u"。其中"-er-u"既可以表自移也可以表致移①。

10.4　日语位移动词自他接辞形态的语义特征

动词的及物性与不及物性语义特征是"及物性"（transitivity）研究的核心内容，其中"意志性"（volitionality）和"受影响性"（affectedness）是两个重要的语义特征。动作主体发出的动作行为是否是有意图而为？动作行为所涉及的受事是否受到全面的影响？这两点是判断及物性高低的主要语义参数。本节依据"及物性"的语义特征，考察位移动词自他接辞形态的"意志性"与"受影响性"。

日语位移动词自他接辞形态类型中，"-ar-u/-er-u"组合是日语自他对应最为典型的派生形式。"-ar-"表不及物性，"-er-"表及物性。例如：植わる（u-w-ar-u）（木が植わった）/植える（u-er-u）（子供が木を植えた）（栽种、种植），貯まる（tam-ar-u）（お金が貯まった）/貯める（tam-er-u）（太郎がお金を貯めた）（积攒、攒钱）。语义上"-e（r）"型及物动词表示对某物施加某动作，其结果产生了"-ar-"型不及物动词所表示的某种结果状态（寺村，1982：309）。"-ar-"型动词的行为主体作为"-e（r）"型及物动词的受事以主格标记出现在主语的位置，表示非生命物或某种抽象事件的变化结果。因此从"意志性"语义特征来看，以非生命物作主语表示受事结果状态的"-ar-"型不及物动词不具有"意志性"，是典型的非宾格动词。

但"-ar-"型接辞形态在用来表示自主位移时，由于表达位移主体的自发性位移动作，通常以有生命物作为主语，表达有意志、有意愿、有意

---

① 关于"-e（r）-"派生的双方向性在朝鲜语中也能观察到。円山（2015：123）指出，"-e-所表示的是，消除他动词的动作主体，使之降格发生自动词化，以及如果是自动词的话追加动作主体发生他动词化这样两个方向的派生"。

图地发生位移动作行为，因此"-ar-"型位移动词具有"意志性"语义特征，在句法上可以附加"～う（よう）とする"（打算～、正要～）的意志形，以及表愿望的"～たい"（想～、想要～）意愿形。例如：

(1) 子供は席に座ったまま、二階へ上がろうとはしなかった。
　　孩子坐在座位上一动不动，没有打算上楼。
(2) 女がいた。元気そうにしているにもかかわらず、橋を渡ろうとしないのが妙なものであった①。
　　　　　　　　　　　　　　　　　　　　　　　　『黒い雨』
　　看起来她很健康，可奇怪的是她不打算过桥。
　　　　　　　　　　　　　　　　　　　　　　　　《黑雨》
(3) アルさんの方はもう一軒（居酒屋を）回りたい様子である。
　　　　　　　　　　　　　　　　　　　　　　《あした来る人》
　　看样子，乙醇还想再转一家（酒馆）。
　　　　　　　　　　　　　　　　　　　　　　　《情系明天》

例(1)、例(2)附加了意志形，表示没有打算做某事。例(3)附加了意愿形，表示想要做某事。因此"-ar-"型位移动词与以非生命物作主语的同样接辞形态的"-ar-"型自动词相比，及物性程度较高，呈现出非作格性动词的句法特征。

"-er-u"型和"-s-u"（-as-u/-os-u）型是日语典型的表示及物性的接辞形态。例如：曲がる/曲げる（mag-ar-u/mag-er-u）（弯曲），倒れる/倒す（taor-er-u/ta-os-u）（倒下），壊れる/壊す（kowar-er-u/kow-as-u）（毁坏）。"-er-u"型他动词和"-s-u"（-as-u/-os-u）型他动词表示动作主体发出的动作行为致使受事发生了物理性质的状态改变。比如物体"弯了""倒了""坏了"。由于受事整体上发生了状态变化，因此"受影响性"

---

① 标注例句出处的语料均出自"中日对译语料库"。例句的下划线等标识出自笔者。单下划线表示位移动词，波浪线表示路径要素，双下划线表示标记路径要素的格助词。

高，是及物性高的接辞形态。"-er-u"型和"-s-u"（-as-u/-os-u）型同样可以用来表达致使位移的位置变化。例如：

(4) 曾根二郎は腰を上げた。

『あした来る人』

曾根二郎欠起身来。

《情系明天》

(5) 曾根はコップを上げた。克平もコップを上げた。

（同上）

曾根举起杯来。克平也随之举杯。

（同上）

(6) また漁師がやって来て二匹の獲物を缶の中へ入れた。

（同上）

又一位渔夫上岸，把两条收获物装入桶内。

（同上）

(7) 克平は上衣のポケットからハンカチを出して、それで額をふいた。

（同上）

克平从上衣袋里掏出手帕，擦了擦额头。

（同上）

(8) 僕はもうひとくちブランディーを飲んでから水筒のふたを閉め、それをナップザックに戻した。

『ノルウェイの森』

我又喝了一口，然后把水筒盖好，放回帆布包。

《挪威的森林》

例（4）、例（5）表示身体部位（腰）或者杯子发生了从下方到上方的位置移动。例（6）表示"收获物"从桶外进入桶内的位移。而例（7）则相反，表示手帕从口袋内向口袋外的位移。例（8）表示的是水筒返回到帆布包内的位移。如上，"-er-u"型和"-s-u"（-as-u/-os-u）型位移动词表达动作主体的动作行为致使受事发生了"向上"的方向或"向内/向外"的位置关系的改变。但由于受事本身没有发生状态变化,"受影响性"没有表状态变化类及物动词高。

基于以上对自移/致移动词的语义考察,可以认为自移动词具有"意志性",是较为典型的非作格性动词。而致移动词由于伴随方向或位置关系的变化,具有较高的"受影响性",是较为典型的及物动词。形态上自移与致移动词的对应在构式上呈现以下的对应关系。

(9) a. 太郎が庭に出た。
     太郎来到院子里。
   b. 太郎が庭に干し物を出した。
     太郎把晾晒的东西拿到院子里。

例(9a)自移动词的主语与例(9b)致移动词的主语对应,形成了宾格性构式对应。而"-ar-u"型自动词与典型的"-er-u"型及物动词之间的构式如例(10)所示,"-er-u"型及物动词宾语(針金を)与"-ar-u"型自动词主语(針金が)对应,因此是作格性构式对应,与自移/致移动词的构式对应是不同的类型。

(10) a. 太郎が針金を曲げた。
      太郎弄弯了铁丝。
    b. 針金が曲がった。
      铁丝弯了。

10.5 自移/致移位移动词路径要素的编码方式

松本(1997:141)认为,在路径的编码方式上,日语的基本类型是将位移路径的方向性及路径、位置关系等要素编入动词的语义中。他在松本(2017:338)中又进一步指出,日语不需要表达指示(deixis)要素时路径由句子的核心(head)动词成分表达;而当需要表达指示(deixis)

要素时，路径由非核心（nonhead）动词来表达。因此，他认为日语不是纯粹的"路径核心表示类型"语言（即"动词框架语言"），而应称为"准核心表示类型"语言。本节以表"向上"（UP）、"向外"（OUT）位移为例，考察日语自移/致移动词路径要素的编码方式。本书按照松本（1997：128－129）和上野、影山（2001：43）将伴随位移的路径表达分为起点（source）、终点（goal）、中间路径（route）、方向（direction），将包含跟位移有关的某种方向性的空间表达统称为"路径"（path）。

"-ar-u"型自移动词"上がる"（ag-ar-u）的动词语义融入了向上的方向。例如：

(11) 曾根は正面の、途中で折れ曲っている階段を｛VIA｝上がって行った。

『あした来る人』

曾根爬上正面中间拐弯的楼梯。

《情系明天》

(12) 曾根は……奥の階段から｛FROM｝二階へ｛TO｝上がって行った。

（同上）

曾根……登上尽头处的楼梯。

（同上）

(13) 山名杏子は……自分だけ二階の仕事部屋に｛IN｝上がって行った。

（同上）

山名杏子……独自登上二楼的工作间。

（同上）

(14) 克平は……自分の書斎になっている二階の六畳の部屋へ｛TO｝上がって行った。

（同上）

克平……来到二楼自己那间六张垫席大的书房。

（同上）

以上均表示从某处起始，通过爬楼梯来到某处的连续性位移。例(11)"楼梯"是位移的中间路径，以宾格"を"标记，动词语义融入了向上位移所通过的场所（"弯弯曲曲的楼梯"），是完全融入型的路径动词①。而例（12）、例（13）、例（14）分别以格助词"から""に""へ"标记了起点（"楼梯"）、终点（"工作间"）和方向（"书房"），动词语义只表达了向上的位移，并没有融入连续性位移所涉及的起点、终点或方向性要素。

而"-er-u"型致移动词"上げる"（ag-er-u）的受事大多为人的身体部位，如"顔、頭、手、首、腰"（脸、头、手、脖子、腰）等（例"曾根二郎は腰を上げた"）。动词语义融入了致使身体部位或某物发生向上位移的方向性。

(15) 食堂を｛FROM｝出て、部屋へ戻ると、会社の東京支店の若い秘書課員が待っていた。

『あした来る人』

离开饭厅走进房间，东京分公司的年轻秘书正在等他。

《情系明天》

(16) 克平はどこへ行ったのか、マダムと酒場から｛FROM｝出て行ったまま、まだ帰って来なかった。

（同上）

克平哪里去了呢？和女店主离开酒吧快二十分钟了，还是没有回来。

（同上）

(17) 杏子はすすめられるままに、縁側に｛IN｝出て、藤椅子に腰を降ろした。

（同上）

---

① 松本（1997：134-135）认为路径要素的融入包括两种类型：一种如"John passed the building"，参照物作为宾语，称为"完全融入"。另一种如"John passed by the building"，参照物冗余地以前置词标记，作为前置词的宾语，称为"不完全融入"。

杏子于是移步走廊，坐在藤椅上。

（同上）

(18) 杏子は女店員に言った。女店員はすぐ<u>戸外へ</u>｛TO｝<u>出て
行った</u>。

（同上）

杏子吩咐女店员。女店员马上走出，大概到附近的饮食店
去了。

（同上）

　　"出る"是"-er-u"型自移动词，表达离开某处来到某处的位移，动词语义融入了起点的路径要素。例（15）"食堂"是位移的起点以宾格"を"标记，动词语义融入了起点，是完全融入型的路径动词。而例（16）、例（17）、例（18）分别以格助词"から""に""へ"标记了起点（"酒吧"）、终点（"廊下"）和方向（"屋外"），动词语义没有完全融入路径的各个要素①。

　　"出す"是"-as-u"型致移动词，表达动作者的动作行为致使受事发生从容器内部向容器外部的位移。

(19) 梶大助は純白のハンカチを<u>出して</u>、それで顔をぬぐった。

『あした来る人』

梶在角落里找空位坐下，掏出雪白的手帕擦了把脸。

《情系明天》

(20) 克平は上衣の<u>ポケットから</u>｛FROM｝ハンカチを<u>出して</u>、
それで額をふいた。

（同上）

克平说完，继续闷头沉思。他从上衣袋里掏出手帕，擦了

---

　　① 关于日语伴随同一空间场所名词既可以用"を"（"階段を上がる""食堂を出る"）也可以用"から"（"階段から上がる""酒場から出る"）编码路径的语义区别请参见姚艳玲、吴楠（2015）。

擦额头。

（同上）

例（19）动词语义完全融入了自内向外的位移路径，而例（20）"から"标记了致使向外位移的起点，因此向外位移的路径没有完全融入动词语义中。

从以上两组动词编码路径的方式来看，自移动词可以宾格形式标记位移的起点和中间路径，也可以后置词（格助词）的形式标记起点、终点和方向性，存在完全融入和不完全融入的两种编码方式。而致移动词除以起点格标记致使位移的起点外，大都是以完全融入的方式编码位移路径。

10.6　日语位移动词自他接辞形态对应的类型学意义

以不同的接辞形态区分自主位移和致使位移在世界上的其他语言中也能观察到。例如，朝鲜语在自移动词上通过添加接辞，形成他动词化，派生对应的致移动词（円山，2015：115）。

na-ta（出）　>　na-y-ta（拿出）
tul-ta（进入）　>　tul-i-ta（放入）

风间（2015：103）报告了通古斯诸语言中的 Nanai 语（那乃语）使用接辞的形式将表自主位移的动词派生为表搬运义的致移动词。

ii-（进家）　>　ii-wu-（把东西放进家里）
niə-（离开家）　>　niə-wu-（从家里把东西搬出去）

可以说通过接辞形态从自移动词派生致移动词是跨语言存在的词汇化手段。日语动词具有形态上的自他对应，这种形态上的有标记性在探讨日语的"及物性""语态"等语法范畴时是必须考虑的重要因素。同样讨论位移动词的编码方式时也不例外。自移/致移派生接辞的有标记性反映了认知主体识解位移事件的有标记性。日语母语者在表达同一路径要素时依据位移事件的自发性和致使性，分别使用自他形态转换的手段来区分位移事件的不同类型，这体现了日语动词具有自他对应形态的类型学特征。而汉语、英语等不论位移事件是哪种类型都共用同一形态手段（"进""出"等趋向补语，"up""in"等小品词、介词）编码路径要素。迄今为止的位移事件类型学研究主要关注自主位移事件中路径要素的编码方式①，但如松本在研究中所述及，位移事件除自主位移以外还应该包括致使位移和抽象位移。位移事件类型不同，在编码路径要素时，跨语言会呈现怎样的差异？同一语言内部又会呈现怎样的变异？考察不同位移事件类型中同一路径要素编码方式的差异性可以为我们从形态标记的有标性探讨位移事件的语言类型学特征提供新的视角。

10.7　结语

本章围绕日语自移/致移动词接辞形态的有标记性，梳理了自移/致移接辞形态对应的类型，考察了自移/致移形态标记的语义特征，并基于实际语料分析了形态类型不同的自移/致移动词编码路径要素方式的差异，最后阐述了日语自移/致移动词接辞形态有标记性的类型学意义。日语根据位移事件类型的不同，使用不同的接辞手段区分同一路径要素，而英语使用共同的形态手段编码不同位移事件中的同一路径要素。这种路径要素的不同编码方式反映了不同母语者识解路径要素方式的不同。路径要素的认知方式和其表达形式之间具有怎样的映射关系？这需要我们今后基于更丰富的跨语言事实，从实证的角度运用多种研究方法来进行全面和深入的研究。

---

① 柯理思（Christine Lamarre）（2017）详细论述了汉语的自主位移、致使位移和抽象位移，详见本书第二章。

第四部分

位移事件表达式的拓展研究

第十一章

日语"V-てくる"构式语义扩展机制

11.1 引言

日语指示义动词"くる"在日语母语者日常语言生活中使用频率非常高,其补助动词"V-てくる"构式也是日语母语者所偏好的表达式,且语义较为复杂,不仅具有"空间移动""时态功能"的语义,还具有"逆行态功能"的用法。本章对日语母语者偏好的"V-てくる"构式的多义性进行考察与分析,根据实际语料细致描写"V-てくる"构式各个义项的使用频率与句法环境,阐释"V-てくる"构式的语义扩展动因,揭示其多义性网络及其语义扩展机制。根据本章对"V-てくる"构式语料的计量统计,不仅可以清晰地勾画"V-てくる"构式各类语义在日语母语者实际语言生活中的使用状况,更可以从中发现前人研究尚未充分描写的语言现象,为"V-てくる"构式的研究提供更加具有系统性和解释力的研究方法。

11.2 前人研究

在对"V-てくる"构式具体语义分类展开的研究中,寺村(1984)、今仁(1990)、森田(2002)、住田(2011)等依据的分类标准以及得到的分类结果不尽相同。寺村(1984)根据前项动词和后项动词的语义关系,将"V-てくる"构式分为V-V、v-V、V-v三类。森田(2002)根据前项动词的语义特征将"V-てくる"构式分为空间移动、持续态、状态变化三

类。住田（2011）根据"V-てくる"构式的语义功能和"てくる"与前项动词的语义关系，在寺村（1984）的分类基础上，将"V-てくる"构式分为空间移动和时态功能两类。

住田（2005）基于认知语言学的理论框架对"V-てくる"从空间移动到时态功能的扩展机制进行了分析。他指出隐喻在"V-てくる"构式的语义功能从空间移动扩展到时态功能中起到了重要作用。

上原（2001）基于认知类型学的视角，提出了测试语言主观性程度的标准。

①某一语言表达是否具有主观性
　→与认知主体相关的表达的主观性高于与认知主体无关的表达。
　→认知主体未被编码的表达的主观性高于认知主体被明确编码的表达。

②（当表达与认知主体有关，是具有主观性的表达时）此种主观性的语言表达式的使用是不是典型的、频繁的、具有义务性的。

如上所示，上原（2001）认为判断语言表达主观性程度的标准有两条。第一条标准是语言表达是否具有主观性，这一标准有两个指标：语言表达是否与认知主体相关，当语言表达与认知主体相关时认知主体是否被编码。第二条标准是判断这一语言表达的使用是否较为典型[①]。上原根据以上标准，围绕不同语言中的位移表达、人的心理状态表达、对听者的心理距离表达三种典型的主观性表达，对日语、汉语、韩国语、英语等语言展开了语言主观性程度的考察，认为日语和韩国语的主观性程度较高，其次是汉语，英语的主观性程度较低。

中泽（2008）也从类型学的角度对日语、英语、汉语等语言中的指示动词"来る/come/来"的指示性规则进行了考察与分析，认为日语移动动词"来る"的指示性规则与位移主体是否为认知主体密切相关。当位移主体并非认知主体时，说话者或听话者中只要有一人在发话所指示的时间点

---

① 上原在对比日语"来る"和英语"come"的主观性时，对日本朝日新闻《天声人语》中日语原文和英语译文的"来る"和"come"的对应情况进行了计量统计，发现在检索到的20例"てくる"中没有译为"come"的语例占比达到55%，在42例"来る"中没有译为"come"的语例占比50%，从而进一步确定了第二条标准下日语基本移动表达的主观性要高于英语。

或发话当时位于移动的目的地,就可以使用移动动词"来る"。如例(1)所示。

(1)(A 给 B 打电话,问及太郎明日是否会去 B 的家里时)
A:太郎は明日<u>来る</u>の?
(此时认知主体并非位移主体,说话者 A 不在位移终点,听话者 B 在位移终点,"来る"的使用较为自然)

若位移主体即为认知主体,则只有发话时认知主体处于目的地才可以使用移动动词"来る",如例(2)。

(2)(A 在京都,并计划第二天前往东京,B 在东京。A 给 B 打电话时)
A:僕が<u>*来る/行く</u>までには、涼しくなっているといいなぁ。
(此时位移主体为认知主体 A,不在位移终点,听话者 B 在位移终点,此时不能使用"来る",只能使用"行く")

(中泽,2008:119-121)

综观以上论述可以发现,前人研究较多集中于对"V-てくる"构式各用法和其前项动词之间关系的研究,对其语义范畴边缘成员以及各个语义之间的关联性进行考察的研究较少,而且缺乏根据实际语料对"V-てくる"构式展开的研究。相对于动词"くる"的使用受到位移主体的指称限制,前人研究并未提及"V-てくる"构式在使用及语义扩展中是否也受到位移主体是否为认知主体的限制。

本章在前人研究的语义分类基础上,运用计量语言学的研究方法,对语料库中"V-てくる"构式的使用实例进行统计分析,并观察其实际使用中位移主体人称的分布,阐述位移主体的指称对"V-てくる"构式的使用和语义扩展具有哪些影响。并进一步对处于边缘语义的用法进行考察分析,聚焦"V-てくる"构式各语义之间的关联性,揭示"V-てくる"构式的语义网络及其扩展机制。

11.3 日语"V-てくる"构式的语义分析

11.3.1 "V-てくる"构式的语义再分类

住田(2011)分析了日语"V-てくる"构式各语义间的派生关系,对其"逆行态"用法的语义特征进行了详尽的阐述。并根据"V-てくる"构式的语义功能将其分为"空间移动"和"时态功能"两类,又根据"てくる"与前项动词的语义关系和"V-てくる"构式的语义功能划分了6个下位分类,如表11-1所示。本章以住田(2011)的分类为基础,并根据本章的研究目的,对日语"V-てくる"构式进行再分类。

表11-1　　　　　　住田(2011:44)的语义分类

前后项动词关系	空间用法				时态用法	
	V+V	V_m+V	V-V	V-v(1)	V-v(A1)	V-v(A2)
构式语义	独立动作	伴随方式、附带状况的移动	向心性移动	逆行态	状态、状况变化	持续态

住田(2011)将逆行态功能归入了"空间用法"的下位分类中,但如例(3)所示,"電話がかかってきた"中的"V-てくる"构式作为表示"かかる"方向性的语法标记,表明认知主体是"電話がかかる"这一行为的受事者,已经失去了空间移动的语义。

(3) 彼の上司から筆者に電話が<u>かかってきた</u>。

『システム管理者の眠れない夜』

他的老板给我打来了电话。

《系统管理者的不眠夜》

因此本书将"V-てくる"构式的"逆行态功能"和"空间移动"

"时态功能"并列为构式语义的上位分类,对其再分类,如表 11 – 2 所示。

表 11 – 2　　　　　　　　"V-てくる"构式的再分类

功能	下位分类	前项动词特征①	例句②
空间移动	独立动作	不含移动的行为动词	①家でご飯を食べてきます。
	状态移动	含有位移、不含方向性的方式动词或不含位移、不含方向性、表示移动的附带状况的动词,如"持つ"等	②毎朝会社へ歩いてくる。 ③手紙を祖母のところへ持ってきた。
	移动的方向性	含有方向性的位移动词	④太郎が帰ってきた。
时态功能	始动态	表示自然现象、感觉以及状态的不及物动词	⑤雨が降ってきた。
	持续态	含有过程的延续性动词	⑥中学校の時、ずっと英語を勉強してきた。
逆行态功能		对象移动动词(如"送る"等) 非明示移动动词(如"殴る"等) 行为动词(如"決める"等)③	⑦花子が本を送ってきた。 ⑧太郎が殴ってきた。 ⑨太郎がそんなことを勝手に決めてくる。

本书使用"現代日本語書き言葉均衡コーパス",对"V-てくる"构式进行了检索,共检索到 6699 条语料。将语料导出后,对例句进行 1—6699 的编号,利用表格工具对语料进行了随机抽样,随机选取了 450 条语料作为本书的语料基础进行计量研究。除去 450 条例句中"やってくる"等不在本书范围内的固定用法,共得到 440 条有效例

---

① 本书对"V-てくる"构式各项分类中前项动词特征的界定援用住田(2011:44)和山本(2007:70)。

② 表 11 – 2 中例句①、例句②出自住田(2011:44、48),例句⑤出自山本(2007:72),其余例句由笔者自制。

③ 住田(2011:58、87)将"对象移动动词"界定为"表示(ヲ格名词句中的)动作对象由于施事者的动作而发生位移的动词"。将"非明示移动动词"界定为"由于施事者的动作而发生的视线、声音、发话内容等抽象性事物的位移,或暗含身体部位的移动的动词,如动词"殴る"中含有'手'的位移"。将"行为动词"界定为"不含位移概念的动词"。

句。根据前文所述分类标准对440条例句进行分类，统计结果如表11-3所示。

表11-3　　"V-てくる"构式各语义的使用状况

功能	位移主体与认知主体的关系	例句数（个）	比例（%）
空间移动	位移主体为认知主体	6	1.4
	位移主体为非认知主体	148	33.6
	总数	154	35.0
时态功能	位移主体为认知主体	120	27.3
	位移主体为非认知主体	124	28.2
	总数	244	55.5
逆行态功能	位移主体为认知主体	0	0
	位移主体为非认知主体	42	9.5
	总数	42	9.5

在"独立动作"和"状态移动"用法中，发生位移的位移主体为后项动词"来る"的动作主体。如例（4）和例（5）中的位移主体分别是"来る"的动作主体"隆司"和"役人たち"。

（4）隆司もケーキを買ってきた。

『介護・男のうた365日』

隆司也买来了蛋糕。

《护理・男人之歌365天》

（5）役人たちは、箱に投ぜられた投書はすべて密封したまま定信のところに直接持ってきた。

『田沼意次と松平定信』

官吏们把投到箱子里的所有来信都密封起来，直接拿到了定信面前。

《田沼意次与松平定信》

在"移动的方向性"用法中,发生位移的位移主体为前项动词V的动作主体,如例(6)中的位移是由"不存在"到"出现"的抽象位移,此时位移主体为前项动词"出る"的主体"事故現場(の映像)"。

(6) ニュースのような映像では、いきなり事故現場などが出てくるわけではない。

『情報の構造化と検索』

在像新闻这样的影像中,事故现场等并不是突然出现的。

《信息的结构化与检索》

坂原(2012)将"时态功能"用法分为两种,一种为"持续态",认知主体在时间轴上移动,其语义扩展方式为"自我移动隐喻"(EGO MOVING-Metaphor)。如例(7)是认知主体的视线从过去移动至现在,观察到某一事件从过去持续到现在;另一种为"始动态",时间/事件向认知主体方向移动,其语义扩展方式为"时间移动隐喻"(TIME MOVING-Metaphor)。如例(8)中"V-てくる"构式表示"雰囲気が出る"这一事件在时间轴上向认知主体移动。

(7) だが、交易社会は……たまたまこの土地が東西南北の十字路に当っていたことから可能となった。支配者も民衆も早くから外部経済に対応することで生きてきた。

『マラッカ』

但贸易社会……之所以成为可能,是因为这片土地恰好位于东西南北的十字路口。统治者和民众早就通过顺应外部经济来得以生存。

《马六甲》

(8) 逆に、茶系かウグイス色などのスーツなら、リラックスした雰囲気が出てくる。

『学び心』

相反,如果是棕色或黄绿色之类的西装,则会带来轻松的氛围。

《学习之心》

另外"V-てくる"的"语态功能"标记认知主体位于受动者的立场，如例（9）中，位移主体为发出"聞く"这一行为的行为主体。

(9) 私にこれらの釣針を見てどう思うかと聞いてきました。

『楽園考古学』

他问我看到这些鱼钩有什么想法。

《乐园考古学》

以上为"V-てくる"构式中位移主体的判断标准。根据此标准对本章的语料进行计量统计后得到表11-3所示数据。

表11-3中出现比例最高的语义为扩展义"时态功能"已超过一半，而其基本语义"空间用法"仅为35%。松本（2009）指出在多义词的语义结构中，作为其他语义的派生基础、概念上占据语义结构核心位置的语义具有"概念中心性"；从语言传播的视角出发，最广为使用的语义占据多义词语义结构的核心位置，具有"功能中心性"[1]。同时具有两种属性的语义，可认为是"典型性核心语义"；只具备其中一种属性的语义，是"非典型性核心语义"。

依据上述使用频率，本书认为，"V-てくる"构式的"概念中心性"语义为"空间移动"[2]，而其功能中心性语义为"时态功能"，因此"V-てくる"构式可以说不存在"典型性核心语义"。

另外从位移主体指称限制来看，当位移主体为认知主体时，其出现频率为126例，仅占语料总数的28.7%，远远低于位移主体非认知主体的使

---

[1] Gries（2006）认为也可以根据语料库中语义的使用频率来认定"功能中心性"语义［转引自松本（2009：93）］。

[2] 籾山、深田（2003：144-145）在对多义性的原型义（."概念中心性"语义）的认定分析中指出现代日语的语义扩展是由空间向时间的单向扩展。因此本书认为日语"V-てくる"构式的"概念中心性语义"为"空间移动"义。

用频率，因此"V-てくる"构式在实际使用中位移主体人称分布不均衡，当位移主体为认知主体时，构式的使用会受到限制。

11.3.2 "V-てくる"构式的语义分析

王寅（2007：77）指出"动觉是人们实现体验的主要手段之一，动觉意象图式与空间概念紧密相连"。人在实现"くる"的动作时，会伴随有起点、路径、终点等位移的空间场所。因此在讨论"V-てくる"构式语义时，可以运用"起点—路径—终点"这一基本动觉意象图式进行分析，如图 11-1 所示。根据动词"くる"语义中的"向心性"这一特征可以判断，说话者的视点位于位移的终点，即图示中的"终点"这一部分（用灰色人形图案表示）。

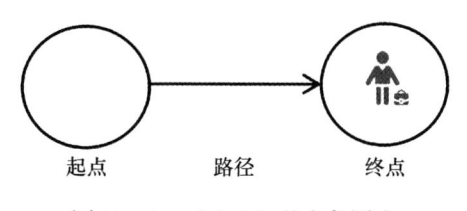

图 11-1　"くる"的意象图式

11.3.2.1 "V-てくる"构式的空间用法

空间用法是"V-てくる"构式的基本语义。这一语义范畴中构式的后项动词"くる"仍保留着"移动"的语义特征，表示移动主体朝向认知主体的向心性移动。通过对语料中"V-てくる"构式空间用法的数据统计可以发现，这一语义范畴中出现频率最高的义项为"移动的方向性"，达到 109 例，而"独立移动"只有 10 例，"状态移动"为 19 例。

(10) 一流ホテルのロビーでお茶を飲んで、ゴージャスな盛り花を見てきましょう。

　　　　　　　　　　　　　　　　『ひとりって楽しい』

　　　在高档的酒店大厅喝茶，观赏绚丽的花团锦簇般的插花吧。

　　　　　　　　　　　　　　　　《独自一人挺好的》

(11) 母親も期待せずに誘ったところ，意外なことに腰を上げて<u>ついてきた</u>という。

『臨床心理学の世界』

听说母亲也没抱什么希望地试着邀请了他，结果出乎意料，他竟然站起来跟着来了。

《临床心理学的世界》

(12) その物件についてささやかれる噂は、今度あそこに<u>引っ越してくる</u>のはどんな人かしら、ということである。

『怪奇探偵の実録事件ファイル』

据说关于那个房产的传言是，下次会有什么样的人搬到那儿去呢？

《怪异侦探的实录事件档案》

(13) ユーラシア大陸を草原の風のように<u>渡ってきた</u>騎馬文化の吹きだまりが伽耶の地である。

『鉄の古代史』

骑马文化像草原之风一样风靡亚欧大陆，盛行之处便是伽耶。

《铁的古代史》

以上例（10）和例（11）的"V-てくる"构式表达"独立移动"和"状态移动"，例（12）和例（13）表达"移动的方向性"。若在例（10）—例（13）中"V-てくる"构式的前后项动词间插入接续词"それから"，则只有例（10）依然成立，且语义未发生变化。因此空间移动的3个义项中，后项动词"くる"具有独立性的只有"独立移动"义项。此时"移动"的语义特征尚未发生弱化，"くる"与前项动词的结合并不紧密，可以表示独立的动作，前后项动词为相继发生的关系，因此"V-てくる"构式意象图式中"起点—路径—终点"三个部分都被焦点化，如图11-2所示，接续助词"て"提示前后两个动作在时间上的并列性。

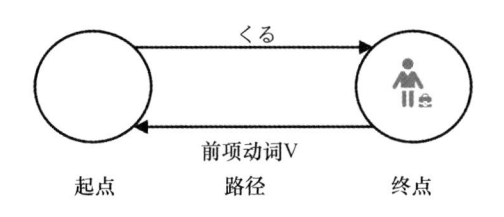

第十一章 日语"V-てくる"构式语义扩展机制 259

图 11 – 2 "独立移动"的意象图式

山口（1980：268）认为接续助词"て"的最基本的语义关系是"并列性"，这种并列包括时间上的并列和空间上的共存①。因此表示动作同时进行的"状态移动"义项是在"独立移动"的基础之上扩展而来。森山（1988：186）将"状态移动"的用法称为"動詞連合後項ヘッド類"，如例（11）所示，构式的前后项动词之间可插入"地点名词＋に/へ"，即动词"くる"的格位标记，后项动词"くる"为"V-てくる"构式的语义重心，前项动词 V 起到修饰"くる"的作用，前后项动作同时发生。因其前项动词的修饰作用，此义项中被侧显的部分为"路径"和"终点"两个部分（被侧显的部分为图中粗体部分）。

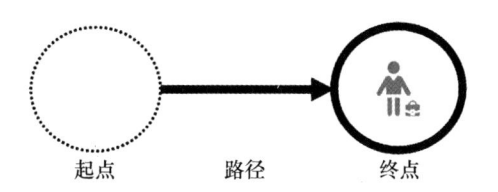

图 11 – 3 "状态移动"的意象图式

当"V-てくる"构式表示"移动的方向性"时其前项动词是具有移动方向性的不及物动词，如例（12）、例（13）中的"引っ越す"和"渡る"。此时后项动词"くる"原本具有的"移动"语义特征变得十分薄

---

① 山口（1980：268）将"并列性"这一概念阐释为"继起性"和"共存性"，"继起性"指时间上的继起，即前后句节的事件相继发生；"共存性"指空间中的共存，即前后句节的事件在空间中共存。

弱，其"向心性"的语义特征得到突显，标记了说话者的主观性和立场。说话者处于"移动终点"的位置对事件进行编码，采用"V-てくる"构式表达其立场。构式语义中被侧显的部分为认知主体所处的"终点"，如图11-4所示（被侧显的部分为图中粗体部分）。

起点　　　路径　　　终点

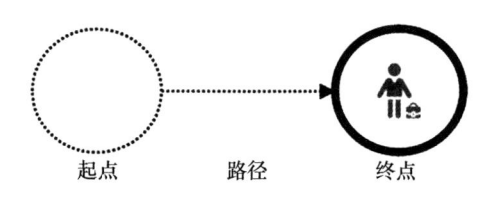

图11-4　"移动的方向性"的意象图式

11.3.2.2 "V-てくる"构式的时态功能

"V-てくる"构式的时态功能是由其空间用法经过"时间=空间"的隐喻扩展而来。如11.3.1所述，坂原（2012：53）根据隐喻的种类将其分为基于时间（即事件）在时间轴上从未来移动至现在的"时间移动隐喻"（TIME-MOVING-Metaphor）的"始动态"，以及基于认知主体在时间轴上从过去向现在移动的"自我移动隐喻"（EGO-MOVING-Metaphor）的"持续态"。观察244例时态功能的语料可以发现两种类别各占一半，分布较为均衡。

11.3.2.2.1 始动态

(14) 窓の外に目をやった。海岸線が<u>近づいてきた</u>。

『バディソウル』

望向窗外。海岸线越来越近了。

《伙伴之魂》

(15) =(8) 逆に、茶系かウグイス色などのスーツなら、リラックスした雰囲気が<u>出てくる</u>。

『学び心』

相反，如果是棕色或黄绿色之类的西装，则会带来轻松的氛围。

《学习之心》

这一义项可表示自然现象的发生，或认知主体的状态、心情的变化，如例（14）、例（15）所示。"V-てくる"构式的前项动词多为"なる""見える"等表示状态变化的自动词。且经常与"だんだん""しだいに"等表示变化进展的时间副词共现。

例（14）、例（15）中"V-てくる"构式的前项动词都为具有[+方向性]义的位移动词，但是发生的位移方式却不尽相同。例（14）中认知对象为无法发生位移的非有生性物体"海岸線"。客观来看，认知主体向海岸线的方向移动，但随着与前方海岸线的距离逐渐缩短，在认知主体的主观认知中，仿佛是海岸线在朝向认知主体移动，基于这种认知形成了例（14）的表达。山梨（2000：63）将这一类型的位移称为"认知外部世界的主体自身的移动"（外部世界を知覚していく主体自身の移動）。此时，发生的位移为典型的空间位移。例（15）的认知对象为认知主体的感觉，属于第一人称的情感、状态等抽象性事物，发生的移动为时间轴上的移动，表示认知主体状态变化的开始。其语义可以从"主观层面"和"客观层面"两方面来进行解释，如图11-5所示。

图11-5中，从客观层面来看，认知主体的状态变化在时间轴上的"未来"固定，认知主体在时间轴上随着时间的流动向未来移动（实线箭头），二者相对运动。但由于认知主体将视点放在自身，并将自身识解为相对静止的参照点身临其境地对自己的所见所感进行编码，因此在主观层面，未来的状态发生了朝向认知主体向心性的移动（虚线箭头）。综上，"V-てくる"构式的"始动态"语义表达的是主观层面的向心性位移，突显了认知主体与认知对象的相对位移关系，位移中的路径部分被背景化，认知主体所在的"终点"被焦点化。

例（14）、例（15）中"V-てくる"构式的语义变化体现了构式语义由典型的"空间移动"逐渐抽象为表示时间移动的"始动态"的扩展过程。如表11-4所示。

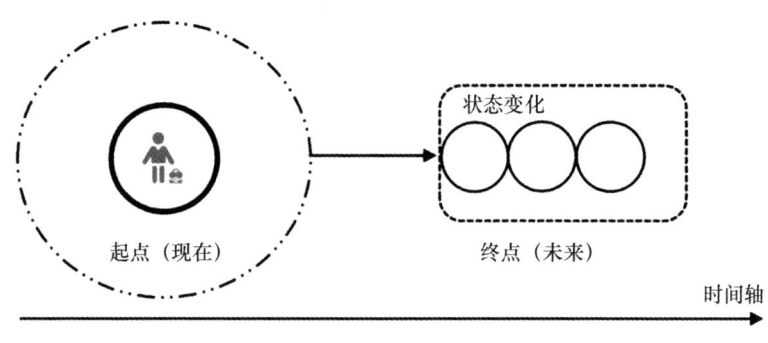

(a) 客观层面：认知主体的时间移动（现在→未来）

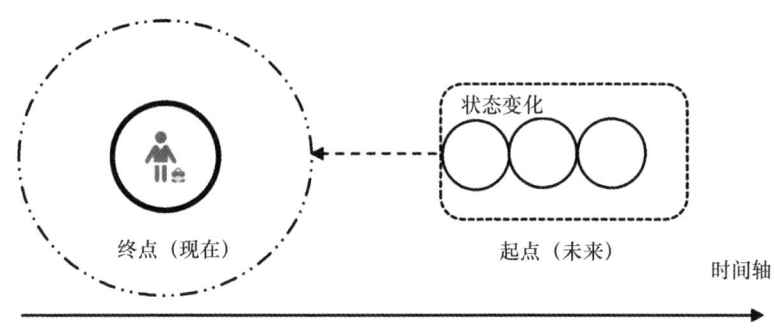

(b) 主观层面：认知对象的时间移动（未来→现在）

图 11-5　"V-てくる"构式始动态的意象图式

表 11-4　从"空间移动"到"始动态"的语义扩展过程

例句	基于"时间=空间"隐喻的语义扩展
<空□>海岸線が<u>近づいてきた</u>。	后（此地/认知主体）←前（前方的海岸线）
<□□>雰囲気が<u>出てくる</u>。	后（此时/认知主体）←前（未来的状态变化）

表 11-4 中的箭头代表主观层面发生的位移方向。"时间"和"空间"的概念结构中，认知主体与认知对象的相对位移关系一致，认知对象都由"前（起点）"向"后（终点/认知主体）"移动。因此，以隐喻为扩展动因，"空间"的概念结构映射至抽象的"时间"概念结构中。

11.3.2.2.2　持续态

(16) 私は、母の兄弟とその妻を<u>連れてきた</u>。

『恵みにあふれて』

我把母亲的兄弟和他的妻子带来了。

《恩泽满溢》

(17) 日本経済は長い間にわたって、インフレに支えられながら高度成長を<u>続けてきた</u>。

『モノの捨て方で人生が変わる』

日本经济很长一段时间都是依赖通货膨胀实现了高速增长。

《物品的丢弃方式改变人生》

(18) 自分が信じられなくなったとき、私は彼女のおかげでいつも<u>立ち直ってきた</u>。

『親友のつくり方』

当我不相信自己时，我总是在她的帮助下重新振作起来。

《结交挚友的方法》

　　例(16)中，"V-てくる"构式的前项动词"連れる"（带、领）修饰了位移主体"私"发生位移的状态（"带着母亲的兄弟和他的妻子过来"）；例(17)中"V-てくる"构式的前项动词"続ける"具有［＋持续性］语义特征，此时"V-てくる"构式表示"（日本経済は）高度成長を続ける"这一事件在时间轴上的持续；例(18)中的"V-てくる"构式则表示"私は彼女のおかげで立ち直る"这一事件在时间轴上的反复发生。因此"持续态"语义结构中得到突显的是［路径＋方向性］部分，意象图式中［路径＋终点］部分被焦点化，如图11-6所示。

　　在这一语义中，位移主体为认知主体，在时间轴上由过去移动至现在。认知主体移动过程中对认知对象的状态进行关注，并在位移终点（发话时/指示时）以自身为参照点对观察到的状态持续进行认知和编码。如例(17)中认知主体的视点在时间轴上随着时间的推移由过去向现在移动，观察到"日本経済は高度成長を続ける"这一事件也在随着时间的推

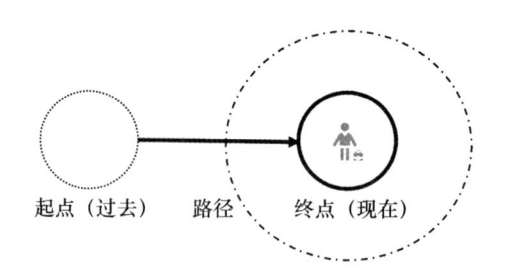

图11-6　"V-てくる"构式持续态的意象图式

移一直持续至今，二者相对静止。因此认知主体的视点到达位移终点（发话时/指示时）后，以自身为参照点，将这一事件在时间轴上的持续和自身视点在时间轴上的移动一同识解为向心性，使用"V-てくる"构式来编码。因此，例（16）—例（18）也属于"认知外部世界的主体自身的移动"的位移类型，但认知主体与认知对象是相对静止的。例（16）—例（18）"V-てくる"构式的语义变化体现了构式语义由典型的"空间移动"逐渐抽象为表示时间移动的"持续态"的扩展过程。如表11-5所示。

表11-5　从"空间移动"到"持续态"的语义扩展过程

例句	基于"时间=空间"隐喻的语义扩展
<空□> 私は母の兄弟とその妻を連れてきた。	后（起点）→前（此地/认知主体）
<□□> 日本経済は高度成長を続けてきた。	后（过去）→前（此时/认知主体）

表11-5中箭头代表位移的方向。"时间"的概念结构中，认知主体的移动方向与"空间"的概念结构一致。因此"空间"的概念结构以隐喻为扩展动因，映射至"时间"的概念结构中，处于认知主体后方的"起点"映射至时间轴上位于认知主体后方的"过去"，使用"V-てくる"构式表示认知主体自身在时间轴上由过去至现在的位移。

"V-てくる"构式表"持续态"的120个例句中，有119例是以"-てきた"的形态出现，剩余1例是"V-てきている"。可以说"持续态"多为过去时"-てきた"型，而不以"-てくる"型出现。

11.3.2.3　"V-てくる"构式的逆行态功能

清水（2010：49）基于Payne（1994：318）中对逆行态的定义，认为顺行态/逆行态由事件参与者的固有话题层级、事件的展开（或及物性的方向）这两个要素决定。

①事件参与者的固有话题层级（Inherent topicality hierarchy）：第一人称＞第二人称＞第三人称
②及物性的传递方向：施事者（Agent）＞受事者（Patient）

（清水，2010：49）

在及物性事件中，若受事者的固有话题层级高于施事者，则编码为逆行态。逆行态需要有语法标记，Shibatani（2003）首先提出了"V-てくる"构式具有逆行态的语法功能。住田（2011：25）认为在"第一人称＞己方人称（ウチ人称）＞他方人称（ソト人称）"的人称顺序中，若行为由位于顺序末端的人称发起，指向顺序前端的人称，则为"逆行态"。他将"逆行态"用法根据其前项动词的种类分为三类：对象移动动词、非明示移动动词、行为动词。泽田（2016）则根据构式前项动词的种类和认知主体受到的影响将"V-てくる"构式的逆行态用法（行為の方向付け）分为四类：物品的转移（转送型动词，如"送る"），物品的授予（授予型动词，如"渡る"），行为的直接影响（如"ヤクザは私を脅してきた"），行为的间接影响（如"会社が給料を減らしてきた"）。本书基于住田（2011）和泽田（2016）的分类，将逆行态用法根据位移主体抽象程度的不同分为以下三类。

(19) そのサイズの文書をワードなどで作成し、添付ファイルで送ってくる。

『システム管理者の眠れない夜』
这种规格的文件做成文档之类的形式，并以附件发送过来。
《系统管理者的不眠夜》

例（19）中位移主体为"文書"（文件），在"送る"的动作主体的作用下，向受事者/认知主体移动。表达发生的位移为"物体的移动"，本书列为第一种类型。此时，位移主体是较为具象的物体，发生的位移是具体的空间位移；同时，认知主体作为"送る"的受事者位于行为链的末端。因此，"物体的移动"同时具有"空间移动"和"逆行态功能"两种性质，构成了二者在语义扩展过程中的接点。

(20) その後すぐ、彼女はけんかをふっかけてきた。……それ以後、私は彼女と会っていない。

『親友のつくり方』

之后不久她就和我吵了起来。……从那以后我就再也没有见过她。

《结交挚友的方法》

在例（20）中，事件参与者的固有话题性层级为"私＞彼女"，而事件动作行为的传递方向以"彼女→私"。此时固有话题性层级与及物性的传递方向相反，需要以"V-てくる"构式作为语法标记编码为逆行态。及物性的方向以"私"作为受事者，位于行为链的末端；施事者（"彼女"）位于行为链的始端，行为链中"ふっかける"这一动作产生的"直接的力"由施事者（"彼女"）朝向认知主体（"私"）发生了向心性位移。

此外收集到的例句中还有前项动词为"言う、訴える"等发出言语行为的抽象力量的情形，因此，在此将其概括为"行为能量的传递"，本书列为第二种类型。其意象图式如图 11-7 所示。

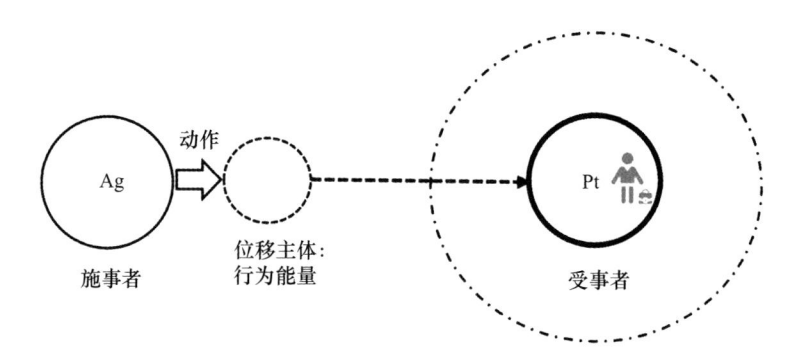

图 11-7 言语行为移动事件的意象图式

第十一章 日语"V-てくる"构式语义扩展机制　　267

（21）病院で痛み止めの注射を打ってもらうと楽になりますが、薬が切れてくると、痛みもしびれも再発します。

『よく効く！キネシオテープ療法』

在医院打上止痛针后也许会好受一些，但是药用完的话疼痛和麻木就又会复发。

《有效！肌动贴疗法》

在"薬が切れる"这一事件中，认知主体并没有直接参与到事件之中，而是位于事件之外，处于受影响者的位置。因此朝向认知主体发生向心性位移的位移主体为事件的"影响性"，本书列为第三种类型"影响性的传递"。这一事件的意象图式如图11-8所示。

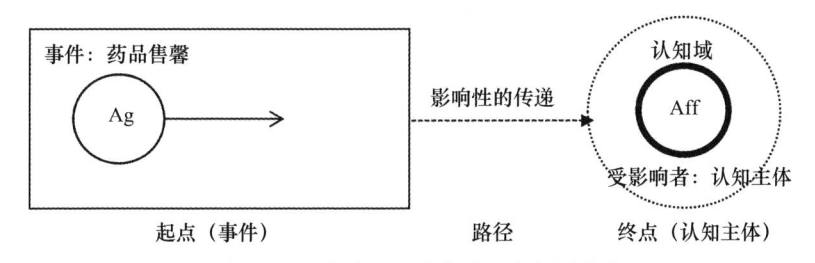

图11-8　影响性移动事件的意象图式①

综合以上三种"语态功能"分类的分析，本书将"V-てくる"构式"语态功能"的意象图式归纳如图11-9所示。

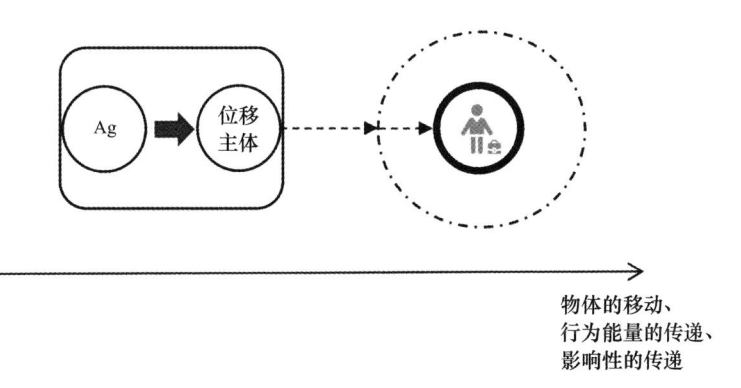

图11-9　"V-てくる"构式语态功能的意象图式

---

① 图11-8参考住田（2011：187）中"逆向文（間接構造）"的意象图式制作。

某种力量的传递及某种影响的波及的概念结构基于"V-てくる"构式"起点—路径—终点"的概念结构,"V-てくる"构式以隐喻为其扩展动因,将空间结构映射至抽象的及物事件或产生间接影响的事件中,如表 11-6 所示。

表 11-6　从"空间移动"到"逆行态功能"的语义扩展过程

例句	基于"具象→抽象"隐喻的语义扩展
<空间移动>太郎が文書を<u>送ってきた</u>。	施事者→文件→受事者
<及物事件>彼女が喧嘩を<u>ふっかけてきた</u>。	施事者→行为能量→受事者
<影响事件>薬が<u>切れてきた</u>。	事件→影响性→受影响者

在"物体的移动"中,施事者为物体移动的起点,受事者为物体移动的终点;当位移主体由较为具体的物体抽象为某一动作的"行为能量",以隐喻为其扩展动因,"空间移动"的概念结构映射至"抽象性及物事件"的概念结构中,表示动作的行为能量由施事者向受事者方向传递,认知主体位于受事者的立场将其识解为向心性;此外"认知主体受到某一事件带来的影响"与"认知主体收到某人送来的东西"这两个事件中,认知主体都处于影响性传递或物体移动行为链的末端,二者的事件结构具有相似性。因此,以隐喻为扩展动因,"空间移动"的概念结构映射至"影响事件"中,实现了语义扩展。

泽田(2009,2016)、住田(2011)都指出"V-てくる"构式的语态功能作为"受影响性的语法标记"(受影マーカー),具有表示认知主体受到影响的语用功能。本书认为这种语用功能的产生与转喻的认知机制密切相关。

籾山(2002:76)将转喻定义为:"当两个事物空间上相邻,或在认知中以及概念上具有邻接性时,使用其中一个事物或概念来指代另一个事物或概念。"山梨(1992:93)根据本体与喻体之间的关系将转喻分为两类:整体—部分之间的转喻(パートニミー),不同部分(基于时间/空间的邻接关系）之间的转喻（トポニミー）①。木原（2020）指出谓语层面（述部レベル）经常发生的转喻是将某一事件作为一个整体来指示与它在空间或者时间上具有邻接关系的另一事件的"事件—事件"和"原因—结果"的转喻。

（22）仕事が忙しくなり、家のお花が全て枯れた。

（木原，2020：229）

工作忙起来，家里花都全枯萎了。

如例（22）"家のお花が全て枯れた"这一事件的直接原因并不是"仕事が忙しくなり"，而是其结果"忘了给花浇水"。因此使用"仕事が忙しくなり"这一事件来指代其导致的结果"忘了给花浇水"，为"原因—结果"的转喻。根据以上分析可知"原因—结果"转喻属于山梨（1992：93）转喻分类中的"不同部分之间的转喻"（トポニミー）。

"V-てくる"构式中只有当位移主体到达位移终点部分（即认知主体认知域内）后认知主体才会受到影响。如第二种类型语态功能中位移主体动作的行为能量到达认知主体认知域内后，认知主体捕捉到了施事者朝向自身的动作，因此自身会受到动作带来的直接影响，而第三种类型语态功能中认知主体受到了来自某一事件所带来的影响。因此"V-てくる"构式认知主体受到的影响可认为是位移带来的结果，使用表示"物体发生朝向认知主体的位移"的表达来指代"位移完成后认知主体受到的影响"这一位移结果，即发生了"原因—结果"的转喻，具有"受影响性"的语用功能。"V-てくる"构式突显认知主体在事件中作为"受事者"或"受影响

---

① 整体—部分之间的转喻为使用整体指代部分，或用部分指代整体（山梨，1992：93），如下例中使用"テレビ"这一整体来指代作为其部分的"テレビの画面"：
电話がかかってきたらテレビを消してください（テレビ—テレビの画面/全体—部分）（木原，2020：225）。
不同部分之间的转喻基于不同部分之间在时间或空间中的邻接性（山梨，1992：93），如下例中，"锅"（容器）和"锅中的食物"（容器内容物）具有邻接性，因此使用"锅"来指代"锅中的食物"：
鍋を食べる（鍋—鍋の中の食材/部分—部分）。

者"的立场,因此意象图式的"终点"被焦点化,而"路径"则被背景化,如图 11-9 所示。

11.4 "V-てくる"构式的多义性网络

兰艾克(2016:395-400)以"mail"的语义扩展为例,对"语义网络"(network model)进行了阐释,如图 11-10 所示。

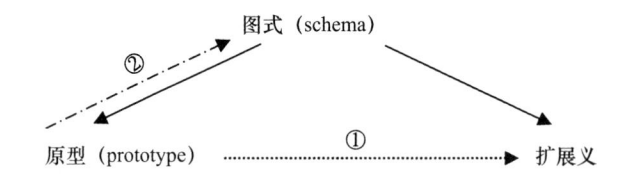

图 11-10 兰艾克(2016:398)中的"语义网络模式"(network model)

图中实线表示原型义和扩展义均为图式的具体阐释,即"具体化关系";原型→扩展义的点线表示原型义经过语义扩展得到扩展义,即"扩展关系";原型→图式的虚线表示图式是原型抽象化得到的结构。

根据前面对"V-てくる"构式的"时态功能"和"逆行态"功能语义扩展机制的分析,本书认为其多义性网络可以如图 11-11 所示。

图中实线箭头表示"具体化关系",点线箭头表示"扩展关系",各个四边形中灰色部分面积的大小表示"移动主体非认知主体"的使用比率,白色部分面积的大小表示"移动主体为认知主体"的使用比率。当位移主体为认知主体时,"V-てくる"构式的语义扩展较为单一,只有"空间移动→时态功能";当"V-てくる"构式的位移主体为非认知主体时,其语义扩展网络较为复杂,从"空间移动"扩展到"时态功能"以及"逆行态功能"。因此本书认为"V-てくる"构式的语义扩展受到了位移主体指称的限制。

另外,隐喻的认知机制在"V-てくる"构式的语义扩展中起到了重要作用。"空间移动"到"时态功能"的扩展基于"认知外部世界的主体自身的移动"这一空间位移类型,其语义扩展与"认知主体与认知对象的相

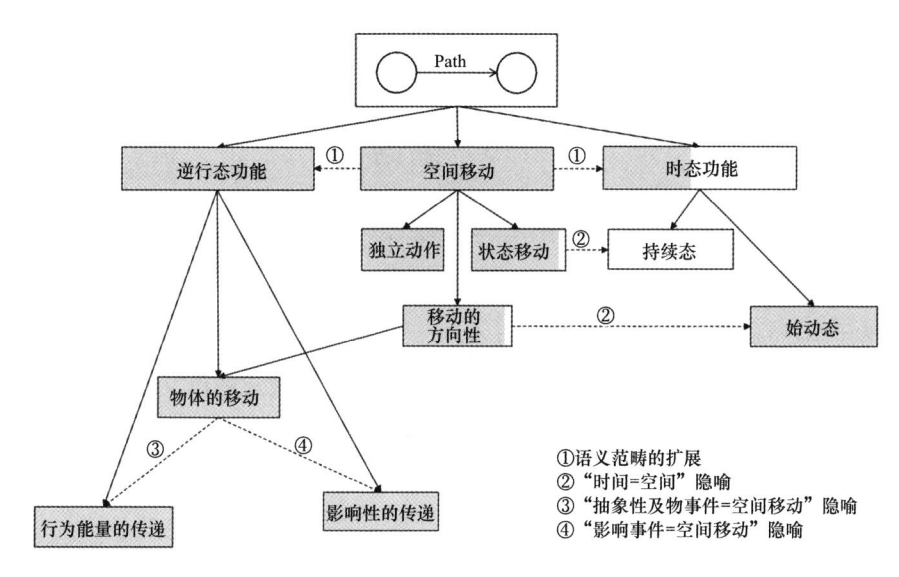

图 11–11　"V-てくる"构式的多义性网络

对位移关系"密切相关。如例（14）、例（15）所示，当认知对象固定于认知主体自身移动的前方，二者相对运动，认知主体将这一事件识解为"认知对象由前向后的向心性位移"，使用"V-てくる"构式来表达这一主观层面的位移。基于这一身体经验，以"时间＝空间"隐喻为扩展动因，"V-てくる"构式也用于表示时间轴上认知对象由未来向现在的移动，其语义功能为"始动态"。当认知对象与认知主体相对静止，构式表示二者由后向前的位移，如例（16）所示。以"时间＝空间"隐喻为扩展动因，"V-てくる"构式也用于表示时间轴上认知主体由过去向现在的时间位移，如例（17）、例（18），语义功能为"持续态"。虽然从"空间移动"到"始动态"和"持续态"的语义扩展都以"时间＝空间"隐喻为扩展动因，但由于源域中认知主体与认知对象的相对位移关系不同，因此目标域中认知主体与时间/事件的相对位移关系也不同。在"空间移动"到"逆行态功能"的扩展过程中，位移主体体现了"具体的物体→动作的行为能量""具体的物体→事件的影响性"的抽象化过程，空间位移发生了"抽象性及物事件＝空间移动""影响事件＝空间移动"的隐喻映射。在"V-てくる"构式的整体语义扩展中，后项动词"くる"由具体的空间移动义,如例(11),扩展为表示位移的方向,如例(12)、例(13),最后扩展为语法标记,如例(19)—例(21)。

11.5 结语

本书在认知语义学的理论框架下,通过对书面语自然语料的统计与分析,细致描写了"V-てくる"构式各个语义的实际使用情况,发现了其语义扩展中的限制,并揭示了其"时态功能"及"逆行态功能"的语义扩展机制。本书认为,隐喻的认知机制在"V-てくる"构式的语义扩展中起到了重要作用。当"V-てくる"构式的语义由"空间移动"义通过"时间=空间"隐喻扩展至"时态功能"语义时,由于源域中认知主体与认知对象的相对位移关系不同,因而产生了"始动态"和"持续态"两种不同的语义。而"V-てくる"构式的"逆行态功能"语义由"空间移动"义经过"抽象性及物事件=空间移动"隐喻、"影响事件=空间移动"隐喻扩展而来。另外,当位移主体为认知主体时,"V-てくる"构式的使用和语义扩展都较为有限。本书的考察结果可以为"V-てくる"构式及日语语法化扩展机制研究提供更为有效的方法论。

第十二章

日汉语"致使位移"表达式对比

12.1 引言

客观世界由各种事件构成,我们基于某种基本的认知类型去理解这些事件。一般认为,理解客观世界的基本关系有状态、变化、因果关系。状态指物体的存在,或者物体与物体之间的关系;变化指状态的推移或物体的移动;而因果关系是指从物体到物体的力或能量的传递,以及受其影响而引起的位置或状态的变化(山梨,1995:251)。这种在施事与受事或主体与客体的二者之间由施事或主体的致使行为引起的位置或状态的变化,可以分别称为"致使性位置变化"或"致使性状态变化"。这种动态事件是人类认知的最基本的场景之一。"致使性状态变化"在语言中通常编码为动结构式,或由包含结果语义的及物动词构成的一般及物动词句。如下例所示。

(1) a. John broke the vase into pieces.
    b. John broke the window with the hammer.
    c. John hammered the metal flat.
(2) a. ジョンは花瓶を粉々に割った。
    b. ジョンはハンマーで窓を壊した。
    c. ジョンは鉄の塊を平らに叩いた。
(3) a. 他把那个花瓶摔得粉碎。

b. 他用铁锤把窗户打碎了。
c. 他把这个铁块砸扁了。

而"致使性位置变化"由于包含致使行为引起的受事或客体的位移路径及位移所至的终点，语言表达中还需要将这些要素予以编码。同时语言不同其编码方式也是不同的，如下例所示。

（4）Mary threw the ball into the box.
（5）マリーはボールをボックスの中に投げた。
（6）她把那个球扔进了盒子里。

致使位移的路径在英语、日语、汉语中分别编码为介词"into"、附加格助词的方位名词"～の中に"及补语结构"～进"。

致使行为是人类普遍的一种行为。由致使行为所引起的状态或位置变化的两类结果在人类语言编码中也存在一定的平行性或相似性。比如英语以介词介引结果或路径，日语以格助词"に"表变化结果或位移终点，而汉语将变化结果或位移方向编码为补语。

Goldberg（1995）认为位移事件的构式通过隐喻的机制扩展为表变化事件的结果构式。可以说位移概念构成了表状态变化等抽象概念的认知基础。因此探讨"致使→位移"方式因果关系事件的语言编码方式能够为描写和解释基本事件与语言表达式的映射关系与形成机制提供重要的线索。致使位移事件的构成要素在不同语言中其编码方式是不同的，通过对比两种语言或跨语言的致使位移事件编码方式可以揭示不同语言在表达同一基本事件时的类型学特征。基于以上这种观点，本章通过考察日汉语中构成致使位移事件的各要素的表达形式，分析日汉语致使位移动词构成的词汇化类型及其特点，特别是致使位移事件的核心概念"路径"与"致使"的编码方式，以此分析表达同一致使位移事件时日语和汉语语言编码机制的差异，从而揭示日语和汉语在致使位移事件表达式上呈现的类型学特征。

12.2 前人研究及本书的立场

位移事件是人类认知的最基本的场景之一。从我们的身体经验来看，我们较易认知的最基本的变化就是位置的移动。可以分为主体的位置移动和某物致使另一物发生位置改变的致使位置移动。这两种事件在语言中编码为"自主位移构式"和"致使位移构式"。

迄今为止关于自主位移事件的编码方式及自主义位移动词词汇化类型的跨语言研究已有相当数量的研究积累。代表性的英语、日语、汉语、英汉对比等相关研究有 Talmy（1985，2000a、b），宫岛（1984），松本（1997，2002），上野、影山（2001），柯理思（Christine Lamarre）（2003），罗杏焕（2008），黄月华、李应洪（2009），李雪、白解红（2009），李雪（2010，2011），史文磊（2011，2012）等。但有关致使位移事件的编码方式及致使义位移动词词汇化类型的对比研究成果数量不多。管见之处，日英对比研究有松本（1997，2002），英汉对比研究有骆蓉（2015，2016）。

12.2.1 松本（1997，2002）的研究

松本（1997）细致考察了日英语位移动词及致使位移动词的词汇化类型。认为二者间词汇化的差异可以归结为类型学意义上的对立（松本，1997：179）。两种语言无论是位移动词还是致使位移动词都一贯倾向于将不同的事件构成要素编入动词语义中。

英语的基本类型为位移动词将方式，致使位移动词将作为致使动作方式的致使手段编入动词。而与此相比，日语无论是位移还是致使位移基本类型都是将路径、位置关系及方向性等要素编入动词。例示如下。

(7) 自主位移动词的词汇化模式：
英语：融入方式的自主位移动词
plod（垂头丧气地走）、stride（跨大步地走）、amble（慢走）、mosey（漫无目的地走）、pad（蹑手蹑脚地

走）等

（松本，1997：131）

日语：融入路径、位置关系的自主位移动词

越える、渡る、通る、過ぎる、抜ける、横切る等

（松本，1997：141）

(8) 致使位移动词的词汇化模式：

英语：融入致使手段的致使位移动词

kick（踢）、throw（扔，投掷）、carry（搬运）、push（推）、heave（举起）等

（松本，1997：155）

日语：融入路径、位置关系的致使位移动词

上げる、下げる、降ろす、落とす、入れる、出す等

（松本，1997：169）

松本（1997）基于以上位移事件及致使位移事件构成要素编入动词的不同方式，认为二者在类型学上英语为"方式融入型"，而日语为"路径融入型"。

松本（2002）进一步考察认为英语表达位移路径特征的大多数路径动词不能作为致使位移动词使用，如下。

(9) *Susan entered the man into the barn.

（松本，2002：200）

而融入位移方式信息的方式动词能够作为致使位移动词使用，例如，

(10) Sharon walked the ladder across the room.

（松本，2002：199）

(11) The horseman jumped the horse over the fence.

（松本，2002：199）

与此相比，日语致使位移动词的词汇化方式截然不同。其致使位移动词类型可以归纳如下。

1. 路径动词：融入位移路径的信息，数量较多。
    如有入れる、出す、上げる、下げる、戻す、離す等。

   （12）サムは腕をつかんで彼を部屋から出した。

   （松本，2002：205）

2. 融入致使位移手段的动词：与英语相比非常少。
    如有投げる、蹴る、運ぶ、送る、招く、呼ぶ、誘う等。

   （13）マリーはボールをそこに投げた。

   （松本，2002：205）

   （14）ジョンはボブを家に招いた。

   （松本，2002：205）

3. 动词本身不表示引起位移的动词：很少用于致使位移构式。

   （15）彼女は卵を皿の上に割った。

   （松本，2002：205）

4. 表示位移方式的动词：很少作为致使位移动词使用。
    如有飛ばす、滑らす、転がす、流す等。

如前例所示，日语致使位移编码方式最基本的类型是融入位移路径信息的致使义路径动词，而融入致使位移手段的动词与英语相比非常少。松本（2002：208）认为日英语致使位移动词词汇化模式为：英语将致使手段词汇化为动词，路径信息由介副词表达；而日语路径信息词汇化为主要动词，致使位移的方式倾向于编码为附加词，如下例所示。

(16) I kicked the ball into the hole.

(17) =（12）サムは腕をつかんで彼を部屋から出した。

12.2.2 骆蓉（2015，2016）的研究

骆蓉（2015，2016）的相关研究立足于词汇化模式的基本概念，侧重对英汉语致使位移表达的词汇化模式进行了探究。该研究基于语料库提取了 2028 句英汉语致使位移句，对英汉语致使位移表达中［位移］［方式］［原因］［路径］等要素的词汇化模式进行了考察与对比研究。认为英语最显著的致使位移表达的词汇化模式为［方式动词+介副词］，动词融入了［动作+方式/原因］，而［路径］要素主要由作为附加语的介副词来表示。如：

(18) Ted rolled the black ball under the hill.

（骆蓉，2016：70）

(19) The girl finally threw the carpet into the river.

（骆蓉，2016：70）

而汉语最典型的致使位移词汇化模式为［方式动词+趋向动词］，另一类较为常见的表达为［方式动词+复杂路径动词］。汉语致使位移动词与英语类似，编入［动作+方式/原因］，［路径］要素则由趋向动词、复杂路径动词等多类词汇表达，词汇化模式比英语更复杂。如：

(20) 魔术师轻松把泡泡吹出容器。（［原因］+［路径］）

（骆蓉，2016：71）

(21) 哭能哭倒长城么？（［方式+复杂路径］）

（骆蓉，2016：71）

据此认为，英语致使位移表达的词汇化模式体现为典型的附加语框架语特征；而汉语致使位移表达多以表征方式的 V_1 为主要动词，以 V_2 表达

路径信息，因此更接近附加语框架语言。

12.2.3　本书的立场

以上研究分别通过日英语对比和英汉语对比分别考察了英语和日语，以及英语和汉语的致使位移事件编码方式，从致使位移动词的词汇化模式角度验证了 Talmy（1985，2000a、b）根据位移事件核心要素路径信息在各语言中的表达方式，将世界语言划分为"动词框架语言"（verb-framed language）和"附加语框架语言"（satellite-framed language）的二分法框架类型。但关于日语和汉语的词汇化类型考察，以上研究还存在一些问题。松本（1997，2002）根据致使位移事件构成要素编入（conflation）动词语义的方式，将致使位移动词划分为了致使位移路径动词（降ろす、落とす、入れる、出す等）、致使位移手段动词（投げる、蹴る、打つ、運ぶ等）、致使位移方式动词（飛ばす、滑らす、転がす、流す等），以及表致使状态变化动词用来表示伴随状态变化而发生位移的情形（割る、切る）等四种类型。这些表达致使性位移语义的动词在进入致使位移构式时呈现怎样的配置方式？以及表达致使位移事件时日语词汇化模式类型如何区分等问题都需要基于实际语料进行例证。

而骆蓉（2015，2016）的研究虽使用语料库实例调查了英语和汉语的致使位移词汇化模式分布比例，但调查只是围绕英语和汉语各自的语料，并没有使用英汉或汉英之间的对译语料从表达同一致使位移事件时不同语言偏好的词汇化模式角度，进一步实证对比英汉语突出的类型学特征。同时骆蓉（2016：73）提到"（汉语致使位移表达）少数接近动词框架语言"，"以动词框架语特征为辅"的结论缺少实际语料的数据支撑。因此针对以上前人研究的问题点，本书将着手解决以下两个问题。

第一，依据致使位移事件的结构特征，并基于实际语言使用探讨致使位移事件的核心要素"致使""路径"在日语中的编码方式，实证考察表致使性位移的动词语义融合类型。

第二，基于日汉语对译语料来对比考察表达同一致使位移事件时两种语言偏好使用的词汇化模式，从日汉语对比的角度进一步验证前人关于日语和汉语的类型学定位。

12.3 致使位移事件结构及其构成要素

致使位移事件是包含因果关系的动态事件。它由致使事件和位移事件两个子事件构成。其因果关系按照时间先后顺序是由致使行为引发了动作对象发生位置改变的结果。致使位移事件的事件结构如图12-1所示。

图12-1是致使位移事件的原型图式。它表示的是有生命主体发出的能量促使非生命物客体（或另一有生命客体）发生了空间位置的改变。这种由物理性质的致使力带来的位移变化结果可以称为"直接性致使位移"。松本（2002）根据产生位移结果的致使力的性质的不同，还区分了由心理性致使力带来的位移（如coax）和由言语交际的致使力带来的位移（如order）。这两种不是物理性质的力量传递，因此可以称为"间接性致使位移"。本书为清晰勾画日汉语表致使位移的动词语义融合类型，主要以原型的直接性致使位移事件为考察对象，非原型的间接性致使位移事件暂不考虑。

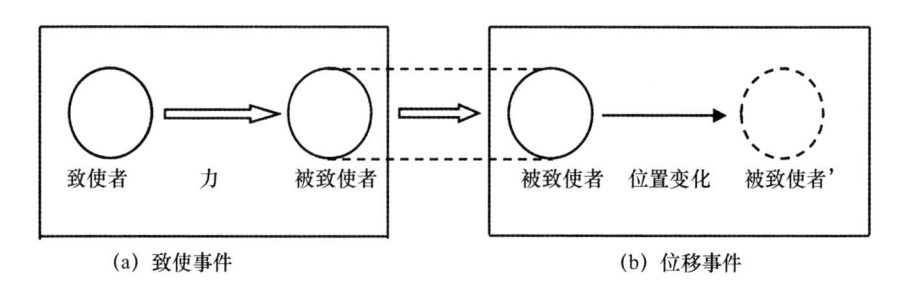

致使者　力　被致使者	被致使者　位置变化　被致使者'
(a) 致使事件	(b) 位移事件

图12-1　致使位移事件结构

关于自主位移事件，Talmy（1985）认为其构成要素必须具备以下5点，并作出了如下的规定。

  a. 位移本身（Motion）

b. 位移主体（Figure）
c. 路径（Path）
d. 背景（Ground：规定路径时的参照物）
e. 位移的方式（Manner）或原因（Cause）等外部条件

（上野、影山，2001：49）（笔者译）

而致使位移事件由于包含致使行为，因此其事件构成要素除以上 5 点外，还包括致使主体和致使力。可以归纳如下。

a. 致使主体（Causer）
b. 位移客体（被致使者）（Theme）
c. 位移本身（Motion）
d. 致使力（Cause）
e. 路径（Path）
f. 背景（Ground：规定路径时的参照物）
g. 位移的方式（Manner）或原因（Cause）等外部条件

致使力根据影响位移结果产生的方式又可以区分致使的手段和方式。路径还可以根据其所含信息，分为位置关系和方向性。以上要素中，致使力和路径是致使位移事件结构的核心要素。致使力及路径中的任一要素与位移动作本身一起编入动词语义，就会构成词汇化模式的不同概念内容。

12.4　致使位移动词的词汇化模式

致使位移动词语义结构包含［致使］和［位移］两个成分。为细致描写致使位移动词的词汇化模式，首先需要规定位移动词的词汇化类型，将各构成要素附以图示如下。

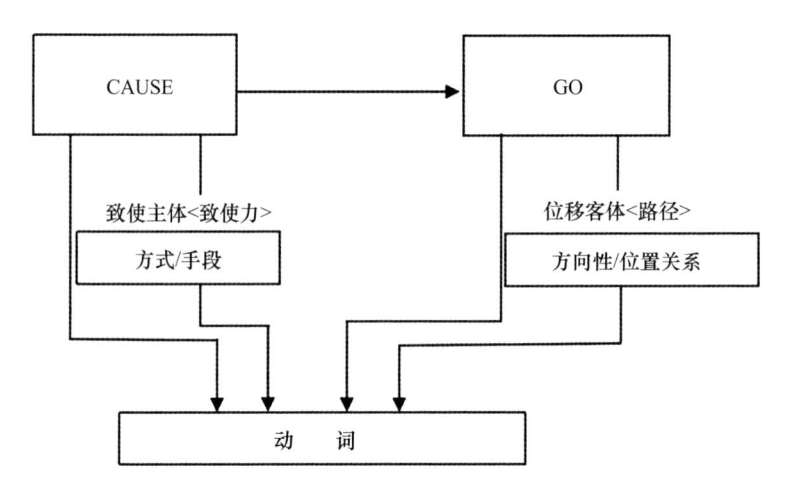

```
                    ┌─────────┐                    ┌─────────┐
                    │  CAUSE  │───────────────────▶│   GO    │
                    └─────────┘                    └─────────┘
                         │                              │
                  致使主体<致使力>                  位移客体<路径>
                    ┌─────────┐                    ┌──────────────┐
                    │ 方式/手段│                    │方向性/位置关系│
                    └─────────┘                    └──────────────┘
                         │   │                      │   │
                         ▼   ▼                      ▼   ▼
                    ┌──────────────────────────────────────┐
                    │              动    词                │
                    └──────────────────────────────────────┘
```

图 12 – 2　致使位移动词的词汇化模式

致使位移动词的词汇化模式根据致使位移事件构成要素的融合方式可以存在以下四种类型。

Ⅰ　[致使 + 手段 + 位移]
Ⅱ　[致使 + 方式 + 位移]
Ⅲ　[致使 + 位移 + 路径 <位置关系>]
Ⅳ　[致使 + 位移 + 路径 <方向性>]

Ⅰ、Ⅱ是将构成致使成分的手段或方式要素与位移结果一起编入一个动词中，可以称之为"致使方式动词"；而Ⅲ、Ⅳ是将构成路径成分的位置关系或方向性要素与位移结果一起编入一个动词中，可以称之为"致使路径动词"。以上两类动词从路径成分的编码方式来看，"致使路径动词"将其编码为一个单一主要动词，而"致使方式动词"就需以主要动词以外的其他句法成分来编码路径信息。同理，从致使成分的编码方式角度来看，"致使方式动词"将其编码为一个单一动词，而致使路径动词就需以附加词等其他句法手段来编码致使信息。如下所示。

致使路径动词的动词语义融合信息：[+ 致使 + 路径 – 方式]

致使方式动词的动词语义融合信息：[＋致使－路径＋方式]
以上四种语义融合类型图示如下。

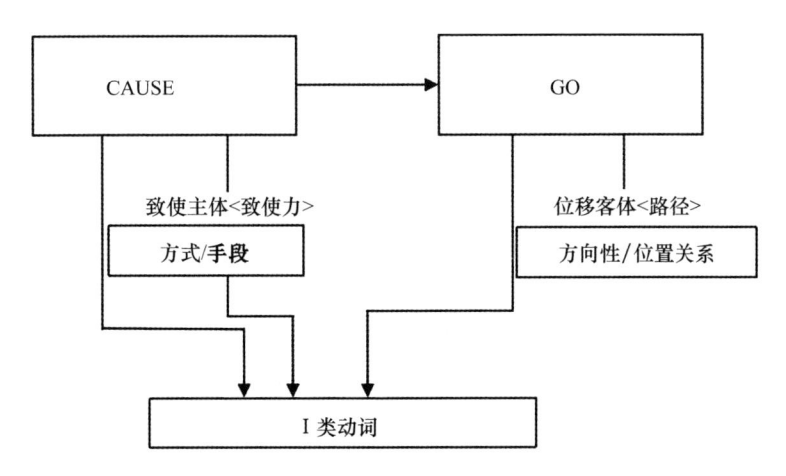

图 12-3　致使方式动词 I 类型语义融合模式

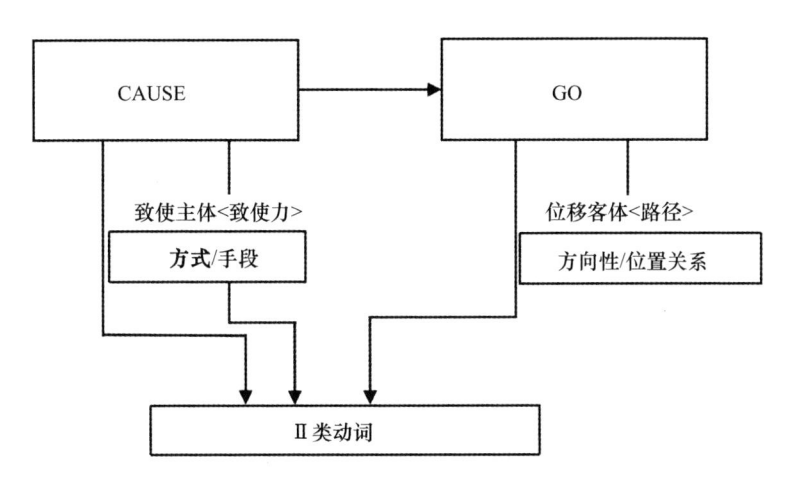

图 12-4　致使方式动词 II 类型语义融合模式

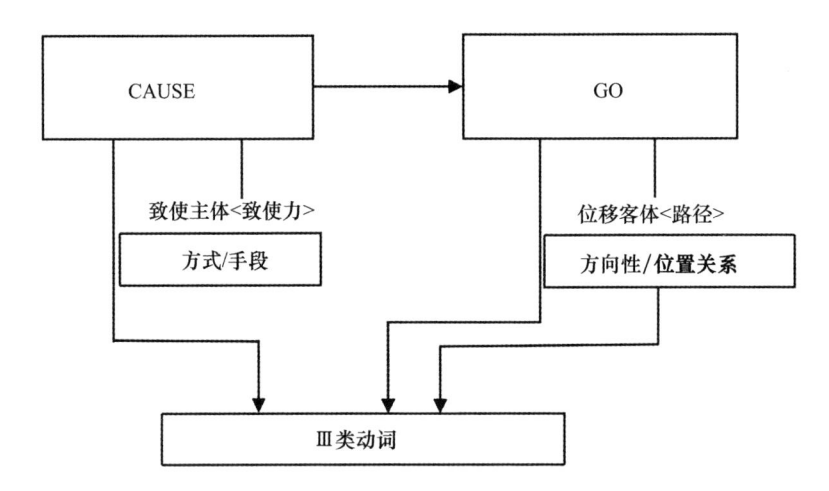

图 12-5 致使路径动词Ⅲ类型语义融合模式

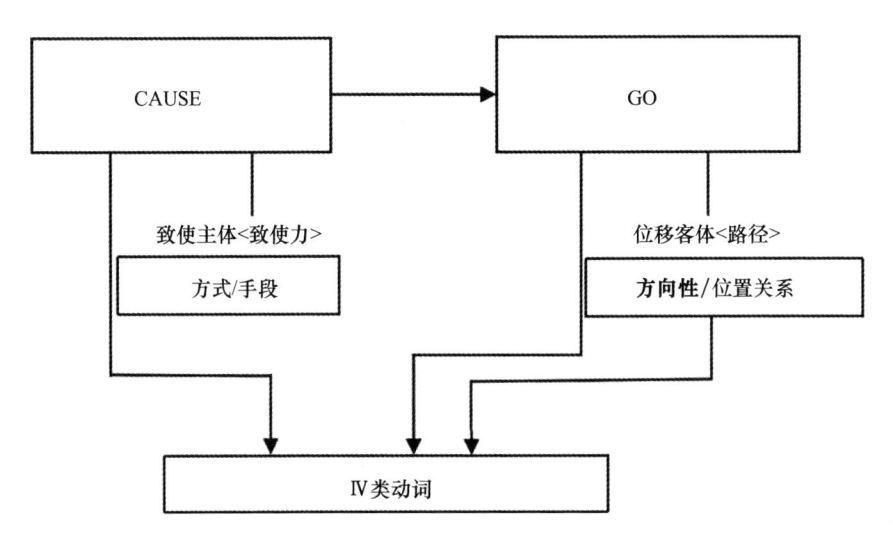

图 12-6 致使路径动词Ⅳ类型语义融合模式

12.5　致使位移动词的构式特征

Goldberg（1995）对致使位移构式的结构定义做出如下规定。

〔SUBJ　[V　OBJ　OBL]〕

V = nonstative，OBL = directional

其中 V 是一个非静态动词，OBL 是一个方向性短语。

（吴海波译，2007：150 – 151）

根据这一定义，如下例句所示，动词本身不具有致使语义的不及物动词也能够进入该构式，用来表达某人的动作行为致使某物或某人发生了位置的改变。

(22) They laughed the poor guy out of the room.
(23) Frank sneezed the tissue off the table.

该构式的语义结构可以表示如下。

X　CAUSES　Y　TO　MOVE　Z

其基本意义是致使者论元直接致使主题论元（theme、被致使者、客体）沿着方向性短语指定的路径移动，即"X 致使 Y 移向 Z"。

其句法结构可以表示如下。

NP_1　VP　NP_2　PP/ADV
PP/ADV 是用来表示位移路径的介副词短语。

英语的致使位移构式具有高度的抽象性和概括性，通过构式压制（construction coercion），使原本不具有致使位移语义的动词进入该构式而获得构式义用来表达致使位移事件。而日语致使位移构式的语义制约主要来自动词本身（松本，2002：208）。动词语义类型不同，其所配置的构式类型也会随之发生变化。关于致使位移动词语义类型的差异如何影响致使位移构式类型的选用将另文探讨。本书关注致使行为所引起的被致使者位移路径的编码方式，因此日语致使位移动词的构式特征可以规定如下。

〔SUBは　〔OBJ　を　OBL　に（へ）VP〕〕

12.6　日语致使位移事件核心要素的编码方式

为考察致使位移事件的核心要素［致使］与［路径］在日语中的编码方式，本书的语料调查选取了以下五组25个动词。

①降ろす、出す、抜く、離す、落とす；入れる、戻す、帰す、通す；
②上げる、下げる、進める、回す；
③投げる、蹴る、押す、運ぶ、送る、届ける；
④割る、切る；
⑤飛ばす、滑らす、転がす、流す。

25个动词参照松本（1997：169-172；2002：204-205）所列日语致使位移动词选取。由于本书考察重点在于路径的编码方式，将语义中不突显路径信息的"巡らす、寄せる、去らす、広める、至らす、集める"等动词暂排除在外。同时本书以直接性致使位移为考察对象，松本所列"招く、誘う、呼ぶ"等言语交际致使位移动词也排除在外。

以上述25个动词的词干形态为检索条件，使用"中日对译语料库"收集语料，并依据所规定的动词配置构式类型对检索到的语例进行了筛选。对于路径信息没有表达为位置方向性短语的例句暂不列入考察对象。以此方式共得到语料235例。

其中语料数量最多的为"入れる"（83例）、"出す"（56例）、"運ぶ"（21例）。可以说这三个动词的配置需要突显某人致使某物位移至某处的构式类型要求。下面根据图12-3、图12-4、图12-5、图12-6分别来考察致使位移事件的核心要素编入动词语义的四种类型。

12.6.1 ［致使＋位移＋路径＜位置关系＞］类型

(24) （曾根は）言うなり、今上げたばかりのリュックを網棚から降ろし、また食堂車へ引き返し出した。

『あした来る人』

（曾根）说着，把刚刚放上去的背囊又取回手里，再次折身往餐车那边走去。

《情系明天》

(25) 克平は上衣のポケットからハンカチを出して、それで額をふいた。

（同上）

他从上衣袋里掏出手帕，擦了擦额头。额上已渗出一层汗珠。

（同上）

(26) 梶は言って、卓の上の煙草入れから煙草を抜いた。

（同上）

梶说着，从桌上烟盒里拔出支香烟。

（同上）

(27) 梶は皿の中の魚の肉を器用に骨から離しながら言った。

（同上）

梶灵巧地剔下鱼刺。

（同上）

(28) レイコさんが練習を止めてギターをはたと膝の上に落とした。

『ノルウェイの森』

玲子停止练习，吉他"啪"一声掉在膝上。

《挪威的森林》

以上5例动词语义融入了被致使物离开原处发生位移的路径信息，共

收集语料 70 例。这类路径突显了位移物体与参照物之间"脱离"的位置关系。"降ろす、出す、抜く、離す"以"から"标记"脱离"类位移的起点,"落とす"以"に"标记"脱离"类位移的终点。为突出这类融合类型的路径信息,可以标识如下。

［致使+位移+路径（+off）］

该类动词的构式类型为"NP_1はNP₂をNP₃からVP"。

(29) 漁師がやって来て二匹の獲物を缶の中へ入れた。

『あした来る人』

渔夫上岸,把两条收获物装入桶内。

《情系明天》

(30)（彼女は）来る途中小間物屋で買って来た歯磨と楊子と手拭をズックの革鞄に入れてくれた。

『坊ちゃん』

她把路上从杂货店买来的牙刷、牙签和毛巾,一起塞进我的帆布提包里。

《哥儿》

(31) 彼女は財布をポケットに戻し、小さく鼻を鳴らして煙草をくわえて火をつけた。

『ノルウェイの森』

她把钱包揣回裤袋,轻声抽了一下鼻子,叼烟点燃火。

《挪威的森林》

(32) 私は何にも云わずに、その新聞を畳んで友人の手に帰しました。

『こころ』

我没有作声,把报纸叠好又送回他手里。

《心》

(33) 和尚は里子を書院に通した。

『雁の寺』

和尚领着里子走向书院。

《雁寺》

上述例句中动词语义融入了被致使物或被致使者位移进入某处的路径信息，共收集语料103例。这类路径突显了位移物体与参照物之间由外至内的位置关系。这类融合类型的路径信息，可以标识如下。

[致使＋位移＋路径（＋in）]

该类动词的构式类型为"NP₁はNP₂をNP₃に（へ）VP"。

12.6.2　[致使＋位移＋路径＜方向性＞] 类型

(34) 八千代は枕から頭を上げて、夫の声を聞いていた。

『あした来る人』

八千代从枕头上抬起头，侧耳听去。

《情系明天》

(35) 親仁は……このきっかけに手綱を引いたから、馬はすたすたと健脚を山路に上げた。

『高野聖』

老爷子……乘机一拉缰绳，马就健步如飞地朝山路走去。

《高野圣僧》

(36) 突然扉がひらいて、塩辛声の物売りが胸から大きな籠を下げて現われた。

『金閣寺』

突然车门打开了。随着嘶哑的叫卖声，来了一个胸前挂食品筐的服务员。

《金阁寺》

(37) 笑いながら克平は言うと、すぐ走っている空自動車の方へ手を上げた。

『あした来る人』

克平笑着说罢，朝跑来的一辆空车扬手叫停。

《情系明天》

以上动词语义融入位移的方向性信息，且表征为致使位移构式的例句较少，仅收集到5例。观察这5例及没有表征出方向性短语的例句可以发现，"上げる、下げる"所表达的致使行为的对象多为"頭、腰、肩、脚、手、眼尻"等身体部位，表达的是致使主体对自己的身体部位发出动作行为促使身体部位发生位置改变的反身性动作行为。动词语义融入了与致使者具有领属关系的身体部位发生"向上"或"向下"位移的路径信息，突显了位移的方向性。因此这一融合类型可以标识如下。

[致使 + 位移 + 路径（ + up/down）]

为表达出"上下"方向性位移的起点或终点，该类构式类型一般为"NP$_1$はNP$_3$からNP$_2$をVP"或"NP$_1$はNP$_2$をNP$_3$に（へ）VP"。

12.6.3　[致使 + 致使力 < 手段 > + 位移] 类型

（38）言いながら、克平は、上着を机の上に投げ、次にネクタイを投げた。

『あした来る人』

克平边说边把上衣甩到桌子上，接着又把领带甩上去。

《情系明天》

（39）慈海は座蒲団をうしろへ蹴った。

『雁の寺』

慈海把坐垫踢到后边。

《雁寺》

（40）緑は下から座布団を二枚と缶ビールを四本とギターを物干し場に運んできた。

『ノルウェイの森』

绿子跑去下面，拿上两张坐垫、四瓶啤酒和吉他。

《挪威的森林》

(41) 返事<u>を</u>書いたのは、例の工場の二階の室で、その日は毎日の課業の地理を二枚書いて止して、長い数尺に余る手紙<u>を</u>芳子<u>に</u>送った。

『布団』

他写回信是在工厂楼上那间屋子里，当日，编写了两页每天必写的地理书之后，腾出手来，给芳子写了长达几尺的一卷信。

《棉被》

(42) おれ<u>は</u>好太郎さん<u>に</u>お萩<u>を</u>届けなくっちゃならん。

『黒い雨』

我必须把胡枝子送给好太郎。

《黑雨》

(43) 杏子<u>は</u>先にその店のとびら<u>を</u>外部<u>に</u>押した。

『あした来る人』

杏子于是先自往外推开店门走出。

《情系明天》

以上6例动词语义融入了致使者的致使手段信息，共收集例句51例。促使动作对象发生位移的致使者通过"扔、搬、送、推、踢"等动作行为将致使力传递于被致使对象，促使被致使物发生了位置的改变。基于这种动词语义信息，构式类型多表征出被致使物发生位移后所至的终点信息。因此动词语义融合类型可以标识如下。

[致使 + 手段 + 位移（+ into）]

构式类型为"NP₁はNP₂をNP₃に（へ）VP"。

12.6.4　[致使 + 致使力 < 方式 > + 位移] 类型

(44) 右手の勝手口を出たところにある井戸で、曾根<u>が</u>あたりに水の飛沫を飛ばしながら顔を洗っていたからである。

『あした来る人』

她发现曾根正在右边厨房门口处的水井旁洗脸，弄得水珠四溅。

《情系明天》

(45)（兵隊たち）は穴ぼこに死体が多すぎて焔が下火になると、穴のほとりへどしりと死人を転がして行く。

『黒い雨』

……把尸体嘎登一下子扒拉到坑边上来。

《黑雨》

(46) 赤子をあんたにひと目みせよかと思ったけど、見つけられたらえらいこっちゃさかいな、わいの裁量ですぐに川へ流してしもたんや。

『越前竹人形』

我原来也想过让你把孩子看上一眼，但考虑到被人看到就不得了，我便自作决定，立刻把孩子丢进河里了。

《越前竹偶》

以上3例动词语义融入了致使主体致使被致使对象发生位移的致使方式信息，例句数较少，仅收集到6例。通过"使之飞散、使之滚动、使之流走"的方式促使被致使物发生位置改变。基于这种动词语义信息，构式类型多表征出被致使物位移的方向或范围，因此动词语义融合类型可以标识如下。

［致使＋方式＋位移（＋to）］

构式类型为"NP_1はNP₂をNP₃へ（に）VP"。

以上选取的25个动词中，没有检索到表征为致使位移动词构式类型的动词是"割る、切る"及"滑らす"。表示状态变化的致使义动词进入致使位移构式用来表达伴随状态变化而发生位移这一动词类型在实际语言使用中很难观察到,日语通常不以这种方式来编码致使位移事件核心要素。而"滑らす"虽融入方式信息,但是能够进入致使位移构式类型的例句少有存在。以上四种类型归纳如下。

表12-1　日语致使位移动词语义融合类型与构式类型

语义类型	语义融入方式	构式类型	动词例	使用数量（个）
Ⅰ型：手段	[致使+手段+位移(+into)]	NP₁はNP₂をNP₃に(へ) VP	投げる、蹴る、運ぶ等6个	51
Ⅱ型：方式	[致使+方式+位移(+to)]	NP₁はNP₂をNP₃へ(に) VP	飛ばす、転がす、流す	6
Ⅲ型：＜脱离＞关系	[致使+位移+路径(+off)]	NP₁はNP₂をNP₃からVP	降ろす、出す、抜く等5个	70
Ⅲ型：＜由外至内＞关系	[致使+位移+路径(+in)]	NP₁はNP₂をNP₃に(へ) VP	入れる、戻す、帰す等4个	103
Ⅳ型：＜上下＞的方向性	[致使+位移+路径(+up/down)]	NP₁はNP₂をNP₃に(へ) VP	上げる、下げる等4个	5

从上表语例数可以看到编入位置关系的致使位移动词语例数最多,合计有173例,占总数235例的74%。日语的致使位移动词的语义类型多编入被致使物发生位移的路径信息,用来表达被致使物"离开"或"进入"某处的位置关系。可以说致使位移事件的核心要素中日语多将路径信息编入动词,编码为单一形态动词,而不偏好于将致使的方式编入动词。日语致使位移动词的基本类型为位移路径信息编入动词的路径动词类型。这和前人研究松本（2002）关于自主位移动词语义融合类型的分析结果是一致的。

路径是位移事件的核心要素,在概念结构中框定位移事件,是语义核心,是位移事件的核心图式（严辰松,2008：10；史文磊,2012：60；李福印,2013：28；钟书能、黄瑞芳,2016：21）。Talmy（1985,2000a、b）即是依据路径的编码方式将世界语言分为"动词框架语言"和"附加语框架语言"两种类型。而致使位移事件的事件结构是由致使者的致使行为引发了被致使者的空间位移，所以概念结构包含致使和位移的双核心，由致使行为到位移结果的因果链构成致使位移事件的核心图式。因此致使位移的编码方式是致使和路径的双语义核心在词汇层面的映射。

观察以上日语致使位移动词的实例和构式类型，可以发现无论致使路径动词还是致使方式动词，在配置上都将致使位移所至终点或方向，以及致使位移发生的起点，与参照物一起以"に"格或"へ"格，以及"から"格标记，编码为方向性名词短语。也就是说，致使位移的概念结构中，被致使物位移的起点、终点、方向等路径信息成为关注焦点，在构式配置上可以以显性方式予以编码。而"降ろす、出す、入れる、上げる"等路径动词是将位置关系及方向性等路径信息与致使语义要素合并编码为一个单一主要动词。这类动词例数和语例数反映了日语偏好使用路径动词编码致使位移事件的特征，是与日语"动词框架语言"的特征相符的。但在构式配置中对于致使位移的致使方式信息是否会予以编码？是否会如松本（2002）所述以"腕をつかんで"的"て形"附加词形式显性标记呢？

笔者观察了松本所举动词"出す"的56例实例，发现没有一例对于如何将被致使物"出す"的方式予以显性标记，在动词"出す"的构式配置中没有"て形"，也没有与"ながら形"等表达致使位移方式的句法成分共现。也就是说，日语以路径动词编码致使位移时，认知的焦点在于致使引发的位移路径，对致使的方式并不关注。因此在语言表达上并不需要以附加词的形式予以编码，可以说这是路径编码为动词后在句法和语义上所制约的。

那么，日语致使方式动词以动词编码致使的方式后，路径信息如何编码？编码的话，是以何种成分编码？

笔者观察了以"投げ～"为词干收集的语例，发现虽然"投げる"以单一动词的形式出现在致使位移构式中的例句较少，但以"投げ～"为前项动词构成的复合动词形态却较为常见。其中除"放り投げる""投げ飛ばす"等［方式＋方式］复合动词外，有较多词例以后项动词形式编码"投、扔"的手段所致的位移终点或方向等路径信息。如"投げ入れる、投げ込む、投げ出す、投げ上げる、投げ降ろす"等。如下例所示。

第十二章　日汉语"致使位移"表达式对比

(47) 私はそれを十行ばかり書いて已めた。書いた所は寸々に引き裂いて屑籠へ投げ込んだ。

『こころ』

拿起笔只写了十来行便放下，把信纸撕成碎片，扔在纸篓里。

《心》

(48) それを拾って背負袋に納め、庭に出していたものを手当り次第に泉水に投げこんで、防空壕にも入れて出入口へ煉瓦塀の欠片を積み重ねた。

『黒い雨』

随即把它捞起来，装进背包里，又随手把拿到院子里的东西扔进泉水里。有的放进防空壕，并在进出口堆上砖瓦片。

《黑雨》

(49) 緑は水たまりの中に煙草を投げこんだ。

『ノルウェイの森』

绿子把烟扔进水洼。

《挪威的森林》

(50) 読み終った手紙を、彼はこまかく裂いて屑かごに投げ入れた。

『青春の蹉跌』

信读完之后，他把它撕得粉碎投进字纸篓里。

《青春的蹉跌》

(51) 竹籔の近くに、木の葉や柴を積み上げて、それを燃やし、その火の中に卵を一つずつ投げ入れた。

『斜陽』

我们在竹丛附近堆起木柴和树叶，生起火来，把蛇蛋一个个投入火中。

《斜阳》

(52) 隣りから隣りへ連なっているから、屋根の雪は道の真中へおろすより捨場がない。実際は大屋根から道の雪の堤へ投げ上げるのだ。

『雪国』

房檐紧接房檐，屋顶上的雪除了弄到马路当中以外，别无他处可以弃置了。实际上是将雪从大屋顶上高高抛起来扔到马路正中的雪堤上。

《雪国》

(53) 見物の子供を二階からぽんぽん投げおろしたとか……

（同上）

把看电影的小孩一个个从二楼扔下来啦，……

（同上）

例 (47)、例 (48)、例 (49) 的 "投げ込む" 以 "～込む" 的形式表示被扔之物所至终点，参照物以 "に" 或 "へ" 予以显性标记。而例 (50)、例 (51) 的 "投げ入れる" 以编码位置关系的后项动词 "～入れる" 表示被扔之物由外至内的位移路径。同样，例 (52)、例 (53) 的 "投げ上げる" "投げおろす" 以编码由下至上，或由上至下的后项动词 "～上げる" "～降ろす" 表示出被扔之物的向上或向下的位移路径。

松本（1997：145、174）认为日语无论是和语复合型的自主位移动词（駆け上がる、飛び降りる、流れ出る），还是和语复合型的致使位移动词（打ち上げる、振り落とす、投げ込む），都以表示位置关系和方向性的后项动词为"核心"，即路径信息是由作为核心的 V_2 后项动词编码的。也就是说，既然认定 V_2 的后项动词是核心，那路径信息就是由核心动词编码，松本认为日语单一动词编入路径的类型学特征在自主位移和致使位移的复合动词的词汇化中依然会表征出来。至于将表示路径信息的 V_2 看作核心的理据，松本（1997）并没有述及。而松木（2021：17）认为日语原则上通常以右侧为核心，而且复合动词和テ形复杂谓语通常是最右侧的动词的论元体现为其动词结构整体的论元，因此将这些动词复合体的核心视为最后面的动词。关于复合动词型位移动词的类型界定，日语与汉语动补结构的类型归属争论面临相同的问题。对此笔者认为松本将 V_2 的后项动词视为核心的观点需要再进一步探讨。

沈家煊（2003：20）主张对于位移事件的编码应该区分结构核心和意义核心，即表层核心（形态句法）和底层核心（语义）。泰尔米的类型学分类是选取结构核心，也就是对于汉语的动补结构来说，"动"是结构核心，为主要动词，"补"不是结构核心，是附加语。而作为附加语的 V_2 补语编码了路径信息，所以现代汉语是"附加语框架语言"，即 S 型（沈家煊，2003；史文磊，2012；等等）。

依据泰尔米以结构核心来区分路径信息的编码方式的话，可以发现松本对于复合型位移动词的核心判定有失偏颇。对于日语 V_1V_2 型复合位移动词，路径是该类词汇化表征的语义核心，而其句法核心并不是 V_2，而是表示编码方式信息的 V_1。也就是说，核心并不是 V_2，而是 V_1。

（54）a. 緑は水たまりの中に煙草を投げこんだ。

『ノルウェイの森』

b. ＊緑は水たまりの中に煙草をこんだ。

c. ？緑は水たまりの中に煙草を投げた[①]。

（55）彼は浜の石をひろって、海へそれを投げた。

『友情』

他拣了块海滩上的石头，向海里甩去。

《友情》

删除方式动词的"投げ"后，例（54b）是不合语法的。"投げる"是句法核心，而"～こむ"是附加成分。而删除"こむ"后的例（54c）虽然由于与"中に"共现略感不自然，但作为日常语言的使用是可以接受的。它可以和例（55）一样被理解为向某处投掷了某物。

但观察以下的例句，以上做出的分析似乎又不尽然。

（56）a. 読み終った手紙を、彼はこまかく裂いて屑かごに投げ

[①] "＊"表示句子不合乎语法，"？"表示句子不自然。

入れた。

　　　　　　　　　　　　　　　　　　　　　　　『青春の蹉跌』

b. 読み終った手紙を、彼はこまかく裂いて屑かごに入れた。

c. 読み終った手紙を、彼はこまかく裂いて屑かごに投げた。

(57) a. 火の中に卵を一つずつ投げ入れた。

　　　　　　　　　　　　　　　　　　　　　　　『斜陽』

b. 火の中に卵を一つずつ入れた。

c. 火の中に卵を一つずつ投げた。

(58) a. 見物の子供を二階からぽんぽん投げおろした。

　　　　　　　　　　　　　　　　　　　　　　　『雪国』

b. 見物の子供を二階からぽんぽんおろした。

c. 見物の子供を二階からぽんぽん投げた。

　　删除"投げる"的例（56b）、例（57b）、例（58b）在句法结构上依然合乎语法，而删除路径信息"入れる、おろす"的例（56c）、例（57c）、例（58c）看上去缺少了"扔"或"投掷"行为的有关方向性的细致描写。如果以此做出判断的话，松本关于路径成分的后项动词是核心的观点似乎又是合理的，可以认为后项的路径动词是核心动词，而前项的方式动词是修饰成分，是附加语。

　　但松本也指出，和语复合型致使位移动词的基本构词类型是表示致使手段的致使动词置于前项，而编入路径信息的致使位移动词置于后项，绝不会出现表示致使手段的致使动词置于后项的类型（松本，2002：173－175）。也就是说，问题在于编入路径信息的致使位移后项动词能否把它视为核心动词？

　　既然表示路径信息的致使位移动词只能置于表示手段的方式动词的后面，以黏着的形式附属于前项动词（比如以"入れる"为例，可以有"蹴り入れる、取り入れる、押し入れる、引き入れる"等多种"V_1～入れる"组合），因此可以说表路径的 V_2 在构词上附着于前项动词，辅助添加

了方式动词的具体位移路径信息。因为是表路径，所以在语义上它是复合动词的核心，但在形式结构上它是附属成分，而不是核心动词。同时能够置于后项的致使位移路径动词数量是有限的，比如"～上げる""～下げる""～落とす""～戻す""～出す""～返す"等，可以说作为 V_2 是一个较为封闭的类别。再者诸如"～上げる""～出す"等不仅用来编码路径，还发展为表达结果、时体等虚化的意义。因此对日语的位移动词编码方式的界定，单纯只以单一动词的路径信息融合类型来看的话，往往会忽略同一类型内部也存在词汇化类型的差异。

日语在表达致使位移这种复合型事件结构时，除了为突显路径信息倾向于采用单一路径动词的词汇化模式外，为细致描写致使位移的因果链，还会对方式与路径的概念要素都予以编码，通过 $[V_{方式}+V_{路径}]$ 的连动式来刻画致使位移事件结构中的因果链。日语在表达致使位移时存在以附属成分编码路径信息的情形，可以说在"动词框架语言"的类型中也会选用附加成分编码路径，呈现出多样化的词汇化类型。

12.7 与日语致使位移动词对应的汉语致使位移词汇化模式

在前一节我们已经例证日语致使位移动词的基本词汇化模式为动词语义编入致使位移的路径信息，其致使位移事件编码方式为路径动词类型。与此相比汉语在表达同样的致使位移事件时，呈现出怎样的词汇化模式呢？本节以 235 例日语致使位移事件表达式的语例为对象，调查了与其对应的汉语表达形式。汉语以动补结构对译的语例多达 183 例，占总语料数的 78%。

在这里以语例数量最多的"出す"和"入れる"两个路径动词为例观察汉语对应的动词编码方式。

  (59) a. 克平はまた言って、なおもじっと考え込んでいた。克平は上衣のポケットからハンカチを出して、それで額をふいた。

『あした来る人』

b. 克平说完，继续闷头沉思。他从上衣袋里<u>掏出</u>手帕，擦了擦额头。

《情系明天》

(60) a. 渠は椅子に腰を掛けて、煙草を一服吸って、立上って、厚い統計書と地図と案内記と地理書とを本箱から<u>出して</u>、さて静かに昨日の続きの筆を執り始めた。

『布団』

b. 他坐在椅子上，抽了一支烟，又站起来，从书箱里<u>拿出</u>厚厚的统计书、地图、示意图和地理书，再拿起笔来默默地继续昨天的工作。

《棉被》

(61) a. 慈念は、本堂の内陣の戒壇に白布をかけ、金襴の三角打敷をかけた上に、内陣の奥から白磁の香炉を<u>出してきて</u>置いた。

『雁の寺』

b. 慈念在正殿供佛的戒坛上挂上了白布，铺上三角形金线绣花锦缎，又从佛殿后面<u>搬出</u>白瓷的香炉，搁在上面。

《雁寺》

(62) a. 松は二十四年目の天長節を飯山の学校で祝うという為に、柳行李の中から羽織袴を<u>出して</u>着て、去年の外套に今年もまた身を包んだ。

『破戒』

b. 丑松为了参加饭山学校举行的第二十四届天长节的庆祝会，从柳条包里<u>取出</u>大褂穿在身上，又在外面罩了一件去年穿过的外套。

《破戒》

从上例可以看到日语的"出す"编码了从内向外离开的路径信息，而促使发生这种位移的方式信息并没有编入动词语义中。也就是以何种方式"出した"并没有进行编码。与此相比,汉语的对译例句分别表达为"掏出、拿出、搬出、取出"。将致使方式编码为核心动词,具体描述了"出す"的致使动作方式。从内向外位移的路径信息编码为动词的补语"～出",路径信息不是由核心动词,而是由附加语成分来表达。除上述例句外,"出す"的中译文还有"探出、伸出、找出、露出、抽出、拈出"等,都表达为[方式(动词)+路径(补语)]的复合动词形式。这些对译形式充分体现了日语为路径动词类型,而汉语倾向于表达为方式动词的特征。

(63) a. いつかも見たら、からからにした甕の底に川砂を入れ、スッポンに卵を産ませておった。

『黒い雨』

b. 有一次我去一看,在空空的水缸底里装进了河沙,让甲鱼产子。

《黑雨》

(64) a. シゲ子は家に引返して少しまた家財道具を防空壕に入れ、それから大学のグランドに避難したのであるそうだ。

(同上)

b. 据繁子说:她又返回了家里,把家里的一些东西放进防空壕,然后才到大学的操场上去避难的。

(同上)

(65) a. 僕もポケットから百円玉を出して貯金箱に入れた。

『ノルウェイの森』

b. 于是我也从衣袋里拈出一枚百元硬币投进贮币盒。

《挪威的森林》

(66) a. 芋をむきおえた女は、それを賽の目に切り、葉ごと刻んだ大根と一緒にして、かまどの上の鍋に入れた。

『砂の女』

b. 女人剥完了土豆，把它切成小方块，和去掉叶子的萝卜一起，倒进了灶上的锅子里。

《砂女》

　　观察以上例句可以看到"入れる"分别译为"装进、放进、投进、倒进"等以"～进"做补语的动补结构。"～进"编码了被致使物由外至内的位移路径，而在日语中没有予以编码的"入れた"的方式信息在对译汉语中都分别以"装、放、投、倒"等具体的方式动词予以编码。除以上对译语例外，还有"塞进、伸进、钻进、扔进、插进"等，均表达为［方式（动词）＋路径（补语）］的复合动词形式。

　　通过以上语例调查的比例及具体的实例，可以说在路径信息的编码上，日语编入单一动词，偏好使用路径动词；而对应的汉语则将路径信息以附加语的补语形式予以编码，偏好使用［方式（动词）＋路径（补语）］的方式复合动词。

　　235 例对译语料中，日语的路径动词译为汉语单一动词，或非词汇化的分析形式的语例有 52 例，占 22%。从以上日汉对译的词汇化模式分布比例可以看到，汉语的倾向性偏好是［$V_{方式}+V_{路径}$］的连动式结构，而日语为路径动词单动式。汉语以补语编码路径信息，词汇化为动补结构，这也是汉语双词搭配的特征在致使位移编码方式上的具体体现。基于日汉语关于表达致使位移的对译语料可以验证日语为"动词框架语言"，而汉语为"附加语框架语言"的类型学特征。

　　以连动式结构编码致使位移的词汇化模式在韩国语中同样也会观察到。

　　Chio 和 Bowerman（1991：83－121）就韩国语的致使位移举例如下。

　　(67) 존이　　　　공을　　　바구니에　　　넣었다。
　　　　约翰-主格　球-宾格　篮子-处所格　放入-过去时-语尾
　　　　约翰把球放到篮子里。

　　(68) 존이　　　　책상서랍을　　　밀어　넣었다。
　　　　约翰-主格　桌子抽屉-宾格　推-语尾　放入-过去时-语尾

约翰把桌子抽屉推了进去。

例（67）是由单一动词形态来编码的致使位移，动词"넣다"（放入）融合了位移和路径。例（68）是一个复合动词，前项的"밀어"（推）编码致使位移的方式，后项动词"넣다"（放入）融合了位移和路径。

Im（2001：50）认为韩国语位移动词中，很多都是连续动词（serial verb construction）。

(69) 존이　　공을　　상자에　　　굴려　　　넣었다.
（김준홍，2012：20）
约翰-主格　球-宾格　箱子-处所格　使滚动-语尾　放入-过去时-语尾。
约翰让球滚进了箱子。

"굴려 넣었다"属于连续动词，前项 V₁ "굴려"（滚）编码方式，后项"넣었다"融合位移和路径。

从以上所举的英语、日语、汉语、韩国语的语例我们可以观察到，在致使位移事件的语言编码中，对于事件结构核心要素之一的路径信息，各语言会采取不同的方式。英语词汇化为非实在词汇词的介副词，而日语倾向于编码为单动词；与日语相比，汉语由于受到双词搭配的结构特征的影响，路径信息倾向于由动补结构的补语成分来承担，而韩国语除了路径单动词外，也存在路径动词置于后项的连动式。

在本章第 6 节我们实例考察了日语除路径单动词外，还会以 [V$_{方式}$ + V$_{路径}$] 的复合动词方式逐一编码方式和路径信息。这种编码方式是汉语的特征性词汇化模式，韩国语也会采用 V₁V₂ 复合动词结构编码致使位移事件。可以说对于致使位移事件，三种语言都可以通过动词连用的方式如实临摹致使与路径的语义要素，以较高的临摹性刻画前因后果的紧密关联度，突显致使位移事件所内含的因果链。尤其是日语，和自主位移单动词不同，在表达致使位移这种双核心结构时，根据具体描写动作行为的使用需要，还会选用 [V$_{方式}$ + V$_{路径}$] 的复合结构。可以说在日语"动词框架语言"的类型学特征中也存在词汇化模式的差异性。

12.8 结语

致使位移事件融合了致使和位移两个子事件,这种双事件的概念结构映射在语言结构上就表现为对致使和路径两个要素的并立编码。日语在表达致使位移事件时和自主位移动词一样也倾向于将路径与致使合并编码为单动词,充分体现了日语"动词框架语言"的特征。但是日语在诸如小说等语篇中出于实际语言使用的需要,为细致描写动作行为也会择取方式要素与致使一起予以编码,选用 V_1V_2 的复合动词形式。因此对于日语致使位移事件的词汇化类型区分,需要考虑实际语言使用中的倾向性偏好,认识到同一语言内部词汇化类型的多样性。

同样,对于汉语的致使位移事件词汇化类型的归属判断,不仅需要在汉语本体研究内从共时到历时角度的动态实证分析(史文磊,2012:60),也需要拓展除英汉对比研究以外的汉外对比研究,通过与其他词汇化类型语言的对比,进一步证明汉语在致使位移事件的编码上,以及位移事件的编码上,乃至关于动补结构讨论中的类型学定位。

第十三章

日汉语延伸型虚拟位移表达式对比

13.1 引言

虚拟位移是指用移动义动词描述静止事物的语言现象，在语言表达中十分常见。如例（1）、例（2）、例（3），我们可以发现，作为位移主体的"fence/ハイウェイ（高速公路）/公路"本身不具有可移动的特性，但可以与"go/走る（通向）/延伸"等一系列动词共现，这就是虚拟位移表达，这样的表达在书面语言中十分常见。与真实位移不同，虚拟位移发生在人的心理空间中，并不是真实发生的运动现象。

（1）The fence goes from the plateau to the valley.

（Talmy，2000a：138）

栅栏从高原通向山谷。

（2）そのハイウェイは東京から新潟へ走っている。

这条高速公路从东京通往新潟。

（铃木，2005：10）

（3）公路沿海岸延伸25英里，是世界上数一数二的传奇车道。

《人民日报》

有关虚拟位移的前人研究已取得诸多成果，但在除英语外的跨语言对比领域还尚不充分。本章将在Talmy（2000a）虚拟位移的分类基础上，重点对日汉语延伸型虚拟位移的位移主体、位移动词以及其他共现信息进行对比。基于日汉语料的数据分析，对日汉语位移主体、位移动词进行系统分类，并基于认知语义学视角探讨其差异产生的动因，揭示延伸型虚拟位移的成立机制。

13.2　前人研究

虚拟位移（Fictive Motion）这一概念最早由泰尔米提出，指用位移动词来表达物理空间实际静止物体的一类语言表达，国内外学者将其译为"虚拟位移"（晏诗源、李秋杨，2013；李秋杨，2014；钟书能、黄瑞芳，2015b；姚京晶，2019；张丽虹，2020；陈碧泓，2020）、"虚构位移"（杨京鹏、吴红云，2017；范娜，2012、2014；等等）、"非现实位移"（张克定，2018、2019a、2019b）、"抽象位移"（张克定，2020）和"主观位移"（铃木，2005；王义娜，2012）等。本书将采取使用范围最广泛的译法"虚拟位移"来展开日汉语对比研究。

现阶段与虚拟位移相关的研究主要涉及以下三方面：针对虚拟位移分类方法的理论研究、聚焦路径要素编码形式的虚拟位移研究以及跨语言的对比研究。下面分别对前人研究成果进行综述。

13.2.1　虚拟位移的分类方法

有关虚拟位移的分类，Talmy（2000a）依位移路径特点将虚拟位移分为：Emanation（发散路径型）、Pattern path（模式路径型）、Frame-relative（相对框架型）、Advent path（显现路径型）、Access path（到达路径型）和Coextension（延伸型）六类。

"发散路径型"的路径特点是不可见实体由一个源头发出，常见的位移主体如"光"等；"模式路径型"的路径特点是位移主体沿特定路径的某种排列，但这种物质或静止或不沿着所描绘的路径运动，而以其他某种路径移动，如例（4）中"涂料"发生的实际运动路径是从天花板垂直掉落，但在此类表达中则被虚拟成为"划过地板"的水平运动。

（4）As I painted the ceiling, (a line of) paint spots slowly progressed across the floor.

(Talmy, 2000a: 129)

在我给天花板喷漆的时候,(涂料从天花板掉落到地板上)地板上渐渐出现了(一条)油漆线。

"相对框架型"的路径特点是观察者实际在运动,但在表达中被视为相对静止的参照物,因此原本静止的其他物体就被视为以观察者为参照点发生了"运动",如"坐在火车上看窗外闪过的风景";"显现路径型"特点是虚拟某一实体到达现有状态的位移过程;"到达路径型"的路径特点是通过虚拟某一实体的运动来描述另一静止实体的位置;本章所研究的"延伸型"指通过虚拟某一实体在另一静止物体表面的延伸运动,来描写另一实体的形状、方向或位置等特点。在以上六种分类中,关于聚焦延伸型虚拟位移的研究成果数量较多,如钟书能、黄瑞芳(2015b),范娜(2014)等都对其展开了讨论。

除 Talmy(2000a)的"六分类"外,钟书能、黄瑞芳(2015b),松本(2017)等学者也都先后对虚拟位移尝试提出了自己的分类标准。松本(2017)通过观察日语的运动现象,将日语的位移表达分为"主体位移""客体位移"以及"抽象性放射"三种,其中"抽象性放射"又包括"视觉放射型"和"声音放射型"等。但松本(2017)分类中的"抽象性放射"与 Talmy(2000a)提出的"虚拟位移"所涵盖的范围并不等同,"虚拟位移"的涵盖范围更广。如例(5),它属于"虚拟位移"中的到达路径虚拟位移,但却没包含在"抽象性放射"的分类中。

(5) The bakery is across the street from the bank.

(Talmy, 2000a: 137)

那家面包店从这家银行穿过这条街走过去就是。

除此之外,松本(2004)还指出通过视觉而产生的虚拟位移表达是基于认知主体的以往身体经验。以视觉放射型抽象位移为例,视觉的放射产生于认知主体的视觉经验中,由于人们对视野中出现的所有事物所给予的关注程度并不均等，会对特定事物更加注意。这时在观察者眼睛与事物之间会形成一条虚拟的线，当观察者对该事物产生兴趣时，就会对事物产生心理上的接近，从而产生抽象位移。如"視線が届く"（目光所及），在这个表达中产生移动的不是视线本身，而是某一放射事物沿着"眼睛—观察事物"这一虚拟连线，进行靠近或远离的虚拟运动。

钟书能、黄瑞芳（2015b）基于虚拟位移的主观性程度将其分为主观性虚拟位移、原型性虚拟位移、准真实虚拟位移。其中主观性虚拟位移的主观性最强，是一种视点虚拟位移；准真实虚拟位移主观性介于真实位移和虚拟位移之间，主观性最弱。他们认为主观化是虚拟位移构式的认知理据，主观化一方面消解了句法限制，构建虚拟的运动环境；另一方面对句法构式进行反制约，限制位移主体、位移方式信息、位移时间信息在句中的详略度，主观化程度越高详略度越低。

以上前人分类方法中 Talmy（2000a）提出的"六分类"为学界普遍接受，并且有关虚拟位移的理论研究也较多以泰尔米的虚拟位移框架为基础。

13.2.2 路径要素编码方式

Talmy（2000b）还提出了位移事件的四个要素：Figure（位移主体）、Path（位移路径）、Manner（位移方式）以及 Ground（位移参照物），并指出静止的运动事件同运动事件一样，都包含以上四个要素，其中以位移路径要素最为核心。

路径信息是虚拟位移表达中不可或缺的成分。Matsumoto（1996a）提出了重要的路径条件和方式条件，即在虚拟位移表达中，路径信息必须出现，但方式信息不能出现，除非它同时也表征了路径信息。松本（1997：227）指出在延伸型虚拟位移表达中，当描写一维空间中物体的形态位置时，物体本身作为运动路径的一部分，路径信息必须体现。并且，其他各要素只有在以"描写该物体形态位置特点"为目的时才可能被编码。Talmy（2000b）依据路径信息是否编入动词语义中，将世界上的语言分为了路径信息融合在动词中的"动词框架语言"（verb-framed），以下简称 V 型语言，其中日语是典型的 V 型框架语言；以及路径信息没有编入动词语义中的"卫星框架语言"（satellite-framed），以下简称 S 型，英语是典型的 S 型框架语言。如例（6）中动词"run"融入了位移的方式信息，而位移的路径信息则是由介词短语"out of"编码。

(6) I ran out of the house.

(Talmy，2000b：104)

我跑出了屋子。

关于汉语的词汇化类型，学界一直存在争议。史文磊（2011，2012）对汉语词汇化类型进行了历时调查，认为从古代汉语到现代汉语，汉语位移事件词汇化类型经过了演变，是个历时的连续统。即从古代汉语的 V 型逐渐转变为了现代汉语的 S 型。但现代汉语并未彻底转化为典型的 S 型语言，只是具有 S 型语言的倾向。李福印（2017）也提出了同样的观点，通过对语料的观察，反对 Talmy（2000b）所提出的"汉语与英语一样，属于 S 型语言"的定论。他认为汉语既不完全属于典型的 S 型语言，也不完全属于典型的 V 型语言，只是具有 S 型的倾向，并且在不同的事件领域下可能会显示不同的框架类型特点。他指出对于不同类型的运动事件，应该从历时和共时两个层面进行更为细致的分析，即使是相同类型的运动事件，词汇化类型也可能不同。

13.2.3 跨语言对比研究

虚拟位移的研究最初从英语学界开始，研究成果也以英语本体研究和英外对比为主。晏诗源、李秋杨（2013）聚焦于延伸型虚拟位移，对比分析了英汉语位移主体的特征。通过对语料的观察，发现英语、汉语同属 S 型语言，并且延伸型虚拟位移主体的特性大致相同，除［－移动］外，还具有［＋长方形］［＋空间延伸性］的特点。关于英汉语延伸型虚拟位移主体，钟书能、傅舒雅（2016）从格式塔完型的角度，认为人们在对整体进行感知过程中存在着认知接近原则，即距离相近的事物容易被看为一个整体。基于此提出了英汉语延伸型虚拟位移主体的另一个共通语义特征［＋连贯性］，认为正是基于位移主体的连贯性，才会产生格式塔完型心理效应，最后被认知主体抽象成合格的位移主体。

　　迄今为止有关汉日语虚拟位移的研究较少。铃木（2005）选取"视觉主体的位移"和"视觉主体的视线移动"两个方面，从日语出发对比分析其对应的汉语表达。他认为：首先，在视觉主体的位移中，当视觉主体与视觉对象之间发生"擦肩而过"的物理位置关系时，汉日语既可以采用主观的位移表达方式，也可以采用客观的位移表达方式；当视觉主体接近或离开视觉对象时，日语表达中可能会出现"图形—背景反转"，而汉语表达受到处所词的影响，会出现"通过描述某一参照点和目的地之间距离关系"的方式进行替换表达。其次，在视觉主体的视线移动时，汉日语虚拟位移表达又可分为现实位移、假设位移或视点移动这三类。汉语只有在表达假设位移时才可以采用主观位移表达，且必须出现参照物，而日语在以上三类中都可以使用虚拟位移表达。最后，基于研究中发现的汉日语差异，铃木认为这与在面对位移现象时采取的扫描方式不同有关。在"擦肩而过"的时候，汉日语都可以采用顺序扫描；但在"接近或离开"时，日语倾向于顺序扫描，汉语倾向于综合扫描；在"视觉主体的视线移动"分类中，汉语倾向于综合扫描的方式，而日语既可以采用综合扫描又可以采用顺序扫描的方式。

　　通过对前人研究的梳理，本书认为还存在以下几点问题。

　　首先，虚拟位移相关的研究成果以英语和英外对比为主，有关日语以及汉日对比的研究相对薄弱；

　　其次，对延伸型虚拟位移主体的研究多以增添语义特征为主，还需要基于实际语料的统计分析对位移主体进行系统性的分类讨论；

　　再次，对于位移路径，前人研究中多以"路径信息"和"方式信息"的呈现形式为主，有关位移路径特征的其他特征（如位移方向、路径突显频率等）的探讨较少；

　　最后，虚拟位移成立机制多限于以心理扫描或隐喻为动因，阐释比较单一。

　　本章将基于Talmy（2000a）所提出的分类方法及理论框架，基于实际语料的数据分析对延伸型虚拟位移的位移主体、位移动词的各类型特征进行日语和汉语的对比研究，并从心理扫描、意象图式转换、认知突显等方面对其差异及认知机制进行阐述。

本章所使用的汉语语料出自北京大学汉语语言学研究中心"现代汉语语料库"（CCL语料库）和北京语言大学汉语国际教育技术研发中心"汉语语料库"（BCC语料库），日语语料出自"现代日语书面语均衡语料库"（BCCWJ）。在事先观察大量延伸型虚拟位移表达的基础上，选取常用位移动词［如"延伸、通往"、"走る"（延伸）、"広がる"（扩散）等］进行首次语料检索，通过观察首次所得语料选取常出现的位移主体（如"山脉、高速公路""道"等）进行再次检索，得到符合条件的延伸型虚拟位移表达汉语298例、日语257例，以此作为对比研究的语料数据。

13.3 日汉语延伸型虚拟位移构成要素对比分析

13.3.1 位移主体

位移主体作为虚拟位移表达的必需要素具有一定条件，不是所有不可移动的实体都可以成为虚拟位移的位移主体。Matsumoto（1996a）对比了日英语虚拟位移表达，认为不可通行的物体如"電線"（电线）等不能成为日语的虚拟位移表达主体。晏诗源、李秋杨（2013）通过收集语料发现汉语同英语一样，可以允许［－通行性］的物体成为虚拟位移主体，如"赤道、日界线"等。并且在［－移动］的基础上提出［＋长方形］和［＋空间延伸性］也是一个物体是否可以成为延伸型虚拟位移主体的参考条件。钟书能、傅舒雅（2016）基于上述的研究成果，从格式塔完型的角度出发，认为延伸型虚拟位移的主体还应具有［＋连贯性］的语义特征，从而可以被认知成为一条可延伸的线状物体。

本书基于日汉语延伸型虚拟位移语料发现，位移主体可以进行细致的下位分类，并在此基础上进行更为全面的语义特征分析。本书认为按位移主体呈现形状的不同，可分为以下三类：线形主体、平面形主体和点形主体。

13.3.1.1 线形位移主体

（7）回头遥望，<u>山峦</u><u>伸向</u>远方，和祖国的山脉息息相连，两眼豁然明亮，乌云那边呈现了晴朗的天。

《人民日报》

（8）長安駅の前は広い広場となっていて、外見が城壁のような<u>高速道路</u>が<u>走っている</u>。

『Yahoo！ブログ』

长安站前是宽敞的广场，有一条外观如城墙般的高速公路穿行而过。

《Yahoo！博客》

（9）那道可怕的<u>伤疤</u>从额头的发楞起<u>斜劈过</u>右眼角，一直拉过颧骨直至脸颊，活像孩子在公厕墙上写了一句骂人话后所划下的惊叹号。

《平凡的世界》

（10）鉄筋がミシミシと音をたて建物が崩れるかと思われたが壁に<u>亀裂</u>が<u>走った</u>だけで済んだ。

『マガジン青春譜』

我听见钢筋在吱吱嘎嘎地响，本以为房子要塌了，没想到只是在墙上爬上了几道裂痕。

《杂志青春篇》

我们可以发现，线形的位移主体包括如例（7）、例（8）中"山峦""高速道路"这类长度相对较长的线形物体，也包括如例（9）、例（10）中"伤疤""裂痕"这类长度相对有限的线形物体。相对较长的线形主体在汉语语料中共出现 175 例，占比 58.7%，日语语料中共出现 148 例，占比 57.6%；长度相对有限的位移主体在汉语语料中共出现 10 例，占比 3.4%，日语语料中共出现 24 例，占比 9.3%，详见表 13-1。

表 13-1　　　　常见线形位移主体及出现频率

线形位移主体类型	常见线形位移主体	数量（个）	比例（%）
短线状	汉语：裂口、涟漪、伤疤、书架	10	3.4
短线状	日语：亀裂、傷、皺	24	9.3
长线状	汉语：公路、山脉、石阶、山峦、电线、石墙、小巷	175	58.7
长线状	日语：山脈、道、軌道、レール、新幹線	148	57.6

从分布比例可以看到汉日语都是长线形主体的出现频率远高于短线形，并且长线形主体的出现类型涉及"电线、轨道"等物体，呈现出更加多样化的特征。

13.3.1.2　平面形位移主体

（11）挺大的一片<u>稻田</u>从北边铺展过来，一直向南面的海边<u>延伸</u>过去。

《白门柳》

（12）千倉の海岸線沿いに<u>花畑</u>が<u>続く</u>。

『Yahoo! ブログ』

花田沿着千仓的海岸线不断延伸。

《Yahoo! 博客》

平面形主体指具有可延伸平面的物体，如例（11）、例（12）中的位移主体"稻田"、"花畑"（花田），这类主体在宽度上相对于线形主体更加明显。从出现频率来看，平面形主体在汉语语料中共出现了 78 例，占比 26.2%；在日语语料中共出现 74 例，占比 28.8%，出现频率低于线形主体，详见表 13-2。

表 13-2　　　　常见平面形位移主体及出现频率

常见平面形位移主体	数量（个）	比例（%）
汉语：土坡、斜坡、草地、森林、湖泊	78	26.2
日语：公園、平野、駐車場、荒れ野、花畑	74	28.8

此类位移主体在汉日语中出现频率相近，并且常见的位移主体除平面的特点外，都具有一定的占地面积。

13.3.1.3 点形位移主体

(13) 放眼望去，我家门前已经排起了长队，一路延伸到村子里那条杂草丛生的小道上。

《那卡的曙光》

(14) そこまで白樺の並木がずっと続いていて、玉砂利が敷いてある。

『男も女もみるみる髪が生えてきた!』

街道上铺设着白色的砾石，路两旁的白桦树一字排开。

《转眼间男女皆长出头发!》

观察例（13）、例（14），"长队"、"並木"（行道树）是典型的点形主体。点形的位移主体区别于上述的线形和平面形主体，它可以看作由无数小点组成，最后整体成为延伸型虚拟位移主体。"长队"可以看作是由无数的个体组成，最后这个"长队"整体成为了延伸型虚拟位移的主体。点形的位移主体要求位移主体具有一定数量基数。这样的点形主体在汉语语料中共出现 35 例，占比 11.7%；在日语语料中共出现 11 例，占比 4.3%，在延伸型虚拟位移各类主体中出现频率最低。详见表 13-3。

表 13-3　　　　　　　　常见位移主体及出现频率

常见点形位移主体	数量（个）	比例（%）
汉语：牛群、凸起、长队、树列、足迹	35	11.7
日语：並木、氷の結晶、町並み	11	4.3

上述各类型主体出现频率分布情况如图 13-1 所示。汉日语延伸型虚拟位移表达中的位移主体呈现出线形主体频率高于平面形主体，平面形主体又高于点形主体的特征。

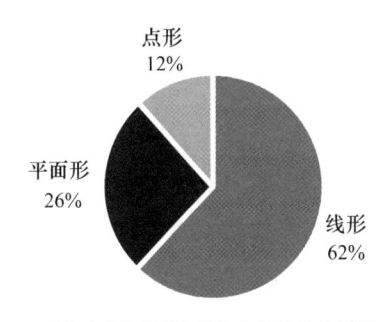

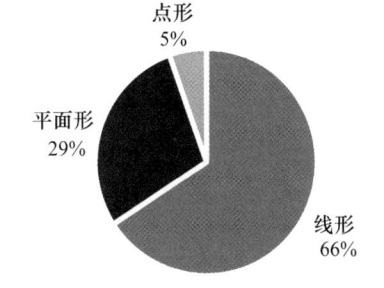

(a) 汉语不同类型位移主体分布情况 (b) 日语不同类型位移主体分布情况

图 13-1　汉日语虚拟位移主体类型的分布情况

关于延伸型虚拟位移主体的语义特征，晏诗源、李秋扬（2013）提出了［-移动］［+空间延伸性］［+长方形］。钟书能、傅舒雅（2016）又提出了另一特性［+连贯性］。我们观察汉日语延伸型虚拟位移语料可以发现虚拟位移主体的其他特性。线形主体如"高速公路、小路"等在具备基本的［-移动］之外，需要具有［+延伸性］的语义特征，语义特征限制最少，最容易成为延伸型虚拟位移主体。而平面形位移主体如"平原、花田"等，它们在［-移动］［+空间延伸性］的语义特征基础上，可以发现它们都具有［+大面积］的语义特征。

(15) 他们一行人来到一家长方形的餐厅，那里摆着一张<u>很长的大橡木桌子</u>，一直从这头<u>延伸</u>到那头。

《命运之路》

原本小面积的事物可以通过形容词的修饰具有［+大面积］特性，如例（15）"桌子"原本很难成为位移主体，但通过形容词的修饰变为"很长的橡皮桌子"，这样就更加容易成为延伸型虚拟位移主体，这种形容词常见的还有"大的、长的"、"広い"（宽阔的）、"広大"（广大的）等。

点形主体如"足迹"、"长队"、"杉や赤松の木々"（杉树、红松等树木）等，它们都是由无数个体组成，具有一定的数量基数，可以以一个统一整体被认知，这个整体成为延伸型虚拟位移的主体。即点形虚拟位移主

体在 [-移动] [+空间延伸性] [+连贯性] 基础上，具有 [+复数个体] 的语义特征。综合上述分析结果，三类延伸型虚拟位移主体的语义特征如表13-4所示。

表13-4　延伸型虚拟位移各类型位移主体的语义特征

线形主体	[-移动] [+延伸性]
平面形主体	[-移动] [+空间延伸性] [+大面积]
点形主体	[-移动] [+空间延伸性] [+连贯性] [+复数个体]

从位移主体的抽象性角度来看，虚拟位移主体又可以分为抽象性主体和非抽象性主体。下面例（16）—例（19）中的主体是抽象性主体，相较于例（15）中的"桌子"更加抽象，且不具有现实意义上的具体形态。

(16) 祖庙保护范围向四周外各延伸20米，自西轴线大牌坊向东延伸630米，自妈祖石雕像向东延伸260米，自妈祖石雕像向北延伸400米。

《世界未解之谜》

(17) 这种区域往往跨越城市行政界线，形成从市中心向外延伸50至100公里的城镇区域。

《福建日报》

(18) 狩猟民文化と農耕民文化との間には絶対の亀裂がはしっているという。

『神、人を喰う』

狩猎文化和农耕文化之间有着绝对的割裂。

《神噬人》

(19) 二つの音が交錯し、視野に縞のようなものが走る。

『オバケヤシキ』

这两种声音交织在一起，眼前一片缭乱。

《鬼屋》

日语抽象性延伸型虚拟位移主体共出现 4 例，占比 1.6%；汉语语料中仅出现 2 例，占比 0.7%，汉日语均呈现出非抽象性主体远高于抽象性主体，其中日语抽象性位移主体的出现比例略高于汉语。

13.3.2 日汉语虚拟位移动词的特征

13.3.2.1 位移动词分类及出现频率

除位移主体外，运动的路径信息以及方式信息在句中的编码方式是学界较为关注的问题。Matsumoto（1996a）认为路径信息必须在虚拟位移表达中被编码，而方式信息只有在同时表达路径信息时才可以被编码，这一结论得到了后来学者的广泛认同。范立珂（2016）分析了汉语位移事件中路径的三种编码形式，由纯路径义动词编码（来、去、进等）、由介词编码（从~到~等），以及由框式结构编码。框式结构即使用介词与位移动词的搭配来表征动态路径，包括"路径动词+终点"等。杨京鹏、吴红云（2017）通过观察汉语语料，对 Matsumoto（1996a）的"路径条件"提出补充，认为除了介词、动词、副词外，语用手段也可以表征路径信息。在虚拟位移的表达中，不可移动的位移主体是按一定的路径在观察者的心理空间内进行虚拟运动，最终形成虚拟位移，路径信息的编码必不可少。

本书援引王义娜（2012）对位移动词的分类方法，将延伸型虚拟位移表达中出现的位移动词分为三类：延伸类动词、方式类动词和其他趋向类动词。延伸类动词是指表延伸意义的动词，如"延伸、绵延、伸展"等，方式类动词指含有运动方式信息的动词，如"蜿蜒、横跨"等。其他趋向类动词是指除延伸类动词外，其他表达方向信息的动词，如"发散"、"广がる"（发散）等。其中关于延伸类动词，韩玮（2012：77）称其为"延展义动词"（如 extend、stretch 等），陈碧泓（2020：113）称其为"静态动词"，表征位移主体的形态、状态或位移主体与背景间的静态关系，如"伸展、贯通"等。

(20) 山峦便兵分两路地向前<u>延伸</u>着，一路顺东北方向起伏跌宕，一路沿东南方向平缓滑行，一直绵亘十余里。

《沉睡的大固其固》

(21) 続々と山手線のターミナル駅から郊外に向けて<u>鉄路が伸びていった</u>。

『日本の首都江戸東京』

铁路从山手线的枢纽站一直向郊外延伸。

《日本的首都江户东京》

延伸类动词是最常见的类型，如例（20）、例（21）的动词"延伸"、"伸びる"（伸展），它们所指示的路径信息往往呈现顺着位移主体形状单方向或双方向的延伸，即沿着"山峦"、"鉄路"（铁路）向前延伸或向后延伸。而对"以什么样的方式延伸"没有描述，即不带有方式性信息。这类延伸类动词还有汉语语料中常出现的"延伸、伸展、绵延、伸向"，日语语料中常出现的"走る"（延伸）、"伸びる"（伸展）、"延びる"（延伸）、"続く"（绵延）等。

第二类是方式类动词。这里方式类动词是指在指示路径的同时也指明运动方式的动词类型，如例（22）、例（23）中"蜿蜒通往"、"盛り上がる"（隆起），它在指明"通往"的同时，还增加了"蜿蜒"这样的方式信息。除此之外，常出现的还有汉语的"蜿蜒、曲曲弯弯绕行、横跨、横贯而过、穿过"，以及日语语料中出现的"折れる"（拐弯）、"曲がる"（转弯）、"下がる"（下降）、"落ち込む"（下陷）等。

(22) 走了一会儿，他们站在了一条被砍出来的小道前，那条路<u>蜿蜒通往</u>树林。

《神秘邮件》

(23) 窓ごしにきょろきょろしていると突然、目の前の路面が<u>盛り上がった</u>。

『ゴジラ』

隔着窗户东张西望的时候，突然眼前的路面隆起来了。

《哥斯拉》

其他趋向类动词主要发生在日语虚拟位移表达中如"広がる"（发

散），在 257 例日语语料中"広がる"（发散）共出现 64 例，占比 24.9%；而汉语中仅出现 1 例，如例（24）。

(24) 他讲话时，皮革似的老脸在黎明前的昏暗中显得神情泰然，因常饮用高能量汁液而染成深红色的嘴唇拉成一条直线，脸上的皱纹呈辐射状向上散开。

《丘》

(25) 白い花を咲かせる可憐な林檎の木と菜の花畑が広がっています。

『花時間』

开满白色小花的可爱的苹果树和油菜花田一起伸向远方。

《花朵时间》

例（25）中的"広がる"（发散）常与平面形位移主体共现，在日语语料出现的 64 例中，位移主体是平面形的共有 54 例。除此之外，仔细观察例（25）中的"花畑"（花田）这类平面形虚拟位移主体可以发现，句子中没有明显地指明路径信息，也没有对它的"起点、经过点、终点"进行限定。

参照王义娜（2012）的分类，本书日汉语延伸型虚拟位移表达中使用的动词类型如下所示。

①延伸类动词：
　延伸、绵延、伸展、伸向、通往、通向、通到等。
　走る、伸びる、延びる、続く、通る、通じる、張る等。
②方式类动词：
　横跨、横贯而过、穿过、攀升、爬升、纵横、爬上、直穿、蜿蜒、下滑等。
　盛り上がる、立ち上がる、曲がる、下がる、交わる、落ち込む、混じる等。
③其他趋向类动词：
　折向、倾斜等。

広がる、並ぶ、折れる、歪む等。

将各类型动词的使用频率列表如下。

表13-5　汉语延伸型虚拟位移表达中各类动词使用频率

位移动词类型	代表词例	数量（个）
延伸类动词	延伸、通往、伸展	215
方式类动词	蜿蜒、攀升、爬升、纵横	75
其他趋向类动词	倾斜、折向	8
合计		298

表13-6　日语延伸型虚拟位移表达中各类动词使用频率

位移动词类型	代表词例	数量（个）
延伸类动词	延びる、通る、走る	167
方式类动词	落ち込む、交わる、曲がる	17
其他趋向类动词	広がる、折れる	73
合计		257

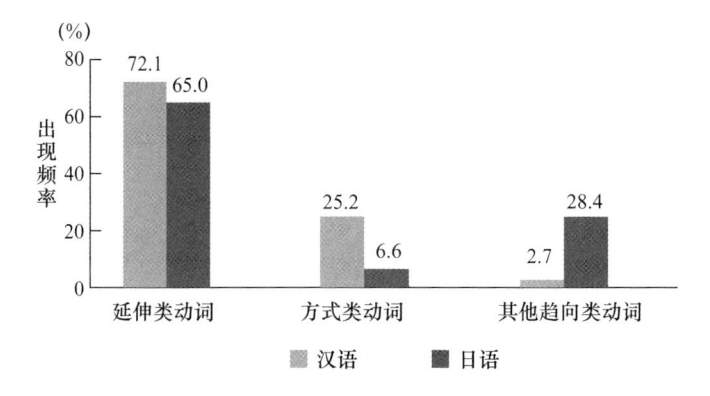

图13-2　汉日语延伸型虚拟位移表达中三类动词出现频率

这三类动词在汉日语延伸型虚拟位移语料中出现的频率及占比如图 13-2 所示。汉日语都呈现出延伸类动词的频率较高，而在"方式类动词"和"其他趋向类动词"的使用上汉日语出现差异，汉语中方式类动词的使用频率远高于日语，日语中其他趋向类动词的使用频率远高于汉语。日语是典型的 V 型语言，而汉语的词汇化类型历时上看虽然发生过变化，但现代汉语可以被视为具有较强 S 型倾向的语言，即日语的路径信息编入动词，而汉语的方式信息编入动词。汉日语这种词汇化类型的不同也反映在虚拟位移动词的编码方式上，体现在"方式类动词"和"其他趋向类动词"使用频率的差异上。

13.3.2.2　位移动词延伸方向及频率

(26) 窗外广袤的田野和连绵不断的丘陵，在我视界里持续展现着，无限地向天边延伸。

《空中小姐》

(27) 在绿色的山丛中，公路像一条黄色的带子自南延伸过来，从白岩山的左翼穿过直通北方。

《东方》

(28) 山のゆるい斜面が馬淵川に沿い、県道と平行して、えんえん十数キロも南に延びていた。

『回想・わが江刈村の農地解放』

山的缓坡沿着马渊川，与县道平行，向南绵延十几公里。

《回想・我们江刈村的土地解放》

(29) 道路が北に走ってるから北玄関で家を建てなきゃいけないようなもんでさ。

『プチ美人の悲劇』

就像道路朝北延伸，那应该玄关也朝北来盖房子吧。

《小美女的悲剧》

例（26）中"无限地向天边延伸"呈现的是一种从近到远的横向延伸路径方向。例（27）中"自南延伸过来"呈现的是从远到近的横向延伸方向。例（28）中"南に延びていた"呈现的是横向由近及远的延伸方向，例（29）中"北に走ってる"呈现的也是横向由近及远的延伸方向。除此之外，语料中还存在向下或向上延伸的纵向延伸方向。汉日语料中各延伸路径方向的出现频率情况如图13-3所示。

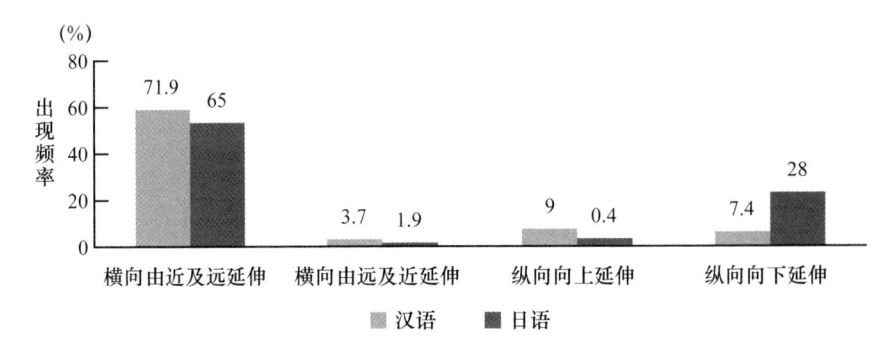

图13-3　汉日语虚拟位移动词延伸方向频率

从动词的延伸方向上来看，汉日语延伸型虚拟位移表达中都呈现出横向延伸的频率远高于纵向延伸，并且横向延伸中由近及远的使用频率远高于由远及近。纵向延伸中汉语向下延伸与向上延伸的出现频率所差不多，日语中向下延伸的出现频率高于向上延伸。由此可以发现，在延伸型虚拟位移表达中，受位移主体多为水平方向的影响，位移动词的延伸方向也受到限制，呈现出水平延伸多于垂直延伸的结果。并且在纵向延伸中，与汉语相比日语在向上的延伸方向上受到更多的限制，更常使用向下延伸的方向。

13.3.3　日汉语延伸型虚拟位移动词的句法功能

从延伸型虚拟位移在句中所做成分来看，虚拟位移动词可以在句子中承担谓语成分，如例（30）、例（32）所示，也可以做定语成分来修饰虚拟位移主体，如例（31）、例（33）所示。

(30) 他们站在了一条被砍出来的小道前，那条路<u>蜿蜒</u>着<u>通往</u>树林。

《神秘邮件》

第十三章 日汉语延伸型虚拟位移表达式对比

（31）汽车载着场长走远了，但战士们没有一个离去，大家都泪眼朦胧地望着那沿着大海<u>蜿蜒</u>而去的<u>公路</u>。

《黑沙滩》

（32）以前、ここには実際に、<u>鉄道</u>が<u>走っていた</u>。

『生と死の幻想』

这里之前实际上是有铁路通行的。

《生与死的幻想》

（33）この「巨大な侵蝕の土地」は、深い峡谷で南北に隔てられた<u>高い山脈</u>が<u>走る</u>荒涼たる大地である。

『ミニヤコンカ初登頂』

这片"被侵蚀的土地"十分荒凉，绵延的高高山脉被一条深不见底的峡谷南北隔开。

《贡嘎山初登顶》

汉日语位移动词所做各语法成分频率如表 13-7 所示。在汉语虚拟位移语料 298 例中共有 231 例虚拟位移动词承担句子的谓语成分，占汉语语料 77.5%；共有 67 例虚拟位移动词承担定语成分，占比 22.5%。日语语料中承担谓语成分的共有 217 例，占比 84.4%；承担定语成分的有 40 例，占比 15.6%。

表 13-7　　　　汉日语位移动词所做句法成分频率

	位移动词所做句法成分	例数	出现频率（%）
汉语 （298 例）	谓语成分	231	77.5
	定语成分	67	22.5
日语 （257 例）	谓语成分	217	84.4
	定语成分	40	15.6

汉日语延伸型虚拟位移动词都呈现出做谓语成分多于做定语成分。但当位移动词做定语成分时汉日语表达呈现差异。观察例（31）、例（33）我们发现，当充当定语成分时，汉语的表达中"蜿蜒而去"直接充当了

"公路"的定语,而日语表达中则是"高い山脈が走る"(高大山脉绵延)充当"大地"的限定语,即"位移主体+位移动词"的主谓句成为修饰名词的定语成分。

13.3.4 日汉语路径指示信息对比分析

13.3.4.1 虚拟位移持续时间信息的共现

在延伸型虚拟位移表达中除运动事件的四要素外,常常还会有与提示运动持续信息的共现,这些提示运动持续的信息主要分为两大类:提示距离信息和提示时间信息。

钟书能、黄瑞芳(2015b)对英语虚拟位移中位移时间的共现情况进行了考察,他们认为位移时间的出现与否同位移主观性之间呈反向关系,即共现的位移时间越具体虚拟位移表达的抽象性越低,主观性就越低。范娜(2012)也基于是否能添加运动位移时间要素,将延伸型虚拟位移的分类进行了重新命名,分为了不可与位移时间信息共现的任意虚拟位移(arbitrary fictive motion)和可以共现的具体虚拟位移(specific motion)。汉日语虚拟位移表达中,位移时间信息出现的频率极低,如例(34),仅日语1例。

(34) 紺碧の地中海と椰子の並木が続く海岸通りを<u>三、四十分</u>走ると、リビア・パレス・ホテルに着いた。

『不毛地帯』

沿着蔚蓝的地中海和沿路的椰子行道树跑了三四十分钟,就来到了利比亚宫殿旅馆。

《贫瘠地带》

(35) =(14)そこまで白樺の<u>並木</u>がずっと<u>続いていて</u>、玉砂利が敷いてある。

『男も女もみるみる髪が生えてきた!』

街道上铺设着白色的砾石,路两旁的白桦树一字排开。

《转眼间男女皆长出头发!》

主观化的程度高低与语言编码形式的多少成反比（沈家煊，2001：274），即语言编码越多，越限制其主观化的空间，句子虚拟程度越低。同样是点形主体"並木"，相较于例（35），在例（34）中它作为"海岸"的定语，句中伴随了模糊的时间信息"三四十分钟"，对运动距离进行了相对具体描述，限制了其主观化的空间，降低了句子的虚拟程度。因此，在同样的位移主体条件下，例（35）的抽象程度较高，即持续时间信息的出现与句子抽象度成反比。

13.3.4.2 虚拟位移持续距离信息的共现

(36) 滨海大道延伸26公里，一边是豪华旅馆，一边是海滩浴场。

《文汇报》

(37) 此处将通过围海形成一处人工海湾，围海向外延伸1.2公里，挖地向内延伸1.8公里，人工海湾总面积可达30平方公里。

《文汇报》

(38) 鳞次栉比的砖瓦房向东延伸50公里，形成浓荫覆盖的住宅区。

《福建日报》

(39) ＝（28）山のゆるい斜面が馬淵川に沿い、県道と平行して、えんえん十数キロも南に延びていた。

『回想・わが江刈村の農地解放』

山的缓坡沿着马渊川，与县道平行，向南绵延十几公里。

《回想・我们江刈村的土地解放》

例（36）的线形主体、例（37）的平面形主体、例（38）的点形主体都可以与距离信息共现，汉语例句中共出现16例，占比5.4%，日语例句中共出现5例，占比1.9%。汉语与持续距离信息的共现频率略高于日语。

13.3.4.3 路径起点、经过点、终点的共现

虚拟位移表达中路径的信息作为必须编码的要素为人们在心理空间内的运动提供了依据。钟书能、刘爽（2017）认为正是由于路径信息的存在，才可以在人们的认知中构建认知通达，最后使句子得以成立。路径信息可以通过使用"前置词+场所词"的前置词词组来提示位移路径（柯理思，2017：102）。延伸型虚拟位移表达的路径指示方式可以通过标记路径方向，也可以通过标记"起点、经过点、终点"来实现。

(40) 展位<u>从中心区开始</u>一直<u>延伸</u>30余米，共20余个大展位。
《文汇报》

(41) 有条沙路一头往下<u>通向溪边</u>的渡口，另一头<u>通向一片树林</u>。
《太阳照常升起》

(42) 草地上刺蓬蓬地长着针尖似的草，一条狭而崎岖的小道<u>通过这块草地</u>。
《泰戈尔诗选》

(43) 東側一帯は<u>粟田口村から</u>東海道（大津街道）が<u>走っている</u>だけで、まわりは寂しい。
『夜明け前の女たち』

东侧一带从粟田口村开始只有东海道（大津街道）一条大道穿行而过，那一带比较荒凉。
《黎明前的女人们》

(44) わが家の小さな庭の先に狭い道路が家と平行に走っていて、その道路が<u>東の奥の方まで続いている</u>。
『やっぱり奇妙にこわい話』

我家小院前的小窄道与我家平行方向经过，一直延伸到东边很远。
《果然奇怪而可怕的故事》

如例（40）、例（43）"从~开始""始于~""~から"等对"起点"标记。如例（42）"通过~""穿过~""横跨~"等对"经过点"标记。

如例(41)、例(44)"通向~""通往~""~まで"等对"终点"标记。

"起点、经过点、终点"的共现频率如图13-4所示。

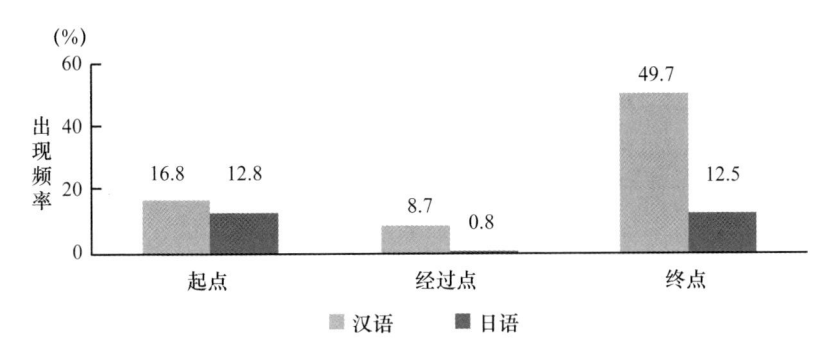

图13-4 汉日语路径信息出现频率

通过数据分析可以发现，汉语相对日语会更加频繁地标记"起点、经过点、终点"来指示延伸的路径。汉语延伸型虚拟位移表达中终点频率高于起点，起点频率高于经过点，而日语中起点频率和终点频率相当，二者都高于经过点。

本书认为这种标记的不均衡与汉日语认知主体对起点、经过点、终点的注意力突显程度有关。我们在对事物进行认知时，常常首先注意到该事物最具特点的部分，继而进行对事物整体的认知。在这一过程中，物体最具特点的部分（或在认知过程中被焦点化的部分）我们称为"图形"（figure），其他部分称为"背景"（ground）（山梨，1995：11-15）。

Talmy（2000b）将"图形—背景"的概念引入运动路径中，提出了"注意力窗口化"（path windowing），认为语言可以通过对某一场景中的某一部分进行明确提及，从而使这一部分处于注意力的突显地位，其余部分被忽略从而置于注意力的背景部分。张克定（2019b）也提到了虚拟位移路径的部分窗口化，他认为部分窗口化在虚拟位移表达中分为两种编码形式，一种是起点被标记，另外一种是终点被标记。而通过观察例（42）可以发现，虚拟位移中也存在经过点被窗口化突显出来的情形。

路径窗口化是对位移事件中路径的突显，将路径视为具有起点、经过点、终点的一个整体。在编码路径时可以作为一个整体，也可以突显或省略路径的某一部分。汉语对路径的终点予以认知突显，路径的经过点较易被忽略置于注意力的背景地位。而日语则是对路径起点和终点较为突显，将经过点置于背景。

13.4 日汉语延伸型虚拟位移成立的认知机制

13.4.1 心理扫描方式

延伸型虚拟位移表达的成立与人类的认知能力基础密切相关。虚拟位移表达的位移主体不可移动，不可移动的位移主体却被认知为"运动"，这与认知主体对位移主体在心理空间上进行的心理扫描方式有关。心理扫描的概念由 Langacker（1987：123－128）提出，指人们在认知事物时伴随着视线的移动，这种伴随着认知对象移动变化的视线移动称作心理扫描（大堀，2002：19）。心理扫描分为"顺序扫描"和"综合扫描"。"顺序扫描"是按照时间的推进依次观察某一事物的位置变化，并不断将现阶段的信息与前一阶段的信息相比较，强调顺序性。而"综合扫描"则是对某一事件从发生到结束的所有阶段进行整体性把握，强调整体性。如下例（45）中体现的是顺序扫描的心理扫描方式，认知主体对"球"运动轨迹的变化进行了动态捕捉，属于顺序扫描。例（46）则与其相反，没有对"球"随时间推移而产生动态变化进行描写，而是将其作为一幅静态画面进行认知，属于综合扫描（大堀，2002：19）。

(45) The ball curved.

（大堀，2002：19）

球划过了一道曲线。

(46) He threw acurve.

（大堀，2002：19）

他扔出了一记曲线球。

钟书能、刘爽（2017），钟书能、赵佳慧（2017）认为，虚拟位移是认知主体在心理上沿某一路径对位移主体进行的扫描，顺序扫描与综合扫描之间没有明确的界限，不是对立的关系，虚拟位移中倾向于使用顺序扫描的方式实现认知通达的建立。本书通过对语料的观察，认为汉日语延伸型虚拟位移是通过顺序扫描的方式被识解，如例（47）、例（48）。

(47) 两行白<u>木栅栏</u>从小山上<u>伸展下来</u>，然后像牛角一样叉开，向山下伸去。

《喧哗与骚动》

(48) 天井に<u>太い梁</u>が<u>はしります</u>。

『Yahoo！ブログ』

天棚上有一根粗粗的房梁穿过。

『Yahoo！博客』

例（47）的认知主体在对"木栅栏"的位置、形态进行扫描时，在认知主体心理空间上自主确立了木栅栏上的某点为"运动的起点"，该"起点"可以不是物体真正的起点。在持续扫描的过程中关注点不断累加，位置不断发生变化，最终栅栏被感知为在认知主体心理空间上沿着该物体形状进行延伸的"可运动"主体。例（48）的日语表达中同样选取"太い梁"（粗房梁）中某点作为起点，通过持续的顺序扫描，最终被识解为"可运动"的主体。

铃木（2005）认为汉日语虚拟位移之间的认知差异是由于扫描类型的不同而产生的，汉语倾向选择综合扫描，而日语可以既使用综合扫描也使用顺序扫描。但在他的研究中所使用的汉语语料是在日英对比的基础上翻译所得，缺乏语料的真实性。

(49) あの道は公園の中をくねくねと走っている。
公园里有一条弯弯曲曲的小路。

（铃木，2005：14）

如在分析"视点移动"（观察主体的视线移动）时，通过翻译例

(49) 的日语表达得到汉语译文"公园里有一条弯弯曲曲的小路",并认为这是通过认知主体的综合扫描对"小路"进行的整体性把握。但根据翻译者的不同,译文会产生不同,例(49)的日语还可以被译为"有条小路在公园中蜿蜒伸展",扫描方式就变成了顺序扫描。

13.4.2 意象图式转换

除心理扫描外,在虚拟位移表达的认知过程中意象图式也发挥了重要作用。意象图式是基于日常生活中的感知体验或具体行为,抽象而成的一种认知模型(山梨,2012:16)。典型的意象图式类型有<容器><上—下><前—后><起点—经过点—终点><部分—整体>等,而意象图式之间的相互转换也往往成为语义扩展和语言创新背后的重要动因(山梨,1995:97)。

其中,<起点—经过点—终点>意象图式是编码外部世界的基本图式,描述了某种事物(或某种存在)从起点出发,沿着某一路径,最后到达终点的这一抽象过程,在语义扩展中扮演着重要的角色(山梨,2009:94-110)。

本书认为,延伸型虚拟位移主体从"可运动"变为"可延伸"的这一过程,以<起点—经过点—终点>意象图式为动因。如图13-5所示。延伸型虚拟位移表达中,位移主体原始的意象图式对应"起点",意象图式的转换过程对应"经过点",最终获得的[+延长]特性对应"终点"。即各类型位移主体经过一系列的转换,最终获得延伸性,得以移动义动词来编码。

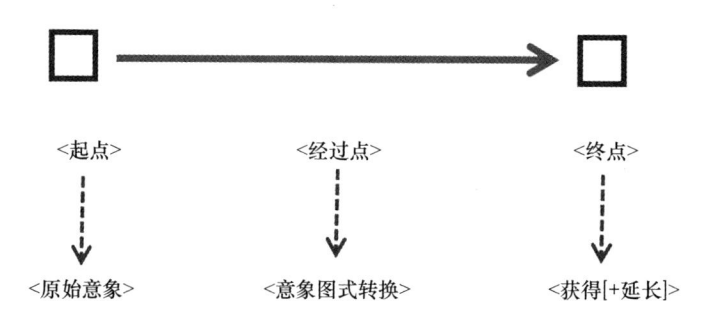

图13-5 <起点—经过点—终点>意象图式在延伸型虚拟位移表达中的应用

（50）洞顶亮着柔和的灯光，洞底的<u>道路</u>平坦光滑，弯弯曲曲向前<u>延伸</u>。

《将军吟》

（51）最大的坑洞旁边都有一圈的岩石包围，还有许多<u>裂隙</u>从中间<u>往外</u><u>延伸</u>。

《世界博览》

线形主体是延伸型虚拟位移中最常见也是最容易认知的类型。我们以例（50）"道路"这一主体为例，如图13-6所示，它先被抽象为［线形］的意象图式，接着被转换为［轨道］的意象，最后基于认知主体的认知经验，获得［+延长］的意象图式，并由延伸义动词"延伸"编码。例（51）短线形位移主体也经历了这样的转换过程。

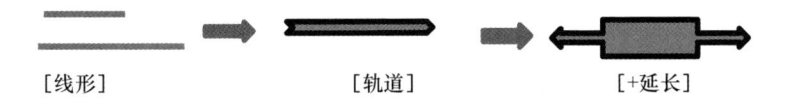

［线形］　　　［轨道］　　　［+延长］

图13-6　线形位移主体的意象图式转换过程

（52）=（15）他们一行人来到一间长方形的餐厅，那里摆着一张<u>很长的大橡木桌子</u>，一直从这头<u>延伸</u>到那头。

《命运之路》

（53）一面<u>湖泊</u><u>伸展</u>开去，四周是绿草树木。

《世界博览》

平面形位移主体有两种图式转换类型。第一种如例（52）"很长的大橡木桌子"，是呈"长方形"的主体。"长木桌"是典型的长方形事物，它被抽象为［+长方形］的意象后，发生意象图式转换获得［+延长］的语义特征，并被表达为延伸型虚拟位移，如图13-7中的［平面形1］。第二种如例（53）的"湖泊"，为"占地面积大"的主体。"湖泊"被抽象成非规则的［椭圆形］意象图式后，获得［+延长］的语义特征，可以使用"延伸"语义动词来编码,如[平面形2]。

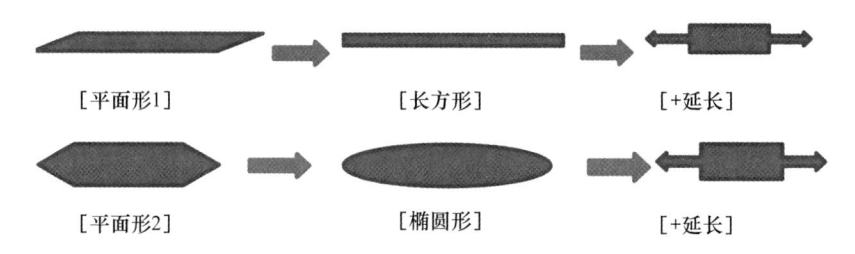

[平面形1]　　　　[长方形]　　　　[+延长]

[平面形2]　　　　[椭圆形]　　　　[+延长]

图 13 – 7　平面形位移主体的意象图式转换过程

(54) 一路行来只见一条条新修的大道四通八达,<u>一排排新建的电线杆子</u>向远方<u>伸展</u>开去。

《人民日报》

点形主体需要具有一定的数量基数,如例(54)"一排排电线杆子"。这类主体先被抽象为[复数个体]的意象,进而如图 13 – 8 所示转换为[连续体][轨道]的意象图式,最终获得[+延长]的语义特征,以移动义动词来编码。

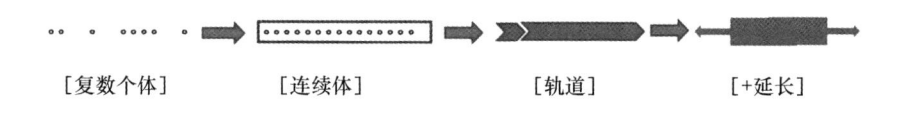

[复数个体]　　　[连续体]　　　[轨道]　　　[+延长]

图 13 – 8　点形位移主体的意象图式转换过程

综合上述分析发现,三类位移主体在经过顺序心理扫描后,在心理空间上成为"可运动"实体,继而通过意象图式转换获得"可延伸"的特征。虽然这些位移主体在图式转换过程中各有差异,但皆基于认知主体经验最终获得[+延长]的语义特征,形成延伸型虚拟位移表达。

13.4.3　延伸型虚拟位移成立的概念隐喻、转喻机制

隐喻是指使用某一事物或概念，来表示另一事物或概念，隐喻的成立基于两个事物（或两个概念）之间的相似性（similarity）（籾山，2010：35）。而概念隐喻则是基于我们在日常生活中积累的具体经验，通过具体的、我们可以直接把握的事物去理解抽象的、我们不易直接把握的事物（籾山，2010：40）。在这一认知机制中，抽象、难以理解的事物为"目标域"，具体且易理解的事物为"始源域"。

我们在对抽象的延伸型虚拟位移概念进行认知时，概念隐喻起到了重要作用。

(55) 东关的<u>街道</u>通过老桥<u>延伸过来</u>，一直到西面的麻雀山下，和那条南北主街道交叉成丁字形。

《平凡的世界》

例 (55) 是典型的延伸型虚拟位移表达，它描述了某一抽象物沿着"老桥—主街道"这一连线上的某一段路径，进行运动的虚拟过程。该虚拟位移过程同真实位移事件一样，都具备"位移主体、位移动词和位移路径"的位移事件要素，即虚拟位移与真实位移之间具有相似性。基于该相似性，"静止事物的虚拟位移"与"真实位移事件"两个概念之间构成了概念隐喻，其中虚拟位移事件为"目标域"，真实位移事件为"始源域"。认知者基于真实位移的概念，对虚拟位移的概念进行解构，使其更易被理解。

除概念隐喻外，延伸型虚拟位移独特的路径特点突出了转喻的重要作用。与隐喻相比，转喻基于两个事物或概念之间的邻近性，是通过描述某一事物或概念的方式来表现另一事物或概念的过程（松本，2003：83）。转喻关系中常见的邻近关系有＜部分—整体＞＜容器—内容＞＜附属物—主体＞＜手段—主体＞＜作品—作者＞＜材料—成品＞等（山梨，2004：61）。

延伸型虚拟位移表达区别于 Talmy (2000a) 中虚拟位移其他类别，通

过虚拟某一实体在静止物体表面的运动来突出该静止物体形态、位置等特点。即虚拟位移路径存在于位移主体表面，是位移主体的一部分，与位移主体之间具有<部分—整体>的邻近关系。基于此，<虚拟位移路径—位移主体>的转喻关系得以成立。

(56) 从下面看去，只见高大的围墙永无休止地向上延伸，仿佛是一座巨大的坟墓墓壁。

《萨朗波》

以例（56）为例，抽象事物沿着位移主体"围墙"进行虚拟运动，其位移路径存在于"围墙"表面，是其物体表面的一部分。此时虚拟位移路径与位移主体之间构成了<部分—整体>的邻近关系。以虚拟位移路径指代位移主体，通过对虚拟位移路径的描写，突出了位移主体"围墙"延绵不绝的形状特点。

13.5　结语

本章基于汉日语延伸型虚拟位移的语料，分别从位移主体、位移动词以及路径信息等方面进行了汉日语对比考察分析。汉日语虚拟位移主体都呈现点、线、平面三类主体类型，并且汉日语主体类型的出现频率都表现为"线形＞平面形＞点形"。汉日语延伸型虚拟位移动词分为延伸类、方式类以及其他趋向类动词三种，日语中其他趋向类动词的出现频率高于汉语，方式类动词低于汉语，这与汉日语位移动词类型的差异有关。在位移路径信息中，汉日语都呈现出横向延伸频率高于纵向延伸，由近及远的延伸高于由远及近的延伸。除此之外，汉日语虚拟位移表达都呈现出距离信息的共现频率远高于时间信息的共现频率。

对于延伸型虚拟位移的成立机制，我们认为静止的位移主体变为"运动"的过程中心理扫描的顺序扫描是重要的动因。继而通过意象图式的转换，各类型位移主体获得［＋延长］的语义特征，在认知心理空间上发生延展方向上的"位置变化"，并以移动义动词来编码。基于认知者的运动经验,"静止事物的虚拟位移"与"真实位移"两者概念中存在相似性。通过概念隐喻,虚拟位移的抽象概念更容易被理解。同时,由于延伸型虚拟位移路径存在于位移主体表面的这一特点,虚拟位移路径与位移主体基于邻近性,形成了<部分—整体>的转喻关系。基于转喻的认知机制,位移主体的形状特点得以突显。

第十四章

结论与展望

14.1 结论

　　本书基于认知语义学和语言类型学相融合的视点细致描写了日语和汉语及英语、韩国语和西班牙语位移事件编码的词汇化模式，并依据跨语言事实对比分析了在表达同一位移事件时各种语言所采取的不同的编码类型。并在此基础上，围绕日汉语自主位移、致使位移、虚拟位移的表达式展开了考察与对比。同时聚焦日语位移动词与宾格标记"ヲ"共现的句法特征，进一步探讨了其语义结构和事件结构特征及宾格赋予的机制。另外还就位移动词的形态特征及指示语义动词的语法化构式的多义性展开了讨论和分析。通过对比日汉语表达同一位移事件时编码方式的异同，试图阐述日汉语对位移事件识解方式的异同，并据此揭示日语和汉语位移事件编码方式所反映的认知类型模式。

　　整体上，第一章到第三章为本书的第一部分。第一章绪论阐述了本书的研究概要、研究缘起、相关概念界定、研究内容，以及语料来源和章节构成。第二章对本书所涉及的研究领域，从认知语义对比研究、位移事件类型学研究、位移事件对比研究、致使位移研究及虚拟位移研究等方面展开了国内外研究的全面系统的梳理与述评。第三章阐述了本书的理论基础，对融合认知语言学与语言类型学的认知类型学研究范式进行了综述，阐释了本书的理论分析框架。第四章到第六章作为本书的第二部分展开了位移事件词汇化模式的跨语言对比研究。第七章至第十章作为本书的第三部分围绕位移动词及其宾格赋予的机制进行了考察与分析。第十一章至第十三章作为本书的第四部分就致使位移和虚拟位移以及指示义动词的语法化构式的语义扩展进一步对比分析，从而拓展了位移事件的研究领域。正文部分即第四章至第十三章的考察内容可以概述如下。

第四章基于语言使用的实际语料着重考察了日语中位移事件"方式"和"路径"两个基本要素的编码方式，探讨日语编码位移事件所呈现的"路径动词"词汇化模式，验证了日语"动词框架语言"的类型归属。同时通过考察日语连续性位移的编码方式，阐释了日语母语者以置于状况内的视点体验性地叙述位移的动态过程，揭示了日语母语者将位移主体与位移空间融为一体的"状况内视点"（I模式）的识解模式特征。

第五章基于日语小说语料及其汉译、英译、韩译、西译语料逐一考察了日语、汉语、英语、韩国语、西班牙语位移表达的词汇化模式和分布特征。通过对位移动词的类型及其"方式"和"路径"语义要素编码特征的考察，认为按照位移事件路径要素的突显程度及在语言编码中作为句法核心编入主要动词的典型程度，韩国语和西班牙语具有典型的"动词框架语言"特征，日语也具有"动词框架语言"的词汇化模式，而汉语倾向于"卫星框架语言"，英语是典型的"卫星框架语言"。可以说以上五种语言作为一个连续体呈现出其位移事件词汇化模式的不同特征。

第六章以表示"自主位移"的位移动词"出る"为例，基于语料库实例对"出る"的语法特征和构式特征进行了考察。通过分析发现与"出る"共现的格助词中出现频率较高的是"～に出る"类型。尤其是在连续性位移中，相比"～を出る"类型，对位移终点进行编码的"～に出る"更为常见。另外日汉语表达同一位移事件时，汉语的"出"既可以作为路径动词（"出"）使用，也经常作为路径补语（"～出"）这一附属成分出现。日汉语关于自主位移动词"出る"的编码类型不同，反映了日汉语"路径"要素编码的不同类型学特征。

第七章通过位移动词与デ格和ニ格共现表达式的对比，对表达路径语义的"ヲ格＋位移动词"及"ヲ格＋复合位移动词"表达式的语义结构及事件结构特征进行了考察与分析。同一客观事件编码为ヲ格及デ格、ニ格等不同表达方式源于认知主体对同一认知框架内的不同部分发生了认知焦点的转移。"ヲ格+位移动词"表达式的认知焦点在于主体位移所形成的路径，而デ格和ニ格则分别突显的是位移动作发生的背景和终点。日语位移动词多用ヲ格的句法特征体现了日语位移动词具有"动词框架语言"的类型学特征。

第八章探讨了日语宾格标记"ヲ"在同一单句内双重共现的问题［例如"大雨の中をグラウンドを走った"（在雨中围着操场跑）］。通过考察ヲ格名词短语的句法特征和语义功能，揭示了日语形态格"ヲ"双重共现的事件结构特征及其语义动因。双重ヲ格分别标记了不同层次的语义关系（"グラウンドを"表示"动作—对象"关系；"大雨の中を"表示"状况—动作/行为"关系）；对动作/行为发生的背景状况赋予宾格标记表现了"ヲ"标记事件之间因果关联性的语用功能特征。

第九章围绕日汉语非生命物主语的位移动词能否赋予宾格及其语言表征背后的认知机制展开了探讨。考察结果表明，日语中非生命物主语具有"主体性"，可以将位移的场所赋予宾格（ヲ格），而汉语则通过使用介词等手段来表达位移的空间场所。这反映了日汉语母语者对于同一位移事件所持有的不同的认知方式。

第十章从动词接辞形态转换的角度分析了日语自主位移事件和致使位移事件的路径要素编码方式。将接辞形态转换划分为他动化、非他动化及中立化三种类型，考察了日语以形态标记转换的形式来区分自主位移和致使位移的路径要素，以及不同位移事件类型中同一路径要素编码方式的差异性，为我们从形态标记的有标性探讨位移事件的语言类型学特征提供了新的视角。

第十一章围绕日语指示义动词"くる"的语法化构式"V-てくる"的多义性，对这一构式的使用状况及句法结构进行了考察与分析，勾画了其多义性网络模式。考察结果表明，"V-てくる"构式的"时态功能"和"语态功能"用法皆由其原型义"空间移动"扩展而来。"V-てくる"构式的语义扩展主要基于"时间=空间"的隐喻以及转喻等认知机制。另外"V-てくる"构式中"移动"的语义特征逐渐背景化，直至被抑制，其"向心性"的语义特征得到凸显，"V-てくる"构式的语义功能由典型的空间移动扩展至语法标记。

第十二章通过"中日对译语料库"实证考察了日语中构成致使位移事件的各要素的表达形式，分析了日语致使位移动词构成的词汇化类型及其特点。并进一步探讨了日语和汉语及韩国语致使位移事件的核心概念"致使"与"路径"的编码方式，并据此分析了日语和汉语及韩国语表达致使位移事件的词汇化模式，揭示了表达同一致使位移事件时日语和汉语及韩国语编码机制的类型学特征。考察结果表明，日语倾向于编码为单动词，与日语相比，汉语由于受到双词搭配的结构特征的影响，路径信息倾向于由动补结构的补语成分来编码，而韩国语除了路径单动词外，也存在路径动词置于后项的连动式。

第十三章考察了用位移动词描述静止事物的虚拟位移，基于日汉语料对日语和汉语虚拟位移主体、位移动词以及路径信息等要素进行了对比分析，并从心理扫描、意象图式转换等方面对其成立的认知机制进行了阐述。考察结果表明，日语和汉语延伸型虚拟位移主体都呈现"点、线、平面"三种类型，位移动词中延伸类动词出现频率最高，其成立认知机制与心理扫描、意象图式转换以及隐喻、转喻机制有关，静止事物在心理空间发生位置变化，并以位移动词来编码。

本书围绕位移事件表达式，基于跨语言的认知类型学视角展开了对位移事件构成要素的词汇化、位移动词与格标记共现，以及位移事件扩展类型的考察和分析。日语属于黏着型语言，汉语属于孤立型语言，韩国语与日语在语法系统上具有相似性，同时英语与汉语同为 SVO 型语言，西班牙语和日语同为代表性的"动词框架语言"。本书以日语和汉语的对比为核心，并选取上述相同或不同类型的语言，运用词汇化模式和事件识解理论进行跨语言的实证研究，从不同类型语言的视角验证并完善了位移事件的语言编码研究。通过融入语言类型学的分析方法，从事件识解角度分析了汉语、日语、英语、韩国语及西班牙语位移事件词汇化模式的表征机制，探讨了跨语言词汇化编码与事件认知互动关系的类型学特征。通过对日语位移事件编码方式与汉语、英语和韩国语及西班牙对应表达形式的对比，从语言类型学视角验证了日语属于"动词框架语言"，而汉语虽具有"卫星框架语言"的特征，但并不像英语那样属于典型的"卫星框架语言"。同时从事件识解类型的角度，分析了日语母语者偏好基于"状况内视点"

的"I模式",而汉语母语者倾向于"状况外视点"的"D模式",尤其英语母语者较为典型地采用"状况外视点"的"D模式"。从位移事件表达式的研究视角实证考察分析并揭示了事件类型、编码类型及识解类型之间的互动关系,为探求语言机制和认知机制的互动模式提供了研究的范式。

14.2 展望

本书选取了人类认知的最基本的位移事件为考察对象,通过分析表达位移事件时的实际语言事实,揭示了日语、汉语、英语、韩国语、西班牙语在编码同一事件时形义对应关系的异同。既有的英汉语或英日语的位移事件对比研究往往只注重语法形式本身,忽视语言表征背后的认知机制。本书尝试运用认知类型学理论来研究日语、汉语、英语、韩国语、西班牙语自主位移表达式编码的机制,通过事件识解的语义研究路径描写并分析跨语言位移事件表达式的形义对应关系,阐述其存在的认知理据。已有研究缺乏基于用法的实证路径,本书使用大规模语料库系统地考察日汉语的自主位移、致使位移及虚拟位移表达式,通过自下而上的实证方法探讨位移事件的语言编码方式,并基于事件识解的方式来阐释位移事件编码方式差异背后所蕴含的认知识解的类型学特征。

本书围绕位移动词词汇化编码机制展开了日语、汉语、英语、韩国语、西班牙语的跨语言对比研究。相继考察分析了日语"自主位移动词"的词汇化模式及其编码机制和动因,日语"自主位移动词"的宾格标记共现及赋予机制,以及日汉语"致使位移""虚拟位移"表达式的差异。从认知类型学的角度探讨了日语位移动词语义与事件构成要素的映射关系及与汉语、英语、韩国语、西班牙语的异同之处。

"位移"作为反映人类与外部世界互动关系的基本事件始终是语言学界关注的研究课题。通过研究"位移"的语言表征可以探究人类观察世界的方式,揭示人类语言编码的机制。"位移事件"的研究涉及空间认知、语言词汇化编码及句法结构式实现等多个视角,迄今在语言本体研究及跨语言研究方面也已经取得了丰硕的成果。同时以位移事件为切入点,也拓展了词汇学、语义学、句法学的研究范式,并为认知语言学、语言类型学、认知心理学等领域的理论研究提供了切实的语言证据。同时"位移事件"由于涉及空间认知和语言编码的跨语言差异,也成为二语习得研究领域的关注课题。调查不同语言类型的母语者如何用母语或二语、三语表达位移事件的各个类型,从中来发现母语的空间认知方式,并揭示母语对目标语习得的影响因素。下面本书从以下三个方面对"位移事件"研究的发展趋势进行展望,以期能够基于现阶段的研究成果进一步拓展研究的范式。

研究领域的拓展。迄今为止的研究大多关注人的自主位移行为,但是人的空间位移行为的表征会基于隐喻机制扩展至物体的空间位置移动,以及视线扫描等心理空间的位移。因此今后为进一步探究人对空间位置关系的感知与语言表征,需要拓展研究的领域,围绕"致使位移""虚拟位移"等位移事件类型进行更为深入的考察和分析。基于事件类型、编码类型及识解类型的"三位一体"的研究立场揭示位移事件拓展类型的编码方式及所反映的事件识解方式。

尤其针对虚拟位移事件,如何界定包括视觉虚拟位移在内的虚拟位移现象?如何划分虚拟位移的类型?以及如何系统地探讨虚拟位移表达成立的认知基础和跨语言的制约条件?这些都将是今后不断深入探讨的研究领域。

研究方法的拓展。探讨人的空间位置关系的感知及识解方式需要具有心理实在性的实证研究的支撑。以语言学的研究范式为基础,还需要融合心理学、神经科学等相邻学科的研究方法,从实证角度为位移事件类型的划分提供科学有效的证据,实现定性分析与定量分析的有机结合。

另外还需要采用实验研究的方法探讨不同语言的母语者在认知加工中对位移事件"路径"和"方式"要素的关注程度,从而验证不同语言的词汇化模式类型是否会对人们的在线思维产生影响?从位移事件类型学的视角进一步论证斯洛宾提出的"因言而思"(thinking for speaking)假说的合理性,也可以进一步从"语言相对论"(linguistic relativity)角度实证语言与思维及认知的关系。

研究对象的拓展。位移事件的类型学研究需要广泛多样的真实语料的支撑和验证。不仅是小说语篇等书面语料,还需要使用日常口语的语料来进一步考察分析说话者处于在线状态时如何编码位移事件。同时对于既有的跨语言位移事件类型学分类，也需要进一步展开各类型内部词汇化模式变异特征的研究，探究同一类型内的个性差异。

另外还要继续开展不同语言类型的学习者位移事件二语习得的语料收集和调查，进一步探讨习得与学习者母语相同或不同的词汇化模式类型时，语言类型的差异如何影响习得位移事件的编码方式，深入探究母语思维以及源语言与目标语的类型学距离对习得二语位移动词词汇化模式和位移构式选择的影响。

参考文献

中文文献

蔡艳玲、司俊龙:《基于CiteSpace的国内心理语言学研究知识图谱分析》,《河南工业大学学报》(社会科学版) 2017年第3期。

陈碧泓:《现代汉语虚拟位移表达研究》,博士学位论文,吉林大学,2020年。

陈丽霞、孙崇飞:《认知语言学和语言类型学的互补与融合》,《江西财经大学学报》2012年第3期。

陈悦、陈超美、刘则渊等:《CiteSpace知识图谱的方法论功能》,《科学学研究》2015年第2期。

Christine Lamarre(柯理思):《汉语空间位移事件的语言表达——兼论述趋式的几个问题》,《现代中国語研究》2003年第5期。

范立珂:《位移事件表达中各概念的组合方式研究》,《海南师范大学学报》(社会科学版) 2016年第3期。

范娜:《英语延伸路径虚构运动表达的抽象度研究》,《外语教学》2012年第2期。

范娜:《英语虚拟位移中的概念整合和转喻》,《解放军外国语学院学报》2014年第6期。

韩玮:《英汉主观位移句的对比研究》,博士学位论文,浙江大学,2012年。

黄洁:《国外认知语言学研究的最新动态》,《现代外语》2012年第1期。

黄月华、李应洪:《汉英"路径"概念词汇化模式的对比研究》,《外语学刊》2009年第6期。

金胜昔、林正军:《国际转喻研究动态的科学知识图谱分析(2007—2016)》,《外语研究》2017年第3期。

李福印:《宏事件研究中的两大系统性误区》,《中国外语》2013年第2期。

李福印:《典型位移运动事件表征中的路径要素》,《外语教学》2017年第4期。

李福印等:《事件语义类型学》,北京大学出版社2019年版。

李晗佶、陈海庆:《国内机器翻译研究动态科学知识图谱分析(2007—2016)——基于语言学类与计算机科学类期刊的词频对比统计》,《西安外国语大学学报》2018年第2期。

李秋杨:《延伸型虚拟位移表达的类型学研究》,《现代外语》2014年第6期。

李雪:《英汉语言表达中"想像性运动"的认知阐释》,《西南政法大学学报》2009年第2期。

李雪:《英汉移动动词词汇化模式的对比研究——一项基于语料的调查》,《西安外国语大学学报》2010年第2期。

李雪:《汉英移动事件移动主体和参照物语言表达对比》,《外语教学与研究》2011年第5期。

李雪、白解红:《英汉移动动词的对比研究——移动事件的词汇化模式》,《外语与外语教学》2009年第4期。

林书武:《〈隐喻与认知〉评介》,《外语教学与研究》1995年第4期。

林书武:《认知语言学:基本分野与工作假设》,《福建外语》1999年第2期。

铃木裕文:《主观位移表达的日汉对比研究》,《现代外语》2005年第1期。

刘正光:《英汉认知语义对比研究》,外语教学与研究出版社2021年版。

刘正光、李易:《认知语义对比:理论、原则、目标与方法》,《外语教学》2019年第4期。

陆丙甫:《从宾语标记的分布看语言类型学的功能分析》,《当代语言学》2001年第4期。

伦纳德·泰尔米（Leonard Talmy）：《认知语义学 卷Ⅱ：概念构建的类型和过程》，李福印等译，北京大学出版社 2019 年版。

罗纳德·W. 兰艾克：《认知语法导论》（上卷），黄蓓译，商务印书馆 2016 年版。

罗天华：《SOV 语言宾格标记的考察》，《民族语文》2007 年第 4 期。

罗天华：《与标记、语序相关的几条句法共性》，《语言科学》2009 年第 3 期。

罗杏焕：《英汉运动事件词汇化模式的类型学研究》，《外语教学》2008 年第 3 期。

骆蓉：《认知构式语法视阈下的致使移动句研究》，博士学位论文，浙江大学，2015 年。

骆蓉：《英汉特殊空间移动表达的词汇化模式探究——以致使移动表达为例》，《浙江外国语学院学报》2016 年第 1 期。

骆蓉：《英汉特殊空间移动构式"路径"表达的认知对比研究》，《西安外国语大学学报》2018 年第 2 期。

潘艳艳、张辉：《多模态语篇的认知机制研究——以〈中国国家形象片·角度篇〉为例》，《外语研究》2013 年第 1 期。

秦洪武、王克非：《论元实现的词汇化解释：英汉语中的位移动词》，《当代语言学》2010 年第 2 期。

邵志洪：《英汉运动事件框架表达对比与应用》，《外国语》（上海外国语大学学报）2006 年第 2 期。

沈家煊：《"有界"与"无界"》，《中国语文》1995 年第 5 期。

沈家煊：《语言的"主观性"和"主观化"》，《外语教学与研究》2001 年第 4 期。

沈家煊：《现代汉语"动补结构"的类型学考察》，《世界汉语教学》2003 年第 3 期。

史文磊：《汉语运动事件词化类型的历时转移》，《中国语文》2011 年第 6 期。

史文磊：《汉语运动事件词化类型研究综观》，《当代语言学》2012 年第 1 期。

史文磊:《汉语运动事件词化类型的历时考察》,商务印书馆2014年版。

束定芳:《近10年来国外认知语言学最新进展与发展趋势》,《外语研究》2012年第1期。

束定芳:《认知语言学研究方法、研究现状、目标与内容》,《西华大学学报》(哲学社会科学版) 2013年第3期。

唐树华、田臻:《认知语言学的两个承诺及其发展趋势》,《外语学刊》2012年第3期。

王德春、张辉:《认知语言学研究现状》,《外语研究》2001年第3期。

王馥芳:《认知语言学发展近30年综述》,《中文自学指导》2008年第4期。

汪徽、张辉:《批评认知语言学的研究路径——兼评 van Dijk 的〈话语与语境〉和〈社会与话语〉》,《外语研究》2014年第3期。

王露杨、顾明月:《我国语言学研究热点知识图谱分析——基于 CSSCI (2000—2011年)》,《西南民族大学学报》(人文社会科学版) 2014年第6期。

王露杨、徐静:《基于 CSSCI (2000~2011) 的我国语言学学科知识图谱研究》,《图书与情报》2014年第3期。

汪榕培、顾雅云:《九十年代国外语言学管窥——语言学和词典》,《外语与外语教学》1997年第1期。

王文斌、于善志:《中国认知语言学发展战略研讨会会议纪要》,《外国语》(上海外国语大学学报) 2007年第4期。

王遥、李景娜:《格标记的形态编码与语言配列模式的蕴涵共性》,《外国语》(上海外国语大学学报) 2016年第1期。

王义娜:《主观位移结构的位移表征——从英汉对比的角度》,《解放军外国语学院学报》2012年第2期。

王轶群:《日汉路径移动动词的对比研究》,《日语学习与研究》2010年第3期。

王寅、朱长河、狄梅:《第二届全国认知语言学讲习班与研讨会综述》,《外语教学与研究》2003年第2期。

王寅:《认知语言学之我见》,《解放军外国语学院学报》2004年第5期。

王寅：《认知语言学》，上海外语教育出版社2007年版。

魏在江：《转喻思维与虚拟位移构式的建构》，《外语教学与研究》2018年第4期。

文旭：《国外认知语言学研究综观》，《外国语》（上海外国语大学学报）1999年第1期。

文旭、杨坤主编：《认知语言学关键概念》，商务印书馆2024年版。

文旭、赵耿林：《认知拓扑语言学：认知语言学的新趋势》，《东北师大学报》（哲学社会科学版）2017年第4期。

吴建伟、潘艳艳：《英、汉、日运动事件动词的句法—语义比较研究》，《外语研究》2017年第2期。

夏宁满：《教育语言学学科关联知识图谱研究》，《外语电化教学》2017年第5期。

向明友：《语用学研究的知识图谱分析》，《外国语》（上海外国语大学学报）2015年第6期。

辛斌：《批评语篇分析的社会和认知取向》，《外语研究》2007年第6期。

辛斌、李曙光：《认知语言学理论的发展、应用及跨学科研究——第四届全国认知语言学研讨会综述》，《外语研究》2006年第5期。

徐靖：《"逛商场"和「スーパーをぶらぶらする」——谈汉日空间表达方式的异同》，《外语研究》2006年第1期。

徐靖：《汉日移动表达方式对比研究》，《外语研究》2011年第4期。

严辰松：《运动事件的词汇化模式——英汉比较研究》，《解放军外语学院学报》1998年第6期。

严辰松：《伦纳德·泰尔米的宏事件研究及其启示》，《外语教学》2008年第5期。

晏诗源、李秋杨：《汉英延伸型虚拟位移表达中位移主体的研究》，《语文学刊》（外语教育教学）2013年第9期。

杨京鹏、吴红云：《英汉虚构运动事件词汇化模式对比研究——以toward(s)为例》，《外语教学与研究》2017年第1期。

姚京晶：《现代汉语空间位置关系虚拟运动研究》，首都经济贸易大学出版社2019年版。

姚艳玲：《日汉语事件结构表达式的认知对比研究》，外语教学与研究出版社 2014 年版。

姚艳玲、吴楠：《日语"ヲ格 + 位移动词"句式成立的认知语法研究——以表示"路径"语义为中心》，《东北亚外语研究》2015 年第 2 期。

于秀金、金立鑫：《认知类型学：跨语言差异与共性的认知阐释》，《外语教学》2019 年第 4 期。

袁周敏、刘环环：《国际中介语语用学研究动态可视化分析》，《外语教学与研究》2017 年第 3 期。

袁周敏、徐燕燕：《基于 CSSCI 源刊的语用学知识图谱研究：分析与启示》，《外语电化教学》2018 年第 4 期。

张辉：《批评认知语言学：语言理解与接受的分析视角——再论批评认知语言学的理论建构》，《外语与外语教学》2021 年第 3 期。

张辉、江龙：《试论认知语言学与批评话语分析的融合》，《外语学刊》2008 年第 5 期。

张辉、张天伟：《批评认知语言学》，外语教学与研究出版社 2022 年版。

张辉、张艳敏：《批评认知语言学：理论源流、认知基础与研究方法》，《现代外语》2020 年第 5 期。

张辉、杨艳琴：《批评认知语言学：理论基础与研究现状》，《外语教学》2019 年第 3 期。

张辉、周红英：《认知语言学的新发展——认知社会语言学——兼评 Kristiansen & Dirven（2008）的〈认知社会语言学〉》，《外语学刊》2010 年第 3 期。

张建理、骆蓉：《致使位移构式的英汉对比与习得》，《外语教学理论与实践》2014 年第 3 期。

张克定：《英语非现实空间位移关系构式的认知机制与限制条件》，《现代外语》2018 年第 5 期。

张克定：《非现实位移事件的编码与突显》，《外国语文》2019 年第 1 期（2019a）。

张克定：《非现实位移事件的主观性与客观性》，《英语研究》2019 年第 2 期（2019b）。

张克定:《抽象位移事件的体认性和语言编码》,《语言教育》2020 年第 1 期。

张克定:《隐喻性空间关系构式的认知研究》,商务印书馆 2023 年版。

张丽虹:《概念迁移视角下的日语学习者移动表达实证研究——以主动、致使、虚拟移动事件为例》,《日语学习与研究》2020 年第 2 期。

张明杰:《英语动物名词动用的隐转喻认知阐释》,《吉林化工学院学报》2011 年第 10 期。

张翼:《致使语义的概念化和句法表征》,《外国语》(上海外国语大学学报) 2014 年第 4 期。

赵艳芳:《语言的隐喻认知结构——〈我们赖以生存的隐喻〉评介》,《外语教学与研究》1995 年第 3 期。

赵艳芳:《认知语言学研究综述(一)》,《解放军外国语学院学报》2000 年第 5 期。

钟书能:《语言中虚拟移位的认知研究》,《华南理工大学学报》(社会科学版) 2012 年第 5 期。

钟书能:《英汉虚拟位移构式研究》,北京大学出版社 2021 年版。

钟书能、傅舒雅:《英汉虚拟位移主体认知对比研究》,《外语学刊》2016 年第 2 期。

钟书能、黄瑞芳:《虚拟位移语言现象研究:回顾与展望》,《解放军外国语学院学报》2015 年第 3 期 (2015a)。

钟书能、黄瑞芳:《虚拟位移构式的主观化认知研究》,《中国外语》2015 年第 6 期 (2015b)。

钟书能、黄瑞芳:《汉语动补结构类型学的认知研究》,《外国语》(上海外国语大学学报) 2016 年第 3 期。

钟书能、黄瑞芳:《英汉虚拟位移构式翻译技巧研究》,科学出版社 2018 年版。

钟书能、刘爽:《虚拟位移的语法构式特征研究》,《当代外语研究》2017 年第 1 期。

钟书能、汪燕迪:《汉语虚拟位移建构的认知机制研究》,《宁夏大学学报》(人文社会科学版) 2017 年第 1 期。

钟书能、赵佳慧:《真实位移与虚拟位移建构机制的认知对比研究》,《中国外语》2017年第1期。

周红英:《批评话语分析的认知语言学方法》,《北京科技大学学报》(社会科学版) 2014年第1期。

朱洪涛:《话语分析的认知方法探析》,《英语研究》2013年第2期。

Adele E. Goldberg:《构式:论元结构的构式语法研究》,吴海波译,北京大学出版社2007年版。

外文文献

Burzio, Luigi, *Italian Syntax*: *A Government Binding Approach*, Dordrecht: D. Reidel Publishing Company, 1986.

Chio Soonja and Melissa Bowerman, "Learning to Express Motion Events in English and Korean: The Influence of Language-specific Lexicalization Patterns", *Cognition*, No. 41, 1991.

Goldberg, Adele E, *Constructions*: *A Construction Grammar Approach to Argument Structure*, Chicago: University of Chicago Press, 1995.

Gries, Stefan Th, Corpus-based Methods and Cognitive Semantics: the Many Meanings of to Run, Stefan Th. Gries and Anatol Stefanowitsch, eds. *Corpora in Cognitive Linguistics*: *Corpus-Based Approaches to Syntax and Lexis*, Berlin: De Gruyter Mouton, 2006.

Hoshi, Hiroto, Passives, Tsujimura Natsuko, ed. *The Handbook of Japanese Linguistics*, Oxford: Blackwell, 1999.

Im Sungchool, "Typological Patterns of Motion Verbs in Korean", Ph. D. Dissertation. University at Buffalo, the State University of New York, 2001.

Langacker, Ronald W, *Foundations of Cognitive Grammar*: *Vol. I*: *Theoretical prerequisites*, Stanford: Stanford University Press, 1987.

Matsumoto, Yo, "Subjective motion and English and Japanese verbs", *Cognitive Linguistics*, Vol. 7, No. 2, 1996a.

Matsumoto, Yo, "How Abstract is Subjective Motion? A Comparison of Coverage Path Expressions and Access Path Expressions", Adele E. Goldberg, ed. *Conceptual Structure, Discourse, and Language*, Stanford: CSLI Publications, 1996b.

Payne, Doris, The Tupi-Guarani Inverse, Barbara Fox and Paul Hopper, eds. *Voice: Form and Function*, Amsterdam: John Benjamins Publishing Company, 1994.

Shibatani, Masayoshi, Directional Verbs in Japanese, ErinShay and Uwe-Seiber, eds. *Motion, Direction and Location in Languages*, Amsterdam: John Benjamins Publishing Company, 2003.

Slobin, Dan I, From " Thought and Language" to "Thinking and Speaking", Gumperz, John J. and Stephen C. Levinson, eds. Rethinking Linguistic Relativity, Cambridge: Cambridge University Press, 1996.

Slobin, Dan I, The Many Ways to Search for Frog: Linguistic Typology and the Expression of Motion Events, Sven Strömqvist & Ludo Verhoven, eds. *Relating Events in Narrative: Typological and Contextual Perspectives*, Mawah: Lawrence Erlbaum, 2004.

Talmy, Leonard, Lexicalization Patterns: Semantic Structure in Lexical Forms, Timothy Shopen, ed. *Language typology and Syntactic Description Vol. Ⅲ: Grammatical Categories and the Lexicon*, Cambridge: Cambridge University Press, 1985.

Talmy, Leonard, Path to Realization: A typology of Event Conflation, *Proceedings of the Seventeenth Annual Meeting of the Berkeley Linguistics Society*, Berkeley Linguistics Society, 1991.

Talmy, Leonard, *Toward a Cognitive Semantics, Vol. I: Concept Structuring Systems*, Cambridge: MIT Press, 2000a.

Talmy, Leonard, *Toward a Cognitive Semantics, Vol. II: Typology and Process in Concept Structuring*, Cambridge: MIT Press, 2000b.

天野みどり,『日本語構文の意味と類推拡張』, 笠間書院, 2011。

荒川清秀,「日本語と中国語の移動動詞」,『外語研紀要』(愛知大学外国語研究室), No. 22, 1996。

Christine LAMARRE（柯理思），「中国語の移動表現」，松本曜（編），『移動表現の類型論』，くろしお出版，2017。

袁暁犇，「移動事象からみる日本語複合動詞の語形成」，『文化』（東北大学文学会），No. 82-01/02，2018。

福島直恭，「「病室を移る」と「病室を移す」―名詞の意味と文法的現象」，『静修短期大学研究紀要』，No. 19，1988。

後藤克己，「「本を読む」と「道を歩く」」，『国文学攷』（広島大学国語国文学会），Vol. 35，No. 11，1964。

濱田英人，『認知と言語―日本語の世界・英語の世界』，開拓社，2016。

早瀬尚子，「最新の意味論研究の進展」，早瀬尚子（編），『言語の認知とコミュニケーション―意味論・語用論，認知言語学，社会言語学―』，開拓社，2018。

早津恵美子，「対応する他動詞のある自動詞の意味的・統語的特徴」，『言語学研究』，No. 6，1987。

堀江薫，「認知類型論とはどのような研究分野か」，堀江薫、プラシャント・パルデシ（著），『言語のタイポロジー――認知類型論のアプローチ』，研究社，2009。

池上嘉彦，『「する」と「なる」の言語学―言語と文化のタイポロジーへの試論』，大修館書店，1981。

池上嘉彦，「表現構造の比較―＜スル＞的な言語と＜ナル＞的な言語」，國廣哲彌（編），『日英語比較講座 第4巻 発想と表現』，大修館書店，1982。

池上嘉彦，「＜移動＞のスキーマと＜行為＞のスキーマ―日本語の「ヲ格＋移動動詞」構造の類型論的考察」，『東京大学教養学部外国語科紀要』，No. 3，1993。

池上嘉彦，『英語の感覚・日本語の感覚（＜ことばの意味＞のしくみ）』，日本放送出版協会，2006。

今井むつみ，『ことばと思考』，岩波書店，2010。

今仁生美，「VテクルとVテイクについて」，『日本語学』，No. 9，1990。

伊藤健人，『イメージ・スキーマに基づく格パターン構文―日本語の構文モデルとして―』，ひつじ書房，2008。

伊藤健人，「イメージ・スキーマ」，森雄一、高橋英光（編著），『認知言語学　基礎から最前線へ』，くろしお出版，2013。

影山太郎，『文法と語形成』，ひつじ書房，1993。

影山太郎，『点と線の言語学―言語類型から見えた日本語の本質』，くろしお出版，2021。

加藤重広，「対象格と場所格の連続性―格助詞試論（2）―」，『北大文学研究科紀要』（北海道大学），No. 118，2006a。

加藤重広，「二重ヲ格制約論」，『北大文学研究科紀要』（北海道大学），No . 119，2006b。

川野靖子，「ヲ格句を伴う移動動詞句について―アスペクト的観点からの動詞句分類における位置づけ―」，『日本語と日本研究学』，No. 33，2001。

風間伸次郎，「ツングース諸語の自他について」，パルデシ　プラシャント、桐生和幸、ナロック　ハイコ（編），『有対動詞の通言語的研究』，くろしお出版，2015。

木原恵美子，「メトニミーとシネクドキ」，池上嘉彦、山梨正明（編），『講座　言語研究の革新と継承5　認知言語学Ⅱ』，ひつじ書房，2020。

金水敏，「古典語の「ヲ」について」，仁田義雄（編），『日本語の格をめぐって』，くろしお出版，1993。

古賀裕章，「自律移動表現の日英比較―類型論的視点から―」，藤田耕司、西村義樹（編），『日英対照　文法と語彙への統合的アプローチ　生成文法・認知言語学と日本語学』，開拓社，2016。

古賀裕章，「日英独露語の自律移動表現―対訳コーパスを用いた比較研究」，松本曜（編），『移動表現の類型論』，くろしお出版，2017。

黒田史彦，「移動動詞と共起するヲ格名詞句について」，『FONS LINGUAE　関西外国語大学大学院研究論集』，No. 14，2000。

楠本徹也，「「ヲ」格における他動性のスキーマ」，『東京外国語大学留学生日本語教育センター論集』，No. 28，2002。

円山拓子，「韓国語の語彙的自他交替―接辞-i/hi/li/ki-による派生の双方向性」, パルデシ　プラシャント、桐生和幸、ナロック　ハイコ（編），『有対動詞の通言語的研究』, くろしお出版, 2015。

益岡隆志, 「格の重複」, 寺村秀夫、鈴木泰、野田尚史、矢澤真人（編），『ケーススタディ日本研究法』, 桜楓社, 1987。

松元季久代, 「「を」の格表示機能の起源について―対象の限定―」,『国文』（お茶の水女子大学国語国文学会），No. 45, 1976。

松本曜, 「空間移動の言語表現とその拡張」, 田中茂範、松本曜（編），『日英語比較選書6　空間と移動の表現』, 研究社出版, 1997。

松本曜, 「使役移動構文における意味的制約」, 西村義樹（編），『認知言語学Ⅰ：事象構造』, 東京大学出版会, 2002。

松本曜, 「認知意味論とは何か」, 松本曜（編），『認知意味論』, 大修館書店, 2003。

松本曜, 「日本語の視覚表現における虚構移動」,『日本語文法』, Vol. 4, No. 1, 2004。

松本曜, 「多義語における中心的意味とその典型性：概念的中心性と機能的中心性」,『Sophia linguistica: working papers in linguistics』（上智大学），No. 57, 2009。

松本曜, 「移動表現の類型に関する課題」、「日本語における移動事象表現のタイプと経路表現」、「移動表現の性質とその類型性」, 松本曜（編），『移動表現の類型論』, くろしお出版, 2017。

松本曜（編），『移動表現の類型論』, くろしお出版, 2017。

松本曜, 「移動表現の類型論とその研究方法」, 吉成祐子、眞野美穂、江口清子、松本曜（著），『移動表現の類型論と第二言語習得―日本語・英語・ハンガリー語学習の多元的比較』, くろしお出版, 2021。

宮島達夫, 「日本語とヨーロッパ語の移動動詞」,『金田一春彦博士古稀記念論文集2』, 三省堂, 1984。（宮島達夫, 語彙論研究, むぎ書房, 1994に再録）

三宅知宏, 「日本語の移動動詞の対格標示について」,『言語研究』（日本言語学会），No. 110, 1996。

三宅知宏, 「「スロット」に基づく分析と日本語―日本語研究の立場からみた古賀論文—」，藤田耕司、西村義樹（編），『文法と語彙への統合的アプローチ—生成文法・認知言語学と日本語学』，開拓社，2016。

籾山洋介，『認知意味論のしくみ』，研究社，2002。

籾山洋介，『認知言語学入門』，研究社，2010。

籾山洋介、深田智，「多義性」，松本曜（編），『認知意味論』，大修館書店，2003。

守田貴弘、石橋美由紀，「日本語とフランス語の移動表現—話し言葉と書き言葉のテクストからの考察—」，松本曜（編），『移動表現の類型論』，くろしお出版，2017。

森田良行，『日本語文法の発想』，ひつじ書房，2002。

森山新，「認知言語学的観点から見た格助詞ヲの意味構造」，『台湾日本語文学報』（台湾日本語文学会），No. 18，2003。

森山卓郎，『日本語動詞述語文の研究』，明治書院，1988。

中村暁子，「現代語における二重ヲ格について」，『岡大国文論稿』（岡山大学文学部言語国語国文学会），No. 31，2003。

中村芳久，「主観性の言語学：主観性と文法構造・構文」，中村芳久（編），『認知文法論Ⅱ』，大修館書店，2004。

中尾有岐，「全てのヲは格助詞か」，『大阪大学世界言語研究センター論集』（大阪大学世界言語研究センター），No. 7，2012。

中澤恒子，「「行く」と「来る」の言語比較—"come"が「来る」でないとき—直示移動動詞の普遍性と多様性—」，長谷川寿一、C. ラマール、伊藤たかね（編），『こころと言葉：進化と認知科学のアプローチ』，東京大学出版会，2008。

ナロック　ハイコ，「日本語自他動詞対における有標性差の動機付け」，角田三枝、佐々木冠、塩谷亨（編），『他動性の通言語的研究』，くろしお出版，2007。

ナロック　ハイコ、パルデシ　プラシャント、桐生和幸，「序論」，パルデシ　プラシャント、桐生和幸、ナロック　ハイコ（編），『有対動詞の通言語的研究』，くろしお出版，2015。

西村義樹、野矢茂樹，『言語学の教室—哲学者と学ぶ認知言語学』，中央公論新社，2013。
大堀壽夫，『認知言語学』，東京大学出版会，2002。
奥津敬一郎，「自動詞化・他動詞化および両極化転形：自・他動詞の対応」，『国語学』，No. 70，1967。
小野尚之，「移動と変化の言語表現：認知類型論の視点から」，佐藤滋、堀江薫、中村渉（編），『対照言語学の新展開』，ひつじ書房，2004。
坂原茂，「アスペクト表示の複合動詞"Vてくる"と空間時間メタファー」，『国語と国文学』（東京大学国語国文学会），No. 11，2012。
澤田淳，「移動動詞「来る」の文法化と方向づけ機能―「場所ダイクシス」から「心理的ダイクシス」へ」，『語用論研究』（日本語用論学会），No. 11，2009。
澤田淳，「「行為の方向づけ」の「てくる」の対照言語学的・歴史的研究―移動動詞から受影マーカーへ―」，小野正樹、李奇楠（編），『言語の主観性―認知とポライトネスの接点―』，くろしお出版，2016。
清水啓子，「日本語「動詞＋てくる」構文の逆行態用法について」，『熊本県立大学文学部紀要』，Vol. 16，No. 69，2010。
菅井三実，「日本語における空間の対格標示について」，『名古屋大学文学部研究論集』，No. 45，1999。
杉本武，「格助詞」，奥津敬一郎、沼田善子、杉本武（著），『いわゆる日本語助詞の研究』，にほんごの凡人社，1986。
杉本武，「状況の「を」について」，『九州工業大学情報工学部紀要（人文・社会科学篇）』，No. 6，1993。
杉本武，「「移動格の「を」について」」，『日本語研究』（東京都立大学），No. 15，1995。
杉岡洋子，「自動詞と共にあらわれる対格表現をめぐって」，『慶應義塾大学言語文化研究所紀要』，No. 28，1996。
住田哲郎，「「～てくる」の多義構造とその機能性について」，『国文学研究ノート』（神戸大学「研究ノート」の会），No. 39，2005。
住田哲郎，『移動動詞"くる"の文法化とヴォイス機能』，神戸大学，未公開博士論文，2011。

高山道代,「古代日本語のヲ格があらわす対格表示の機能について―ハダカ格との対照から―」,『国文学解釈と鑑賞』, Vol. 70, No. 7, 2005。
田中寛,「「を」格の意味論的考察―「に」格との対照をかねて―」,『語学教育フォーラム』(大東文化大学語学教育研究所), No. 2, 1998。
谷口一美,『事態概念の記号化に関する認知言語学的研究』, ひつじ書房, 2005。
寺村秀夫,『日本語のシンタクスと意味Ⅰ』, くろしお出版, 1982。
寺村秀夫,『日本語のシンタクスと意味Ⅱ』, くろしお出版, 1984。
上原聡,「言語の主観性に関する認知類型論的一考察」,『日本認知言語学会論文集』(日本認知言語学会), No. 1, 2001。
上野誠司、影山太郎,「移動と経路の表現」, 影山太郎(編),『日英対照 動詞の意味と構文』, 大修館書店, 2001。
ヤコブセン・M・ウェスリー,「他動性とプロトタイプ論」, 久野暲、柴谷方良(編),『日本語学の新展開』, くろしお出版, 1989。
山口尭二,『古代接続法の研究』, 明治書院, 1980。
山梨正明,『推論と照応』, くろしお出版, 1992。
山梨正明,『認知文法論』, ひつじ書房, 1995。
山梨正明,『認知言語学原理』, くろしお出版, 2000。
山梨正明,『ことばの認知空間』, 開拓社, 2004。
山梨正明,『認知構文論』, 大修館書店, 2009。
山梨正明,『認知意味論研究』, 研究社, 2012。
山本裕子,「〈主観性〉の指標としての「~テイク」「~テクル」」,『人文学部研究論集』(中部大学人文学部), No. 17, 2007。
姚艶玲,「日本語のヲ格名詞句を伴う自動詞構文の成立条件」,『日本語文法』(日本語文法学会), Vol. 7, No. 1, 2007。
김준홍,허구적 이동의 인지적 구조: 영어와 한국어를 중심으로, 경북대학교학원 박사학위논문, 2012。

資料

小島憲之、木下正俊、東野治之校注・訳,『萬葉集①＜全四冊＞新編日本古典文学全集6』，小学館，1994。

小島憲之、木下正俊、東野治之校注・訳，『萬葉集②＜全四冊＞新編日本古典文学全集7』，小学館，1995。

小島憲之、木下正俊、東野治之校注・訳，『萬葉集③＜全四冊＞新編日本古典文学全集8』，小学館，1995。

小島憲之、木下正俊、東野治之校注・訳，『萬葉集④＜全四冊＞新編日本古典文学全集9』，小学館，1996。

术语索引

C

词汇化模式 4,6,9—15,17—19,27,29—31,35—37,39,66,69,76,78,80—81,88—91,93,104,112,115,117,145—148,234,275—279,281—282,299,302—304,336—337,339—342

D

动词框架语言 8,16—21,24—25,30,33—34,39,74,90,114,145,147—148,153,160—163,165,188,190—191,200,221,235,241,279,293—294,299,302,304,308,337—339

多义性 12,158,178,249,270—271,336,338

F

"方式" 6,32,36,79,81,88,91,147,163—164,229,337,341

方式动词 8,22,24—25,29—32,34,36—39,41,43,71—74,77—78,84—86,89,91—93,95—96,99—110,112,114—117,119,121—123,125,131—148,152—153,160—161,163,166—169,179—180,182—183,190,192,194,199,228—230,253,276,278—279,282—283,294,297—299,301—302

方式类 317—321,334

非生命物主语 61,176,218,223—225,228,230—232,338

J

接辞形态转换 235,338

L

"路径" 6,8,17—18,29,32,36—37,78—79,88,91,112,147,149,151,163—164,176,188—192,218—219,229,235,241,259,270,274,279,337,339,341

路径动词 8,22—26,30,32—34,36—39,41,43,71—73,77—81,83—86,89,91—92,95—99,101—109,112,114—126,132—137,140,143—147,153—155,159—169,242—243,276—279,282,284,293—294,298—299,301—303,317,337,339

Q

其他趋向类动词 317—321,334

R

认知类型学 3—4,10—11,15,46,56—57,59,63—66,73,88,250,336,339—340

S

事件结构 4—5,12,178,188,200,204—205,209,211,268,280—281,293,299,303,336—338

事件识解 3—4,61,155,204,271,336,339—341

双事件关系结构 216

双重ヲ格 12,201—211,215—217,338

W

位移事件 3—4,7,9—14,17,19—25,27—31,33—39,42,44—45,57,59—60,66,69—71,73—76,78—82,84,87—93,101—102,104,107—108,110,112,114,129,145—146,148—151,156—158,160—161,163—164,168—169,173,178,HZ|W

卫星框架语言 8,16—19,23—24,30—31,34,74,90,147—148,160—163,165,188,221,309,337,339

位移表达式 3—4,12,19,66,75,79,82,88,149,178,180—185,188,200—201,305,340

180,182—183,185—194,198—200,208,218,220,228—235,245,274—276,279—282,285—286,292—294,297,299,303—304,308—309,317,327,333,336—342

X

心理扫描 40—41,310—311,328,330,332,334,339

形态格 201,207,216,338

虚拟位移 9—13,27—28,35,40—44,69,108,305—311,314—337,339—341

Y

延伸类 317—321,334,339
延伸型虚拟位移动词 322—323,334
意象图式转换 311,330—332,339
隐喻 40,42,49—55,178,198,224,250,255,260,262,264,268,270—

272,274,310,333,335,338—339,341

有标记性　234,244—245

Z

致使位移　7,9—13,27,31—32,34—40,44,69—71,89,108,150,161,233—235,239,244—245,273—282,284—286,290,292—294,296,298—299,302—304,336—341

主要动词　6,8,20—22,24,26—28,33,36—37,59,71—72,131,147—148,221—223,234,277—278,282,294,297,337

转喻　40—43,46—47,49—55,182,268—269,333—335,338—339

自主位移　9—11,25,27,31—32,35,37,40,44,69,71—72,74—75,108,149—150,157,159—162,169,233—235,237,244—245,275—276,280,293,296,303—304,336—338,340—341

后　　记

　　本书为国家社会科学基金项目结题成果（结项证书号：20222291）。本书的出版距前一次获批国家社会科学基金项目出版结题成果（《日汉语事件结构表达式的认知对比研究》，2014，外语教学与研究出版社），已是相隔十年。这期间因为研究工作的需要，我相继开展了批评话语分析及语言政策的相关研究，但是位移事件表达式的跨语言对比研究始终是贯穿我研究工作的主线。

　　"位移"事件及其语言现象一直是我抱有浓厚兴趣的研究领域。日语位移动词与格助词ヲ格的共现机制、位移动词词汇化的跨语言对比、致使位移构式的构式选择等等，这些都是我长期以来关注的研究课题。

　　"位移"事件的语言学本体研究可以从词汇语义学、认知语义学、构式语法学等多个研究领域展开。词汇语义学方面将位移动词作为一个类别，探讨其语义特征以及与句法表征之间的互动关系；认知语义学方面关注位移事件构成要素与语言编码之间的映射关系，在"动词投射观"的理念下，探讨作为句法核心的动词的语义融合方式；构式语法学聚焦句法结构式，主要探讨致使位移构式的论元实现以及与及物性构式之间的承继关系。其中认知语义学以泰尔米的经典研究为代表，探讨跨语言的位移动词词汇化模式，提出了基于"位移"事件的类型学划分，这也是本书所采用的研究范式。

　　"位移"事件的应用性研究大体可以分为第二语言习得研究和翻译实践研究两个部分。这两类研究的理论背景主要基于空间感知与语言的相对性，认为人类的空间认知与语言表征密切相关，对于空间位置关系变化的语言编码映射了我们有关空间位移的思维方式。前者的研究通过考察外语或第二语言的学习者习得第二语言位移表达的特征来探讨母语的思维方式是否会影响第二语言位移表达的习得，从而来揭示语言与认知及思维之间的关系。后者主要使用对译形式的翻译文本考察源语与译入语在表达"位移"事件的异同之处，探讨位移事件语言类型学的差异如何影响翻译过程中位移表达编码方式的转换。

综上我们可以看到，作为客观世界的"位移"事件，它链接了人类的认知方式和语言编码两个层级，成为了我们观察外部世界，探讨语言机制以及思维方式的重要窗口。本书立足于"现实—语言—认知"的语言观，通过考察表征"位移"事件的编码方式，探讨面对同一现实世界时跨语言表达方式的异同，并通过语言现象的对比分析，揭示语言表征背后不同母语说话者对于同一"位移"事件认知方式的异同。

基于认知与类型学视角的位移事件表达式汉日语对比研究，以及包括英语、韩国语等其他语言的跨语言对比研究是十年来我在日语语言学研究领域不断尝试和探索的研究范式。在开展这一研究工作的过程中陆续发表了阶段性研究成果，下面列出与本书内容相关的已刊论文信息。在撰写本书时根据全书的内容结构和格式体例，对已刊发论文从术语使用、文献综述、到例句论证、图表格式等均已进行了全面的修改、补充和完善。

姚艳玲：《〈位移表达的类型学〉评介》，《高等日语教育》2018 年第 1 辑。

姚艳玲、刘棕楠：《基于 CiteSpace 的认知语言学研究图谱分析（2010—2020 年）》，《辽宁师范大学学报》（社会科学版）2021 年第 3 期。

姚艳玲、蔡凌云、张建伟：《日语位移事件表达类型认知语义研究—与西班牙语对比》，《日本人文社会研究》2023 年第 1 辑。

姚艷玲：「自律移動表現の日中対照—「出る」を例として—」，『言語の研究』，花書院，2019。

姚艳玲、吴楠：《日语"ヲ格+位移动词"句式成立的认知语法研究—以表示"路径"语义为中心》，《东北亚外语研究》2015 年第 2 期。

姚艳玲：《日语宾格标记"ヲ"的双重共现及其制约因素研究》，《外语与外语教学》2016 年第 4 期。

姚艳玲：「日中両言語における移動動詞の対格付与に関する一考察

—非情物主語の場合を中心に—」,『語用論研究の可能性』,朝日出版社,2020。

姚艳玲:《日语"自主/致使"位移动词的自他接辞形态及其语义特征—基于位移事件表达的类型学视角》,《常熟理工学院学报》2020年第3期。

姚艳玲、杨颜西:《基于认知语义观的日语「V-てくる」构式扩展机制研究》,《高等日语教育》2022年第9辑。

姚艳玲:《日汉语致使位移动词的词汇化类型考察》,『中日言語研究論叢』,朝日出版社,2017。

姚艳玲、周虹竹:《日汉语延伸型虚拟位移表达认知语义对比研究》,《外国语言文学》2022年第6期。

我要感谢大连外国语大学校领导和日本语学院领导与同事对我研究工作的大力支持和鼓励。我也要感谢中国社会科学出版社胡安然编辑、史丽清编辑为本书的出版所付出的辛勤劳动。

另外本书中第五章第5节、第五章第6节、第七章第6节分别由成慧敏(现为海口经济学院日语老师)、蔡凌云(现为上海外国语大学语言研究院硕士研究生)、王启迪(现为广州理工学院日语老师)协助完成。同时在本项目研究工作和书稿撰写的过程中,我指导的硕士研究生万巨凤、杨颜西、周虹竹、刘昱玲、成慧敏、韩晓燕、黄巧灵、姜雨轩等同学在不同阶段协助完成了例句收集、书稿打字、文献校对和索引制作等各项工作。对以上各位同学的帮助表示感谢。

最后我还要感谢我的丈夫和儿子及我的家人,感谢他们在我教学科研工作上所给予的鼓励和支持,他们是我在研究工作中追求不懈的原动力。

经专家鉴定,全国哲学社会科学工作办公室审批,本项研究于2022年7月正式结项。鉴定通过后,笔者对本书初稿做了进一步的修改。本书之目的是力图细致描写和阐释"位移"的事件类型、编码类型和识解类型之间的互动关系,涵盖了位移动词的词汇化模式、位移动词与格标记共现、以及致使位移和虚拟位移等拓展研究。书中的探讨、分析、论述,倘若能起到抛砖引玉的作用,为进一步从认知类型学视角探讨位移事件类型学提供一些基础,对位移动词的习得和翻译研究提供一些启发,那将是笔者最大的荣幸。书中一定会有不妥乃至错误之处，诚望学界同仁和读者予以批评教正。

值此专著付梓之际，恰逢迎来大连外国语大学建校六十周年。谨以此书献礼大外校庆！

姚艳玲

2024年9月于大连